辽宁省教育厅科学研究项目阶段性成果（W2015356，W2016ST03）
沈阳体育学院重点资助体育学学科研究方向建设项目

四大商业门户网站体育新闻叙事研究（1996—2015）

高 萍 著

北京体育大学出版社

策划编辑　佟　晖
责任编辑　佟　晖
审稿编辑　董英双
责任校对　未　茗
版式设计　博文宏图

图书在版编目（CIP）数据

四大商业门户网站体育新闻叙事研究：1996－2015/高萍著．－－北京：北京体育大学出版社，2016.8
ISBN 978－7－5644－2382－7

Ⅰ．①四…　Ⅱ．①高…　Ⅲ．①互联网－体育－新闻写作－研究　Ⅳ．①G212.2－39

中国版本图书馆 CIP 数据核字（2016）第 198278 号

四大商业门户网站体育新闻叙事研究
（1996—2015）　　　　高　萍　著

出　　版　北京体育大学出版社
地　　址　北京海淀区信息路 48 号
邮　　编　100084
邮 购 部　北京体育大学出版社读者服务部 010－62989432
发 行 部　010－62989320
网　　址　http：//cbs.bsu.edu.cn
印　　刷　北京京华虎彩印刷有限公司
开　　本　710 毫米×1000 毫米　1/16
成品尺寸　228 毫米×170 毫米
印　　张　17.5
字　　数　292 千字

2016 年 9 月第 1 版第 1 次印刷
定　价　60.00 元

内容提要

从奥运争光的激励政策到真正融入生活的产业化发展，体育在社会生活中始终处于重要的地位和承担着重要的角色。网络体育新闻诞生20年，经典叙事学视角能够帮助我们透彻了解到其社会运行的本质。本文运用文献资料法、内容分析法、历史分析等研究方法，观测20年来我国四大商业门户网站体育新闻叙事发展，寻求我国网络体育新闻的叙事特征与布局结构，以窥网络体育新闻碎片化与娱乐化倾向的原因所在。

本文以四大商业门户网站体育新闻叙事历史为背景资料，以历史网页、体育新闻文本及近年来微博、微信体育新闻报道抽样为研究内容。论从史出，史论结合。根据叙事者、叙事方式、叙事平台的变化，本文将四大商业门户网站体育新闻20年的发展分为“论坛叙事”时代、叙事模式初成、综合叙事顶峰、个体移动叙事时代来临四个发展阶段。

样本分析得出：我国网络体育新闻叙事者呈现多元分布的特点。叙事结构呈现层级化特点，导航路径与首页层级路径都呈现出内容上浮，足球、篮球项目、重大赛事与明星优先的叙事特征。样本配价分析反映出隐藏主体与报道目的的操作，体育现象神秘化、赛事结果动态化。微内容叙事结构纵向层级关系以新闻价值为准逻辑紧密，横向层级中并列关系突出，逻辑关系松散。四大商业门户网站体育新闻叙事话语以编辑视角为主，通过相关报道叙事符号所指意义/观点的分解，转移网民阅读的能指意会，进一步造成意义的碎片化。以文字为定调媒体，结合多媒体组合叙事，言简意丰。改变传统媒体新闻叙事话语的逆时序特征，呈现多时序的组合，非线性多层级的叙述速度的特点。

整体上四大商业门户网站体育新闻叙事呈现出：叙事者角色“公民叙事—媒体叙事—赛事叙事—平民叙事”的阶段变化；叙事结构从信息层级向操作便利路径过渡；层级依据从简单新闻逻辑到立体复合逻辑转变。叙事话语多媒体特征突出；叙事话语视角从“媒体视角—复合视角—多元视角”流变，叙事时空观从“追叙报道”向“复合时空—多层场域”的发展特点。

通过对典型体育新闻样本——奥运专题网页的叙事学分析可得出，四大商业门户网站奥运网页中导航数量在北京奥运会达到顶峰，四大商业门户网站的首页第一屏主导航设置数量下降的同时，首页呈现的各栏目分导航数量在增加，即导航功能从主通道的形式向分通道发展，功能分化到内容之中，以内容吸引网民阅读增强了网络内容的阅读吸引力。导航内容设置项目分类思维降低了阅读效率，因此采用率较低。首页超链接栏目入口从第一屏开始，以此类推呈现出焦点新闻传递、新闻分类、新闻整合、深度解读、视觉化赏析、资料检索和信息服务的屏幕阅读逻辑。叙事话语中隐藏了媒体角色，以受众视角进行逆时序的新闻资料整理与呈现。

根据文本分析与统计，研究得出四大商业门户网站体育新闻叙事逻辑可以分为技术路径：改革叙事平台，推动个体参与，改变叙事层级；商业路径：服务受众个体，凸显赛事主题，遵循商业规律；政经路径：改变网民结构，营造社会关注，提供叙事主题；媒体路径：策应叙事重点，规划叙事结构，打造话语特色，四个影响网络体育新闻叙事的逻辑路线。

展望未来网络体育新闻叙事发展，根本动力在于参与者身份平等，拟态环境的完善构建。建议坚持新闻真实性原则，从体育本质出发加强网络超链接叙事逻辑性，发掘体育身心合一的教化理念促进网络体育新闻的健康发展。

目录

Contents

第一章 绪论：网络体育新闻叙事研究的必要性与重要价值

第一节 网络体育新闻叙事研究的必要性

一、体育始终是国家建设的重要组成部分

（一）现代体育是我国强兵御外的重要政策

清末外患深重之时，“习武卫国”民族大义面前，现代体育“西学东渐”，并逐渐成为抗击外辱的重要国策。现代体育以“武”入世，并随战事的风云变化而沉浮发展，反映出文明开化的辞旧迎新进程。

（二）体育是我国现代化建设的重要内容

1. 国家领袖高度重视体育发展

《体育之研究》曾经提出：“体育在吾人之位置——‘体育一道，配德育与智

育，而德智皆寄予体。无体是无德智也’；体育之效——‘至于强筋骨，因而增知识，因而调感情，因而强意志。筋骨者，吾人之身；知识、感情、意志者，吾人之心。身心皆适，是谓俱泰。故夫体育非他，养乎吾身、乐乎吾心而已’。”可以看出毛泽东主席认为体育的本质是身与心的共同发展，并主张学校体育应德智体“三育并重”。“军事化”与“政治化”的体育思想与政策在新中国建立与建设过程中起到了至关重要的文明开化、社会组织与国家建设作用。

2. 体育被纳入国家建设顶层设计

《中国人民政治协商会议共同纲领》（1949）就提出了“提倡国民体育”。这项具有先发性质的纲领给新中国体育事业的发展提供了基调和方向。中国体育从强身健体到和谐身心，从举国体制到产业生活始终受到党和国家政策的高度重视。1949 年新中国成立到 1966 年文化大革命爆发前夕，体育发展被中央政府当作主要政务来抓……体育需求从一开始就被纳入为生产劳动、国防、国民健康服务的范畴，广播体操、劳卫制、群众性体育赛事等[1]。建国初期，体育为国家主导发展的重要国策，政府行政体系为主，各部门与行业体协为辅的主体发展过程。随着“奥运争光”的锦标争夺机制在举国宣传贯彻，政府多部门的配合发展体育，逐渐变更为完全行政化单一主体控制模式，我国体育的主题也日益单一化，这段时期我国体育实际上开始了两个根本性的转移：一是由“文革”时期以政治运动为中心向以业务工作为中心的转移；二是由群众体育和竞技体育两个中心向竞技体育一个中心的转移。与这两个转移相应的则是奥运战略的形成和完善，并最终确定了在奥运会和世界锦标赛取得好成绩的战略目标[2]。竞技体育独大，群众体育、学校体育逐渐萎靡。1995 年《全民健身计划纲要》的出台意图扭转当时竞技体育的“一枝独秀”，将“锦标主义”的政策指引转向群众体育的社会公平化发展，但长期的政策导向已经在现实中根深蒂固，中国社会始终在“奥运争光”中享受国家民族的荣耀。与此同时，政策导向的改变带来了体育产业的悄然发展，经济结构

---

〔1〕 易建东，任慧涛，朱亚坤．中国体育发展方式历史沿革研究［J］．北京体育大学学报，2014（11）：2.

〔2〕 张庆文，杨刚，万莹莹．当代中国体育政策的变迁与思考［J］．上海体育学院学报．2013（11）：21－22.

与内容的变化从底层悄然改变了人们的体育生活主题。体育从国家政治主题逐渐向经济主题发展，从精英化体育理念向大众化体育事业发展，从行政管理向行业专业管理发展，但体育始终是中国社会发展建设中重要的主题。

3. 体育产业与全民体育成为改革开放后发展方向

1978 年，全国体育工作会初步确定了奥运战略，在普及和提高相结合的前提下，侧重抓提高。1980 年的体育工作会议中进一步确定了竞技体育为工作的核心，举国体制基本形成，“体育强国”的口号也是在 1980 年前后被提出的，成为当时引导中国体育事业发展的重要指针。这之后的体育科研体制、体育管理体制、体育体制改革等都是围绕着这个指针进行，但奥运锦标氛围也逐渐形成，直到邓小平 1992 年“南行讲话”，“十四大”中国特色社会主义市场经济道路的确定，是中国体育产业发展思路得以拓宽。

1993 年《国家体委关于深化体育改革的意见》对体育行政管理实施“简政放权”“管办分离”；推进竞技体育向社会化、制度化和多样化发展；推动社会体育、学校体育规范化发展；计划 15 年内建成适合我国经济体制，符合体育规律，门类齐全的体育产业体系。这一政策重新规划了中国体育事业发展道路，对我国体育产业和群众体育发展提出了具体指导。1995 年先后颁布了《中华人民共和国体育法》《全民健身计划纲要》，国家体委也改组为国家体育总局，对中国体育管理方式重新进行了调整和规范。2008 年北京奥运会，中国竞技体育登上了巅峰，以金牌为导向的举国体制获得了巨大成功。“十三五”期间，我国将成功申办 2022 年北京冬奥会，在响应习近平总书记的重要指示下，进一步协调体育管理体制、经济发展现状以及体育事业发展三方面的关系，建设健康合理的体育运行机制。终极目标是“建立政府监管有力、市场配置资源合理、社会体育组织蓬勃发展的现代体育制度和高效科学的体育管理运行机制”（刘鹏）。

《国务院关于加快发展体育产业促进体育消费的若干意见》（简称 46 号文件，2014）提出将全民健身上升为国家战略，视体育产业为绿色产业、朝阳产业重点扶持，并对我国各项体育事业细节提出具体要求，其中包括人均体育场地面积（人均 2 平方米），体育人口（5 亿人），管理机制（体育组织管理），体育职业化，因地制宜发展体育产业，推广校园足球，建设城市 15 分钟健身圈等等。这一系列措施已在转变政府职能，推进职业体育改革，推进体育产业化发展，促进体育与社会的深入融合。

表 1-1　中国历年体育政策汇总及影响[1]

政策	颁布年份	颁布机构	行业影响
关于加强人民体育运动工作的报告	1953	国家体委	开展群众性的体育运动，使体育运动普及和经常化，“国民体育”的提法调整为“群众体育”
中央人民政府体育运动委员会党组关于加强人民体育运动工作的报告	1954	国务院	改善人民的健康状况，增强人民体质，是党的一项重要政治任务
全民健身计划纲要	1995	国家体委	全国范围内，各级体育主管部门建立健全机构、加大群众体育工作力度，加快场馆建设，体育社会化发展步伐加快。
奥运争光计划纲要	1995	国家体委	制定体制、机制改革目标，扩充奥运项目参与人数，提升训练质量与经费投入，争保奥运第二集团领先地位。
《中华人民共和国体育法》	1995	国务院	《体育法》填补了国家立法的一项空白，标志着中国体育工作开始进入依法行政、以法治体的新阶段，这是新中国体育事业发展的一座里程碑，标志着体育工作有了一个根本大法。
《体育产业发展纲要 1995—2010》	1995	国家体育总局	纲要提出中国体育产业要用十五年时间逐步建成适合社会主义市场经济体制，符合现代体育运动规律、门类齐全、结构合理、规范发展的现代体育产业体系，促进了社会主义体育事业的发展。

〔1〕 历年中国体育政策汇总及影响（1995 年—2015 年）中商情报网［DB/OL］.［2015-4-2］,heail-ian. http://www.askci.com/news/chanye/2015/04/02/161644di8b.shtml

续表

政策	颁布年份	颁布机构	行业影响
《关于加快体育俱乐部发展和加强体育俱乐部管理的意见》	1999	国家体育总局	此项意见的提出有利于建立与社会主义市场经济相适应的体育体制，为实施全民健身计划和奥运争光计划提供了组织保障，同时有利于加强规范管理，促进体育俱乐部的健康发展，同时也有利于加强体育法制建设，完善体育法规体系。
《2001—2010年体育改革与发展纲要》	2000	国务院	纲要的制定促进了竞技体育优势项目的发展，保证了优势体育项目在国际上的领先地位；体育产业开始朝着社会化、科学化、产业化、法制化发展，为在新世纪中叶基本实现体育现代化打下了坚实基础。
《体育事业“十一五”规划》	2006	国家体育总局	《规划》明确提出了“十一五”时期体育事业发展的指导思想，以科学发展观为统领，以筹办2008年奥运会为契机，把满足群众日益增长的体育文化需求作为工作的全部出发点和归宿，把提高全民族健康素质作为根本目标，为08年奥运会的举办提供了政策支持。
《全民健身条例》	2009	国务院	引发了全民健身的热潮，激励了人民群众参与健身活动的积极性，有利于保证公民参加健身活动的权利，提高公民的身体素质，在大力发展竞技体育的同时鼓励全民参与到体育运动中来。
《关于加快发展体育产业的指导意见》	2010	国务院办公厅	出台了加大投融资力度、完善税费优惠政策等多项具体政策和措施，引导了投资方向。支持有条件的体育企业进入资本市场融资，拓宽了体育产业的融资渠道。积极鼓励民间和境外资本投资体育产业，兴建体育设施，拉动了国内剩余劳动力的就业。同时鼓励金融机构适应体育产业发展需要，开发新产品，开拓新业务，促进了体育产业向多元化的方向发展。为我国体育产业发展、拉动体育消费提供了政策支持。

续表

政策	颁布年份	颁布机构	行业影响
全民健身计划（2011—2015 年）	2011	国务院	在《全民健身条例》的基础上，全民健身活动获得了财政预算更大力度的保障，拉动了国内相关体育产业如体育服装业、体育健身业的进一步发展。更加完善的财政、税收、金融和土地等优惠政策，引导和鼓励了社会力量的投资和捐资、更多的投资人开始愿意出资兴办全民健身事业。
《体育产业“十二五”规划》	2011	国家体育总局	突出强调了体育产业在国民经济中所占比重仍过低的问题，加大了对体育产业投融资的力度，开始尝试转变政府职能，把政府工作重点放在管理上。规划中提出了创新体育场馆运营机制推进了体育场馆所有权和经营权相分离，体育场馆运营专业机构开始蓬勃发展。同时规划强调了对体育赛事品牌建设的重视和体育无形资产的保护，体育赛事品牌的概念开始深入人心。
《中国足球职业联赛管办分离改革方案》	2012	中国足球协会	通过深化职业联赛管办分离的改革，充分地尊重了参与职业联赛各主体的地位，发挥了各主体的作用，为职业联赛健康发展的体制机制指明了方向。改革方案使行政决策权力得到了必要和有效的监督与制约，弱化了行政干预，使职业联赛的商务运作机制更加透明。
《关于推进文化创意和设计服务与相关产业融合发展的若干意见》	2014	国务院	文化创意和设计服务活动与一、二、三产业都密切相关，体育产业被确定为其中的重点。体育产业开始与文化创意和设计服务这些高附加值的产业相融合。体育产业的发展空间进一步扩大，该意见进一步引导了体育竞赛表演事业、体育服务业的发展，同时促进了体育衍生品的设计与开发，进一步促进了相关行业的发展。

续表

政策	颁布年份	颁布机构	行业影响
《部署加快发展体育产业、促进体育消费推动大众健身》	2014	国务院常务会议	为有关体育产业规划的出台奠定了基础，体育产业开始被定位为拉动内需和经济转型升级的“特殊”产业。强调了我国体育产业化程度低和存在巨大开发空间的问题，鼓励体育核心产业的发展。
《关于加快发展体育产业促进体育消费的若干意见》	2014	国务院	把体育产业作为推动经济社会持续发展的重要力量，开发体育产业巨大的潜在市场空间，利用体育产业扩大内需，促进消费，围绕体育消费的相关个股将迎来投资机会，并提出到2025 年打造出5 万亿规模的体育市场。
《体育总局关于推进体育赛事审批制度改革的若干意见》	2015	体育总局	除全国综合性运动会和少数特殊项目赛事外，包括商业性和群众性体育赛事在内的全国性体育赛事审批一律被取消。
《中国足球改革具体方案》	2015	国务院	明确提出了短中长三大目标。短期：要理顺足球管理体制；中期：职业联赛组织和竞赛水平达到亚洲一流，国家队男足跻身亚洲前列，女足重返世界一流强队。长期：成功申办世界杯足球赛，男足打进世界杯、进入奥运会。
《全民健身计划(2011—2015)》	2015	国务院	全面深化体育事业改革，努力做好包括全民健身事业在内的各项体育工作

二、产业化发展促成体育成重要生活主题

（一）体育产业将体育渗透到社会各层面

体育产业是中国社会改革开放以来，特别是20 世纪90 年代初期我国确定经济

体制改革的目标是建立社会主义市场经济体制后，迅速生长起来的新生事物[1]。20世纪末，在改革开放的背景下，经济作为社会发展的核心词汇，中国体育正在以“赶超”的姿态呈现在世界面前。一方面社会整体发展背景下，人民体育健身的个性化需求不断增加，另一方面产业化结构改革促进了体育作为第三产业的兴旺发展。生活水平的提高，经济活动的活跃都有效促进了政府体育的机构与运作改革。新的体育发展大潮正在到来。

对于体育产业的功能，北京体育大学任海教授认为：

体育产业可以提供人们认识体育的新视角——体育具有商业属性，体育具有发展个性、休闲娱乐等功能；

体育产业可以催生新的体育形态和相关业态；

体育产业可以扩大体育资源，提高资源利用率；

体育产业可以有效推动体育改革；

体育产业发展可改善体育传播方式[2]；

体育产业可以改善体育生态环境；

体育产业加快中国体育的国际化进程[3]。

新世纪前10年体育改革与发展的总目标是：建立与社会主义市场经济体制相适应的、符合体育发展规律的体育体制和运行机制，初步形成有中国特色的社会主义体育组织体系。2001—2010年是我国经济和社会发展的重要时期，是进行经济结构性调整的重要时期。产业结构的调整进一步促进第三产业的发展。体育产业作为第三产业的重要组成部分，必将在扩大内需、拉动经济增长方面发挥更重要的作用。应尽快着手制定科学的体育产业发展规划和相应的政策法规，加速培育体育市场[4]。《全民健身计划（2011—2015年）》意在深入贯彻落实科学发展观，坚持体育事业公益性，保障公民参加体育健身活动的合法权益，促进全民健身与竞技体育协调发展，促进体育成为国民健康文明的生活方式，促进人的全面发展，建设体育强国。

---

〔1〕 任海．论体育产业对中国体育发展的影响［J］．体育科学，2015（11）：13.

〔2〕 我国体育传播的基本方式是学校体育、单位体育和新闻媒体。

〔3〕 任海．论体育产业对中国体育发展的影响［J］．体育科学，2015（11）：13-15.

〔4〕 国家体育总局．2001—2010年体育改革与发展纲要［J］．体育科学，2001（5）：2.

1. 政策层面：全民健身战略 20 年上升为国家战略

“全民健身战略”培育出我国群众坚实的体育意识。随着体育产业的不断发展，体育逐渐成为社会生活中不可或缺的重要组成部分。截至 2014 年底，我国体育人口数到达 33.9%，到 2015 年底我国体育场地人均占有 1.57 平方米，体育生活条件不断得到改善，体育休闲生活方式逐步推广。党中央国务院也不断发出政策支持体育事业、体育产业的发展，促进我国从体育大国向体育强国迈进。

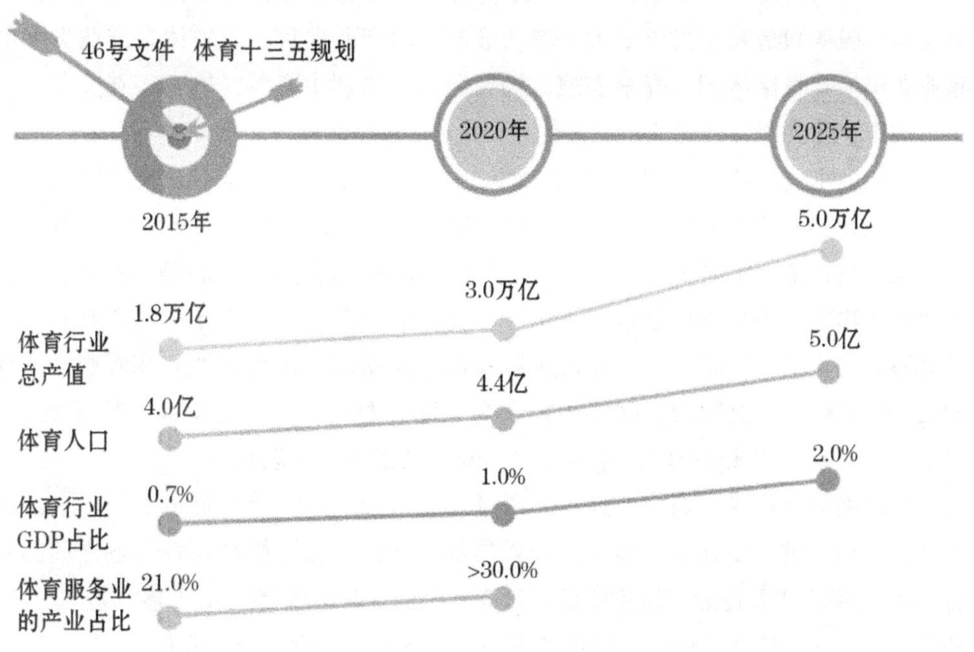

数据来源：国家体育局

图 1-1 “十三五”体育产业发展图谱[1]

〔1〕 艾瑞咨询．中国互联网体育用户洞察报告［D］．2016.

2. 产业层面：市场规模尚小，结构初现，体育消费后劲十足

市场规模小，一方面是体育产业体量占 GDP 比例尚小。2015 年，我国体育总产值 1.8 万亿元，产业增加值占当年 GDP 比为 0.7%，远低于同期美国水平 3% 及全球平均水平 2.1%。中国体育产业在国民经济中贡献过低。另一方面是指体育人口比例较低，人均消费少，目前消费主要内容为运动服装，未来在赛事服务、个人健身等方面有相当大的潜力。

产业结构初现：运动服装及周边装备目前是体育产业最主要的经营内容，赛事及运动服务则是未来需求最大，增长最显著的产业项目。未来体育产业发展的新业态包括健身保休闲、赛事表演、场馆服务、培训中介等，体育将在文化、旅游、健康、影视等各种行业内发挥优势，大展身手。

互联网 + 成为产业热点:”互联网 + “最早出现在第五届移动互联网博览会上，意在让“互联网 +”公式呈现在所在的行业产品和服务中。李克强在 2015 年政府工作报告中首次提出了“互联网 +”行动计划，即推动移动互联网、云计算、大数据、物联网等与现代制造业相结合，促进电子商务、工业互联网和互联网金融健康发展，引导互联网企业拓展国际市场。互联网与体育天然互相吸引，这样的结合包括体育线上营销，网络传媒，线上线下融资，可穿戴设备等等（图 1 - 2）。“互联网 +”刚刚推广，各地方“认购”已经破 7 万亿元[1]。

互联网体育资本市场空前红火：通过政府带动，广大社会资本汹涌地进入到了体育行业，进一步开发了体育产业发展的可能性，通过体育与各行业之间的融合，2015 年，体育行业获得投资额超过 65 亿元，是 2014 年的 2.7 倍，是 2013 年的 164 倍，这个增速行业经济发展的成果，同时也是政策红利的造福。

---

〔1〕 搜狐财经．“互联网 + 体育”这么火，未来的出路又在哪？[EB/OL]．http：//www.sohu.com/a/48148819_ 168553，2015 - 12 - 13/2016 - 03 - 10.

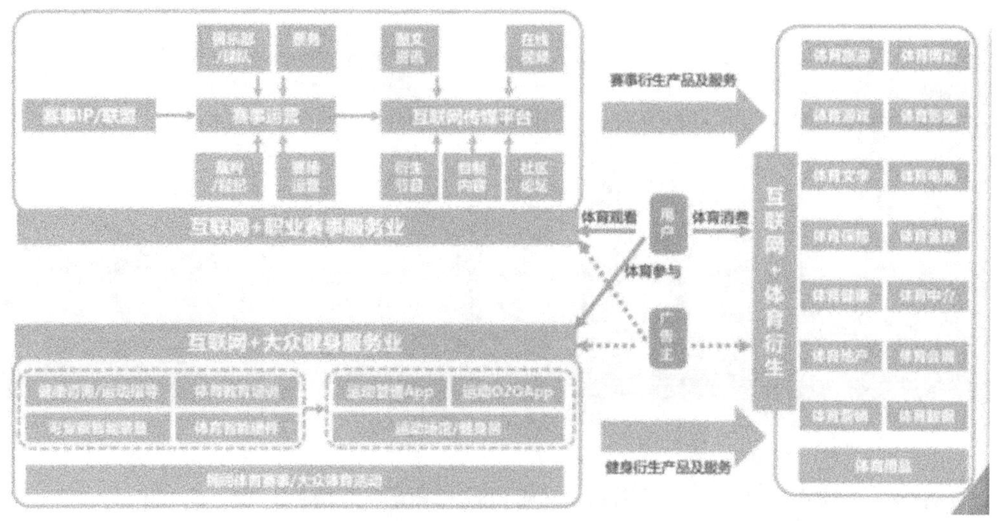

图 1－2　互联网体育行业产业图谱[1]

3. 内容层面：普及率高、娱乐性强的项目最易市场推广

目前，最受民众喜欢的体育活动是观看赛事和运动健身，民众最喜爱的项目篮球、足球、羽毛球、乒乓球等，观众最好奇，发展最快的体育活动是冰雪运动（图 1－3）。由此可见，从具有广泛社会影响的，市场运作相对成熟的高水平赛事是进行体育产业开发的大 IP，通过赛事运营及推广的相关过程，体育产业可以联络其广泛的社会产业环节与项目，并通过互联网等媒介进行更好的价值提升。

2010 年 3 月 24 日国务院办公厅关于加快发展体育产业的指导意见，要求各级政府要高度重视促进体育产业的发展，把体育产业发展纳入经济与社会发展规划，制定和组织实施体育产业发展规划。加强对体育产业发展的区域布局，根据不同地区的比较优势和经济社会发展的实际情况，合理规划，促进形成体育产业发展的聚集区、示范区和城市发展功能区。

〔1〕 艾瑞咨询．中国互联网体育用户洞察报告［D］．2016.

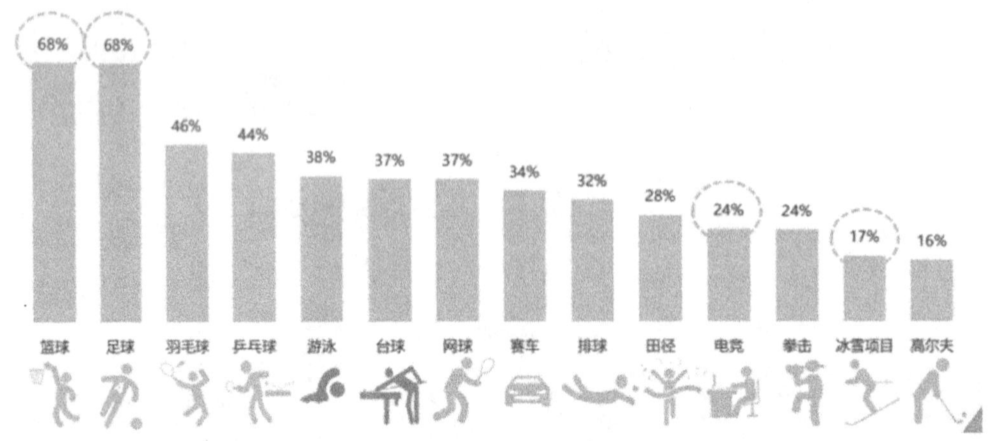

来源：N＝2014，于2016年5月通过艾瑞Click社区调研获得。

图1－3 2016年经常观看的体育赛事统计[1]

2014年10月20日国务院办公厅关于加快发展体育产业促进体育消费的若干意见，这次把全民健身上升为国家战略，把增强人民体质、提高健康水平作为根本目标，把体育产业作为绿色产业、朝阳产业进行扶持，强调向改革要动力，向市场要活力，力争到2025年，体育产业总规模超过5万亿元，成为推动经济社会持续发展的重要力量[2]。

体育产业一直是一个关乎国计民生的产业，鼓励全民参与体育运动，提高国民身体素质一直是政府工作的重点，同时体育产业和体育消费在新的经济环境下成了拉动经济增长的重要马车，体育产业已经成为新的经济增长点。在《关于加快发展体育产业促进体育消费的若干意见》中，政府明确提出了到2025年体育产业总规模超过5万亿元的宏伟目标，并使之成为推动经济社会持续发展的重要力量。

中国体育产业发展纲要指导思想包括：

---

〔1〕 艾瑞咨询．中国互联网体育用户洞察报告［D］．2016.

〔2〕 有关中国体育近年来的重大政策．劲球网［DB/OL］．http：//www.goalchina.net/fengmian/shownews.php？id＝37577，2014－10－23/2016－04－02.

——发展体育产业必须坚持改革开放。要改变传统的计划经济条件下的体育发展模式，深化体育改革，转换机制，依靠改革促进发展；

——要树立为人民服务的宗旨，使社会效益与经济效益相结合，把社会效益放在首位；

——必须坚持与我国经济和社会的发展相协调，与社会主义市场经济体制相适应；

——要坚持国家办与社会办相结合，充分调动和发挥各行业和各社会团体发展体育产业的积极性；

——要坚持“以体为本”的原则，探索一条符合中国国情的体育产业发展道路。

根据中国体育产业发展纲要，现阶段我国体育产业包括三大类别：

第一为体育主体产业类，指发挥体育自身的经济功能和价值的体育经营活动内容，如对体育竞赛表演、训练、健身、娱乐、咨询、培训等方面的经营；第二指为体育活动提供服务的体育相关产业类，如体育器械及体育用品的生产经营等；第三类指体育部门开展的旨在补助体育事业发展的其他各类产业活动。

改革开放十多年来，体育产业的发展取得了很大成绩，为加快体育事业的发展发挥了积极作用。但总的来说，体育自身的价值潜力和优势尚未充分发挥，体育产业的支柱性产业主体尚未形成，体育产业的本体化发展还有待加强，体育产业工作还远远不能适应新时期体育事业迅速发展的需要。体育产业成为中国兴旺体育事业，活跃人民生活，提高人民生活品质的重要发展内容。

三、新媒体引发的信息环境巨大变革

（一）中国新媒体发展现状

中国在新媒体的发展路上具有“后发优势”，自 1994 年接入国际互联网以来，网络媒体的影响日益扩大，成为绝大多数网络用户新闻获取的首选平台。近年来大数据、移动新媒体技术和多媒体技术的勃兴发展，使社会信息环境又呈现出巨大变革，互联网从门户时代向移动网络过渡。2015 年政府工作报告中李克强总理首次提出了“互联网+”战略，将移动互联网、大数据等信息技术创新向全社会予以推广，促进社会的信息化、网络化发展。

1. 网民对网络新媒体的使用情况

我国网络社会发展来看，截至2016年6月，中国网民规模达7.10亿，半年共计新增网民2132万人。互联网普及率为51.7%，中国手机网民规模达6.56亿人。（图1-4、图1-5）10~39岁网民群体为我国主要上网群体，占整体的74.7%具有丰富的创造力和强大的社会影响力量，其中20~29岁年龄段的网民占比最高，达30.4%，10~19岁、30~39岁群体占比分别为20.1%、24.2%（图1-6）。我国网民的年龄结构是以中等学历群体为主，与2015年底相比，小学及以下、大专、大学本科及以上学历的网民占比均有所提升（图1-7）。网络已经成为我国现实社会中重要的大众传播媒体，影响了中国一半以上人群，并在青年阶层中形成了绝对实用群体，在边缘年龄形成蔓延，学历结构要求更加放宽，国民上网成为当今社会的普遍现象。

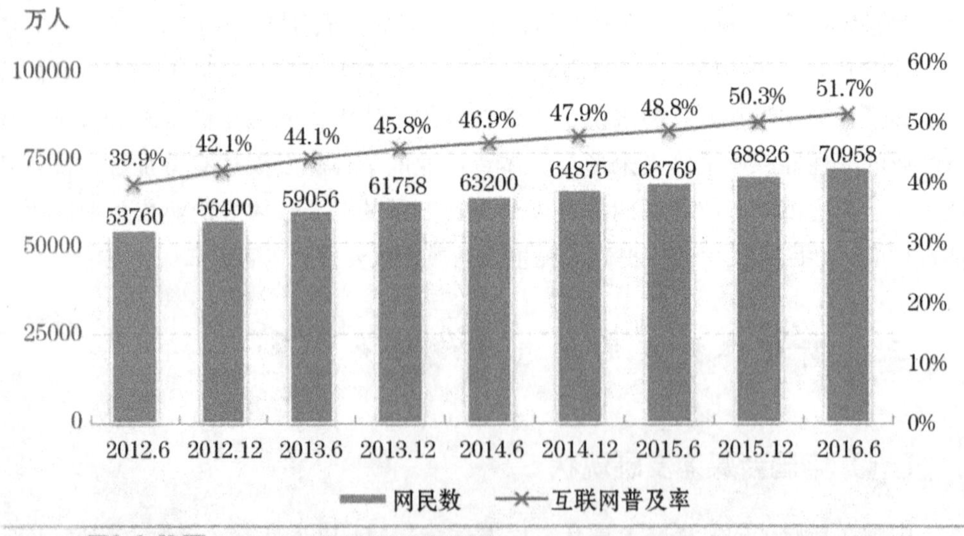

图1-4　中国网民规模和互联网普及率

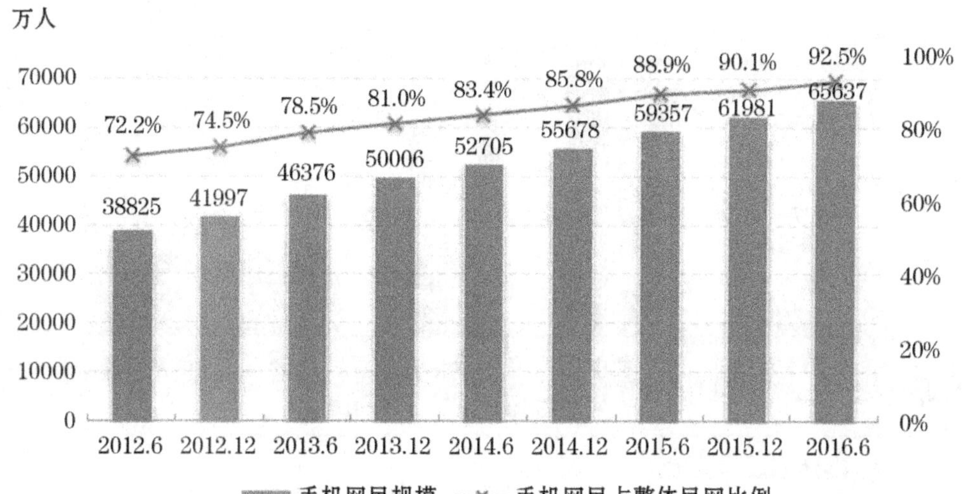

图1－5　中国手机网民规模及其占网民比例

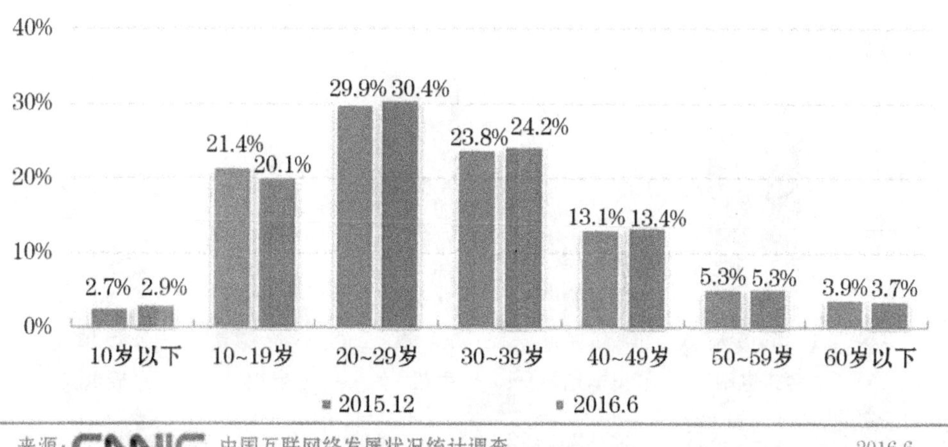

图1－6　中国网民年龄结构

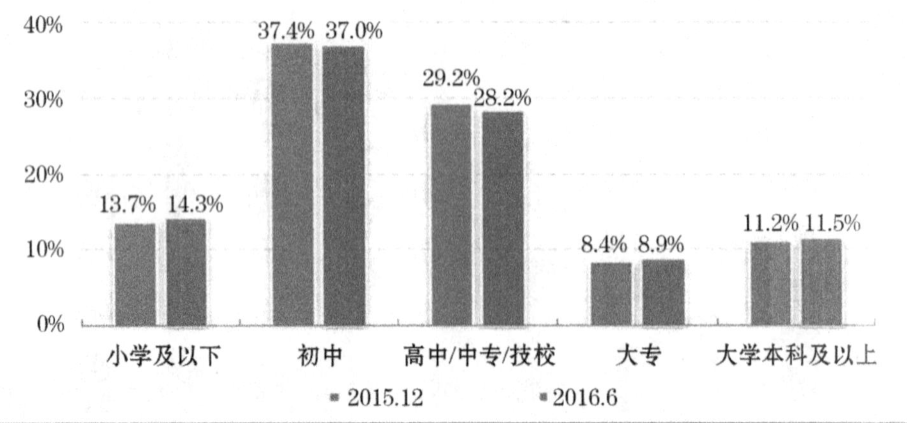

图 1－7　中国网民学历结构

网络媒体与人们生活紧密结合。2016 年上半年，网民使用手机和电视上网的比例较 2015 年底均有明显提升，我国网民使用手机上网的比例达到 92.5%（图

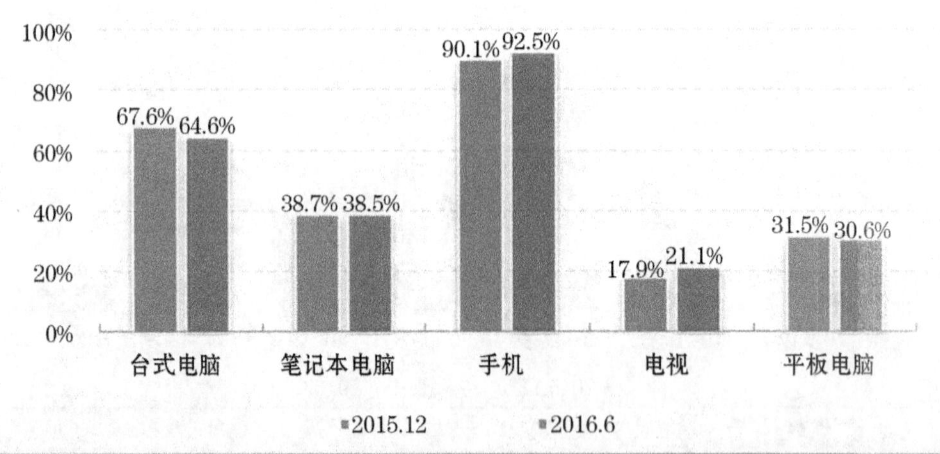

图 1－8　互联网络接入设备使用情况

1-8)，在家里接入互联网的比例为87.7%（图1-9），网络媒体与人们的日常生活接触日益紧密，中国网民的人均周上网时长为26.5小时（图1-10），时长达到了高峰。网络成为人们观察世界，了解世界的重要窗口和生活方式。

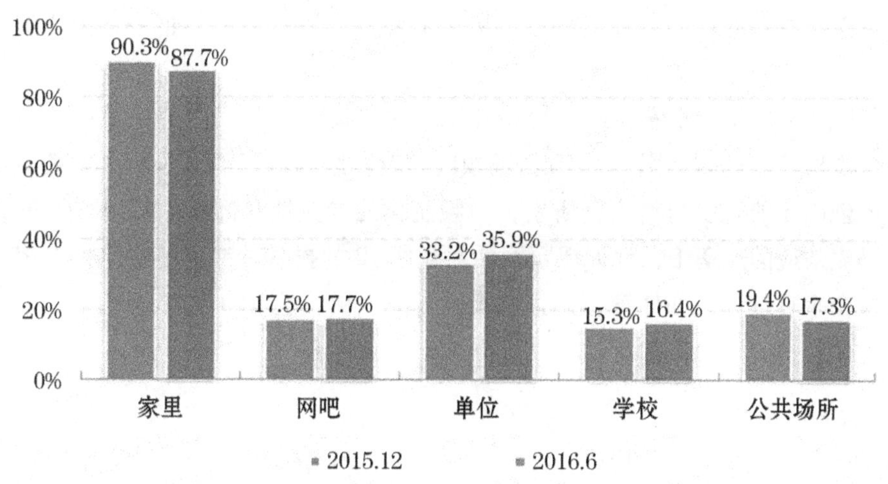

图1-9　网民使用电脑接入互联网的场所

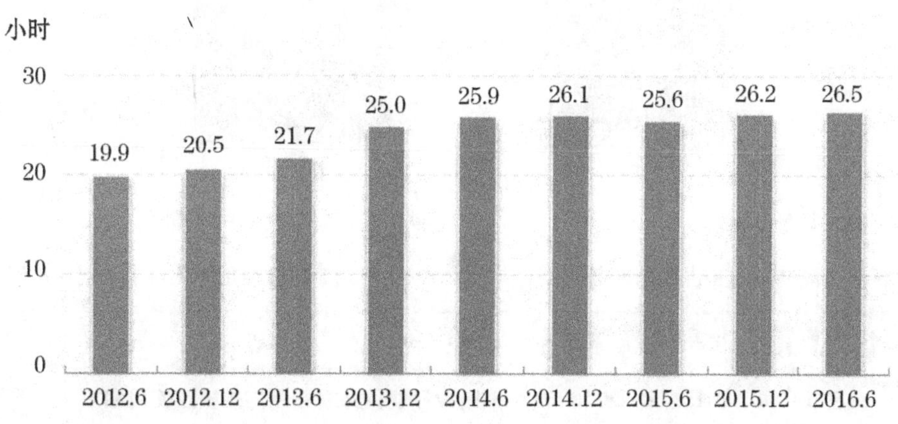

图1-10　中国网民平均周上网时长

2. 网络新媒体内容开发情况

移动网络加速了传统媒体与网络新媒体的融合发展，全媒体思维与产业体系日渐清晰，2016年是传统媒体与新媒体深度融合的发展之年，“互联网+”概念促进了新媒体概念深入社会各个阶层，从认识到操作实施、从产业平台构建到营销渠道，新媒体的深度融合有待进一步发展。

从网络内容发展来看，网络视频开发成为移动互联时代内容的重中之重，用户使用规模日益提高（图1-11）。视频网站对于版权购买的竞争相对趋缓，更加注重原创内容的开发与精品化研发，视频制作的专业性水准不断提升。在网络新媒体马太效应的追逐中，各大视频网站对超级IP的投入始终保持高水准，另一方面对社会垂直行业，如体育、财经、漫画等方面的内容则注重差异化，专业化等发展方向。

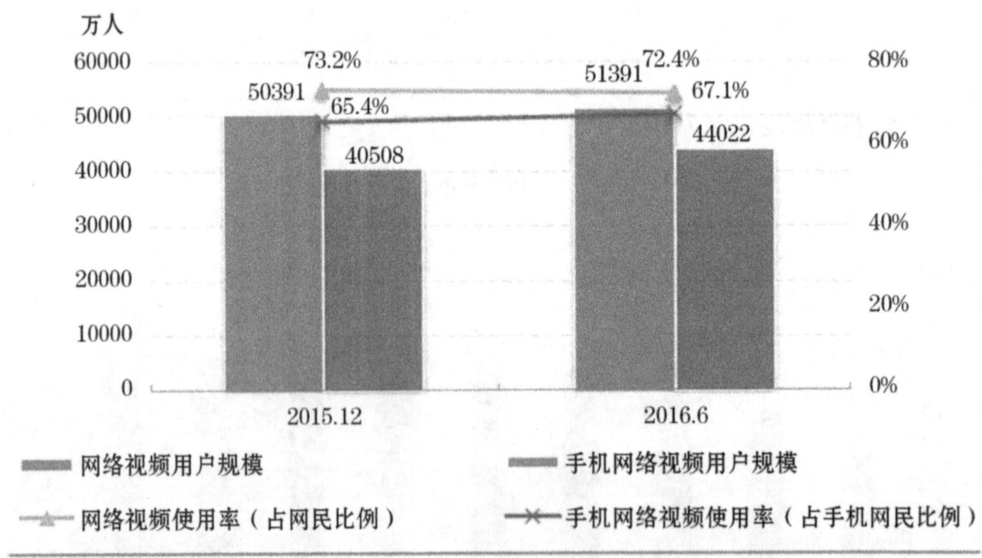

图1-11 2015.12-2016.6 网络视频/手机网络视频用户规模及使用率

体育新闻的制作核心是优质赛事，通过赛事的运营与互联网体育新闻的传播，互联网与体育赛事形成了密切配合，衍生出“互联网+体育传媒”“互联网+赛事

服务”“互联网 + 健身服务”“互联网 + 体育旅游”“互联网 + 体育博彩”“互联网 + 体育游戏”“互联网 + 体育电商”等等融合模式（图 1 – 12）。

图 1 – 12　以赛事为核心的互联网体育蓝海资源图[1]

体育视频是手机视频用户选择的主要内容类型。手机视频中，用户对内容的选择排在前列的是影视剧、娱乐、新闻资讯、微电影和体育赛事消息等（图 1 – 13）。各类网络视频直播中，体育赛事直播更是在占比高达 20.1%（图 1 – 14）。数据反映出体育赛事内容在手机阅读的需求中占有很大比重，是发展新媒体的重要内容和营销领域。

---

〔1〕 艾瑞咨询．中国互联网体育用户洞察报告［D］．2016.

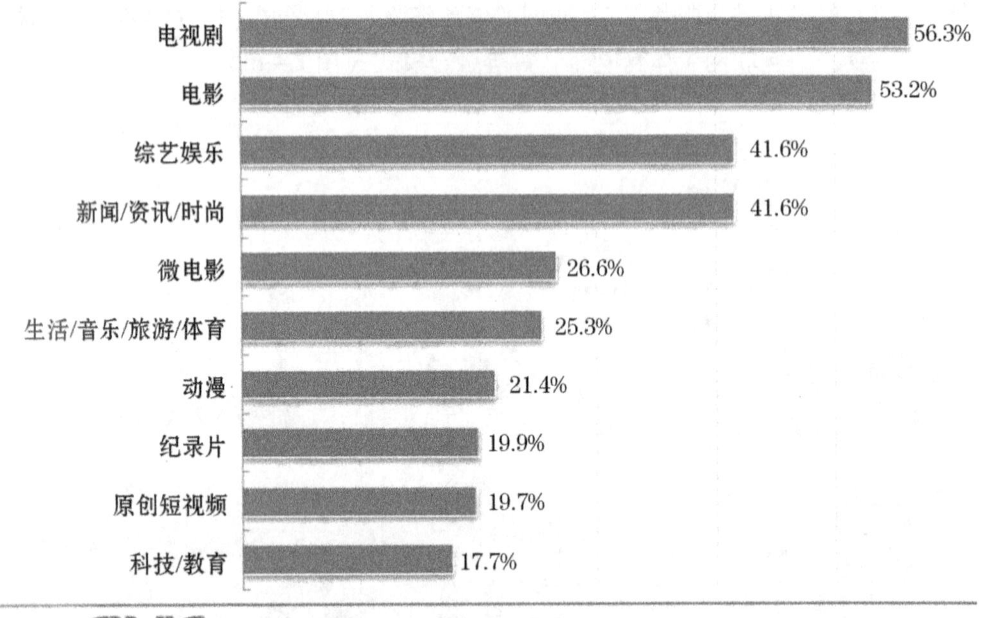

来源：CNNIC 2014年中国互联网民娱乐行为研究报告 2014.12

图1－13　手机视频用户内容选择类型

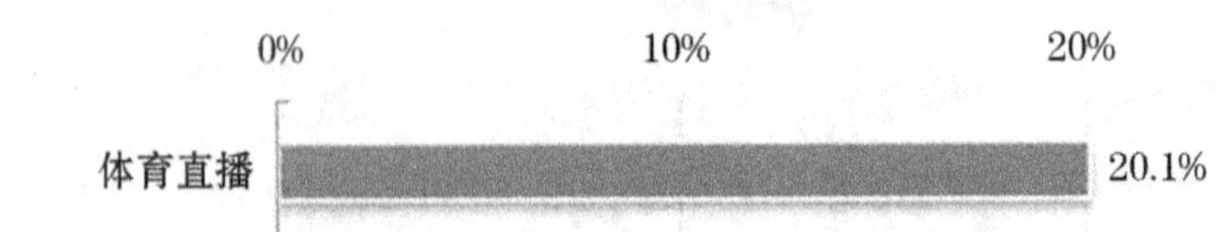

来源：CNNIC 中国互联网络发展状况统计调查 2016.6

图1－14　各类网络直播使用率[1]

---

〔1〕中国互联网络发展状况统计报告［D］. 中国互联网络信息中心 . 2016. 7：42.

互联网带来的社会信息环境的变化，是物质存在方式与联系结构的重大变革，它改变了世界，改变了人类社会，更加改变了未来。以网络为核心的新媒体变革给社会一种全新的创造与联络方式，这种技术进化的周期会随着信息技术的应用不断地加大力度与速度。未来新媒体发展极有可能引发整个社会巨大变革，如：

可计算的未来。人类发展进步的一个重要表现，就是对世界的认识程度越来越深，对风险的控制能力越来越强。同时，随着大数据处理能力和云计算技术的日益成熟，人们对于海量数据的计算能力会越来越强，未来不再神秘和充满不确定性，一切都变得可以计算，基于大数据挖掘的预测应用会越来越广泛、越来越准确。

虚拟与现实的融合。网络虚拟空间与现实空间交织、重叠，形成一个跨域的多维空间。这是一个人类创造的前所未有的空间，这个空间镜像着人们熟悉的现实世界，也超越了人们熟悉的现实世界。

社会结构的变革。新媒体将改变人们长期沿袭的社会群集模式与互动方式。围绕互联网和物联网展开的社会互动方式高度嵌入人们的工作和生活，传统社会组织与区隔单元的边界日益虚化，基于地域的社群会被打破，而基于利益、价值观、文化等所集结的社群会成为更为普遍的形式，进而形成一种与传统差序格局或团体格局迥然不同的、内部非等级化、弱中心化的社会结构形态——以圈群为基础的“趣缘格局”。

商业即服务。新媒体发展所催生的科技革命，将颠覆传统的经济增长模式和商业模式。消费者需求将更加个性化、差异化与情感化，其需求不仅是有形商品，而且还包括由有形商品所带来的一种情绪上、体力上、智力上以及精神上的体验。由此，企业的经营将发生重大转变，为消费者提供更加周到、个性化的服务将成为企业生存的基础与核心使命。

知识与智能的社会化传播。全世界各个角落的智力资源被聚合在网络上，形成强大的“全球脑”。这种人工智能将独立于人类，作为一种资源被有形化存储、渐近式累积、社会化传播。

促进人的变化。新媒体作为一种极具人格属性的技术，是沿着人的需求补偿这一路径演进的，其演进以模仿、复制、拓展人的某些功能为动力，包括人的感官、认知、行为模式。新媒体演化的最终目标可能是成为人体的一部分，在使用上、功能上与人完美结合[1]。

放眼中国新媒体发展趋势，在未来几年里，我国互联网仍将处于高速发展的时期。加强对网络新媒体的引导和管理对于净化互联网环境、推进网络健康文明发展至关重要。网络媒体的良好发展，对社会经济和文化、政治产生了很好的影响，越来越多的个人将成为网络新媒体的主体，不仅仅是信息的消费者和用户，也是更主动的信息生产者、创造者。只有坚持正确的舆论方向，加强有效的引导和控制才能健康地发展和产生更大的社会效益。

（二）“互联网＋体育”发展的新时代

1. 赛事 IP 的层次性多维度开发

体育赛事是与互联网衔接的核心价值，通过具有广泛社会影响和观赏价值的优质赛事资源，对它的传媒内容开发和进一步市场延展，都可以借助互联网进行构造、传播、互动乃至衍生创造。互联网体育传媒平台兼具赛事传播、视频观看、用户流量等优势，是赛事 IP 的主要开发运营平台。体育赛事 IP 具有稀缺性强、爆发力强、培育周期长、生命周期长、收入稳定性强等特点，是体育行业的核心资源。但赛事 IP 的价值不仅在与赛事赞助和转播，更在于通过深度运营和传播培育泛用户群放大赛事 IP 价值，并对其长尾价值和衍生价值进行挖掘（图 1－15）。通过赛事 IP，对产业上下游资源进行整合，并将观赛用户带入自身其他产品体系进行生态化，可进一步放大赛事 IP 价值。

2. 互联网体育用户关注量持续增长

随着网民结构的大众化发展，互联网体育传媒平台用户规模呈上升趋势（图 1－16），互联网体育用户在主流互联网体育平台上的关注覆盖人数和月度总体有效浏览时间均呈现出较大幅度的上升。用户黏性持续增长，月人均关注主流互联网平台的市场达到 42 分钟左右（图 1－17）。

〔1〕 谢新洲．新媒体将带来六大变革．人民网—人民日报［EB/OL］．［2016－8－13］．http：//media. people. com. cn/n/2015/0419/c14677－26866926. html 2015－04－19/2016－03－10.

图 1－15　赛事 IP 资源的互联网开发图谱[1]

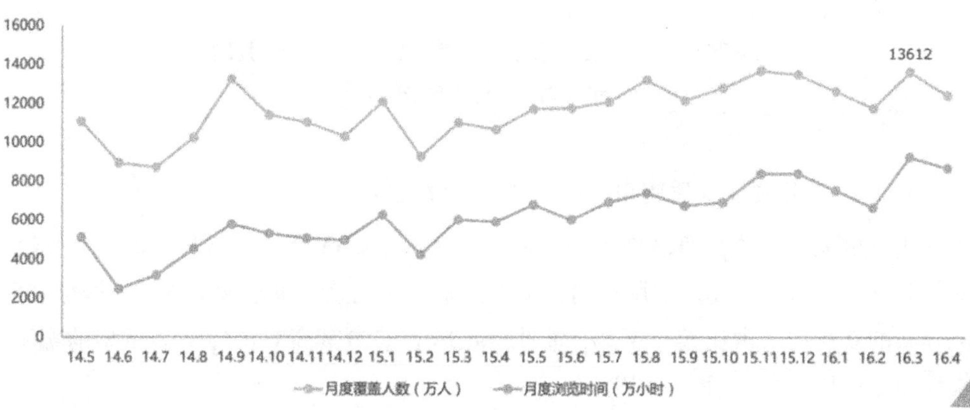

注释：数据为 5 家互联网体育传媒平台的月度排重总数据（腾讯体育、乐视体育、新浪体育、央视体育、PPTV 体育）

来源：艾瑞 iUserTracker 监测数据，基于对 40 万名家庭及办公（不含公共上网地点）样本网络行为的长期监测数据获得。

图 1－16　2014—2016 主流互联网体育传媒平台的月度总覆盖人数和月度总有效浏览时长[2]

〔1〕艾瑞咨询．中国互联网体育用户洞察报告［D］．2016.

〔2〕艾瑞咨询．中国互联网体育用户洞察报告［D］．2016.

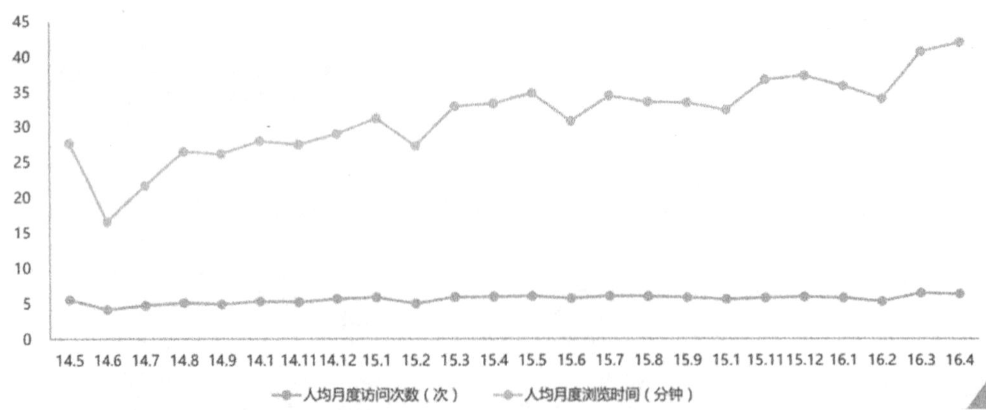

注释：数据为5家互联网体育传媒平台的月度排重总数据（腾讯体育、乐视体育、新浪体育、央视体育、PPTV体育）

来源：艾瑞iUserTracker监测数据，基于对40万名家庭及办公（不含公共上网地点）样本网络行为的长期监测数据获得。

图1－17　2014—2016主流互联网体育传媒平台的人均月度访问次数和人均月度访问时长[1]

3. 用户尤其关注优质赛事，冰雪关注持续上扬

用户最关注的体育赛事是NBA、欧冠、英超、CBA等，其中以NBA为最关注的优质赛事。（图1－18）。用户的赛事关注中，性别差异也较大，冰雪、网球和游泳赛事的女性用户占比相对更高，篮球、足球和拳击等高对抗性高力量型的赛事，男性用户占比更多。（图1－19）。

〔1〕艾瑞咨询．中国互联网体育用户洞察报告［D］．2016.

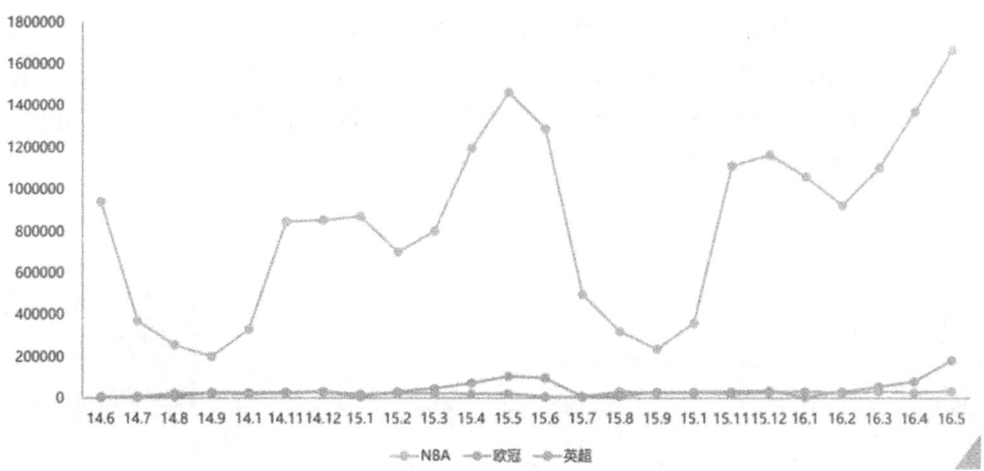

来源：百度指数，以每个月的最高值为准进行统计。

图1－18　2014 年 6 月—2016 年 5 月三大国际顶级赛事的百度搜索指数趋势图

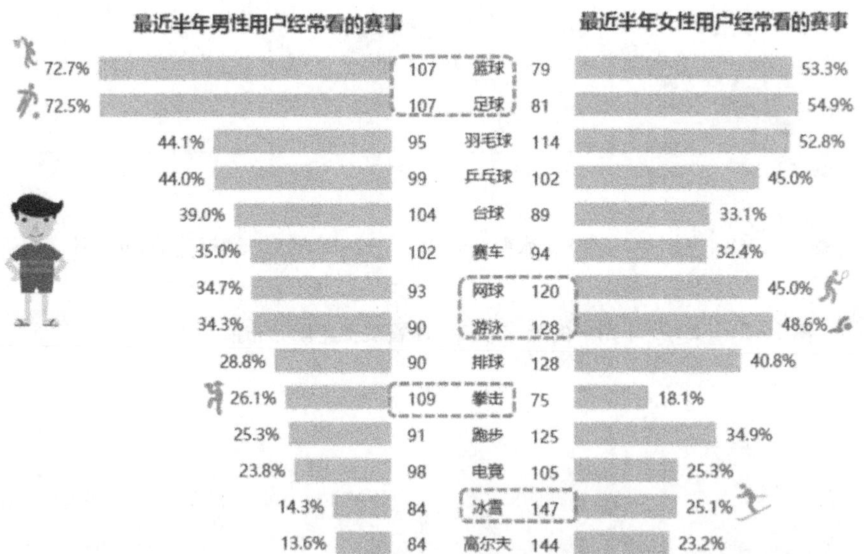

来源：男性 N＝1489，于 2016 年 5 月通过艾瑞 Click 社区调研获得。

图1－19　2016 年上半年两性关注赛事比对图[1]

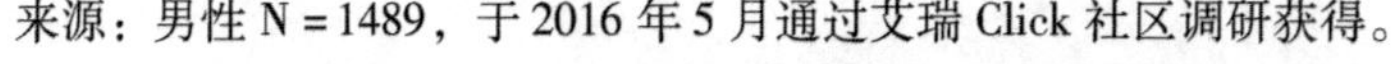

〔1〕 艾瑞咨询．中国互联网体育用户洞察报告［D］．2016.

体育迷用户使用较多，以篮球、足球表现最为突出，10 年以上老球迷通过互联网关注赛事占比达达 45% 以上，且多数用户同时是篮球迷和足球迷。近年来，冬奥会等赛事和文化的推动以及民众生活水平的提高，都有效促进了冰雪运动的兴旺发展，互联网开始进入冰雪用户培育期（图 1 –20）。

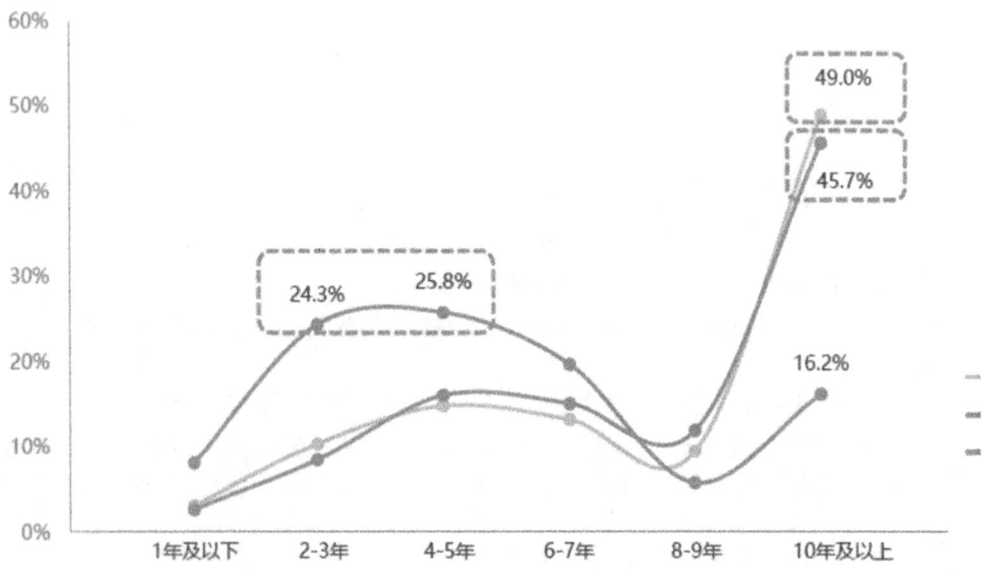

来源：足球 N = 1368，篮球 N = 1363，冰雪 N = 345，于 2016 年 5 月通过艾瑞 Click 社区调研获得。

图 1 –20　2016 年用户的篮球/足球/冰雪观赛年限分布情况[1]

〔1〕 艾瑞咨询．中国互联网体育用户洞察报告［D］. 2016.

4. 互联网是体育迷获取信息的重要平台

互联网是体育迷们获取信息的重要平台，近80%的用户经常在网上获取赛事信息。最常使用的信息来源依次是门户网站、体育网站、搜索引擎、微信等社交媒体、垂直体育社区论坛等（图1－21）。门户网站与体育论坛在体育迷的互联网使用中则是具有压倒性的优势渠道，有近半数的体育迷们使用这个渠道获取赛事信息。

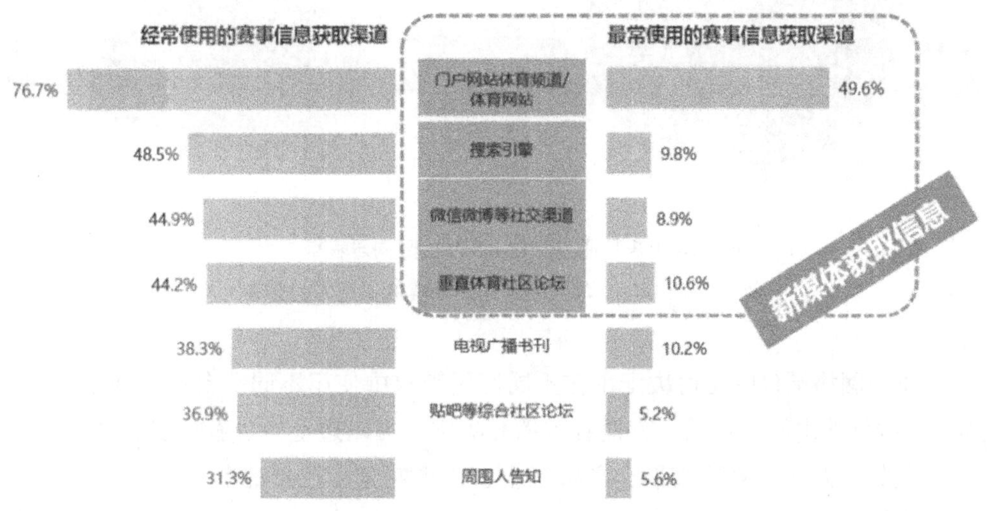

来源：N＝2014，于2016年5月通过艾瑞Click社区调研获得。

图1－21　体育迷获取赛事信息渠道图[1]

观赛领域中新媒体也是主流平台，超过半数的网民使用新媒体作为观赛主要平台（图1－22）。由于PC端屏幕大，操作方便，网络连接稳定等特点成为新媒体观赛的重要平台。

---

〔1〕 艾瑞咨询．中国互联网体育用户洞察报告［D］．2016.

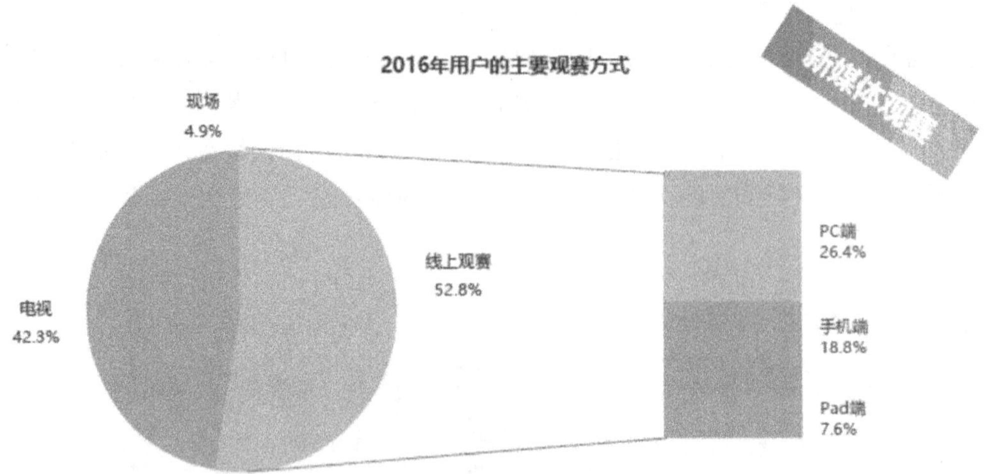

来源：N＝2014，于2016年5月通过艾瑞iclick社区调研获得。

图1－22　2016年互联网用户观赛的主要方式分布[1]

不同网络端口的特性决定了在不同使用需求中使用不同平台接收赛事息，其中PC端反映出使用灵活：方便看重播和集锦；可以边上网边看比赛。PC端在内容上优势极大，如赛事直播、赛事基金、赛事花絮、往期比赛视频、赛事专题、球队专辑、赛事点评等（图1－23）。

〔1〕 艾瑞咨询．中国互联网体育用户洞察报告［D］．2016.

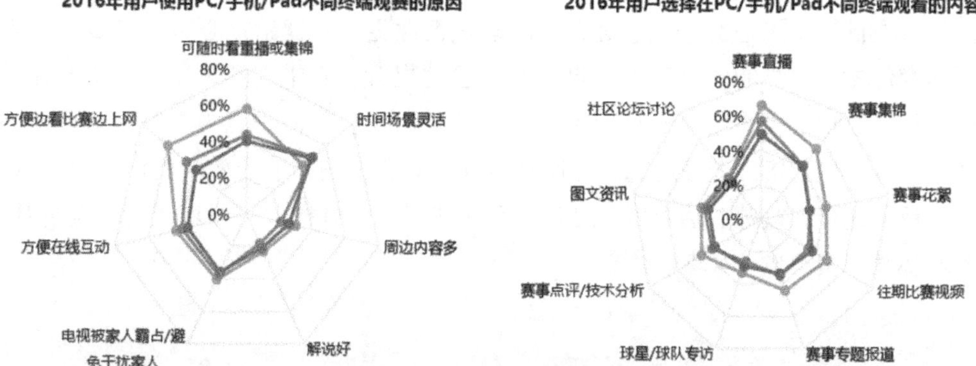

来源：电脑 N = 1387，手机 N = 1231，于 2016 年 5 月通过艾瑞 iclick 社区调研获得。

图 1 –23 2016 年用户使用不同终端观赛的原因及观看内容[1]

相对 PC 端，手机端最大的优势是时间场景灵活，内容形式以图文为主，方便在线互动等。在线参与赛事讨论是用户最为喜爱的互动方式，微信微博等社交渠道也是用户参与赛事互动评论的重要渠道。(图 1 – 24)

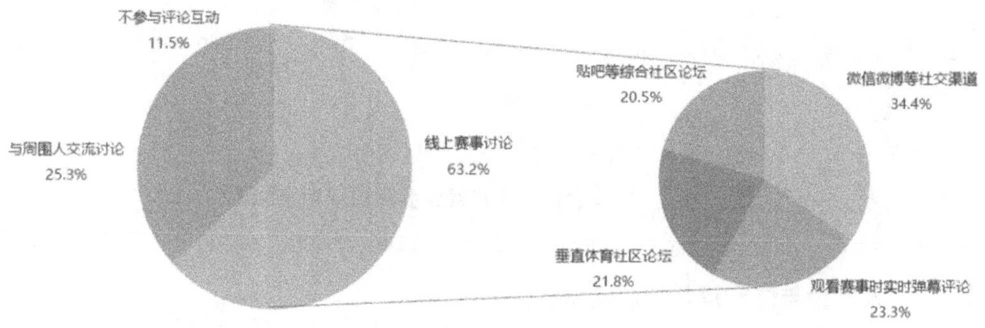

来源：N = 2014，于 2016 年 5 月通过艾瑞 iclick 社区调研获得。

图 1 –24 2016 年用户的赛事评论互动参与情况[2]

〔1〕 艾瑞咨询．中国互联网体育用户洞察报告［D］. 2016.

〔2〕 艾瑞咨询．中国互联网体育用户洞察报告［D］. 2016.

互联网体育商务营销盯准运动用品和赛事消费，观赛和球队周边产品是主要的消费项目，尤其是女体育迷对媒体活动积极性更高，营销核心为赛事 IP。互联网体育传播最重要的营销动力来自观赛体验的提升，其中观赛体验、互动与主持人解说专业程度成为用户选择观赛平台的重要因素。人们乐意为关键赛事或优质赛事整体打包付费。篮球迷、冰雪迷是体育爱好者中消费能力较高的两部分群体，而广泛的跑步、篮球、羽毛球、足球和乒乓球等群体则构成了最广泛的社会群体，参与体育消费（图 1－25）。

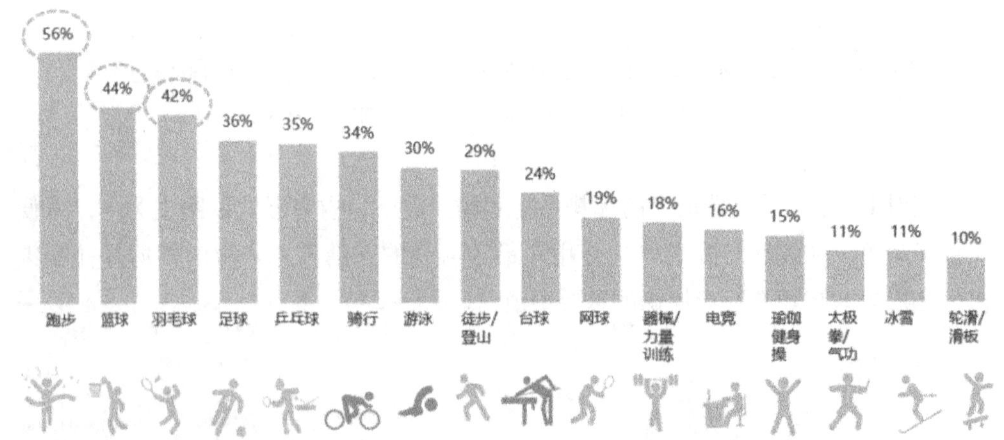

来源：N＝2014，于 2016 年 5 月通过艾瑞 iclick 社区调研获得。

图 1－25　2016 年网络用户经常参加的运动项目[1]

5. 人们参与体育运动的热情明显上升

媒体对体育赛事的报道和体育产业的蓬勃发展带来了人们参与体育运动的积极性日益增加。人们参与体育运动最广泛的项目是跑步，上升最快的是篮球运动和足球运动，2015—2016 年用户参与最多的运动项目 TOP5 中反映出跑步、篮球、羽毛球、足球和乒乓球这些群众基础广泛，技术条件要求低的项目更适宜社会推广（图 1－26）。

---

〔1〕艾瑞咨询．中国互联网体育用户洞察报告［D］．2016.

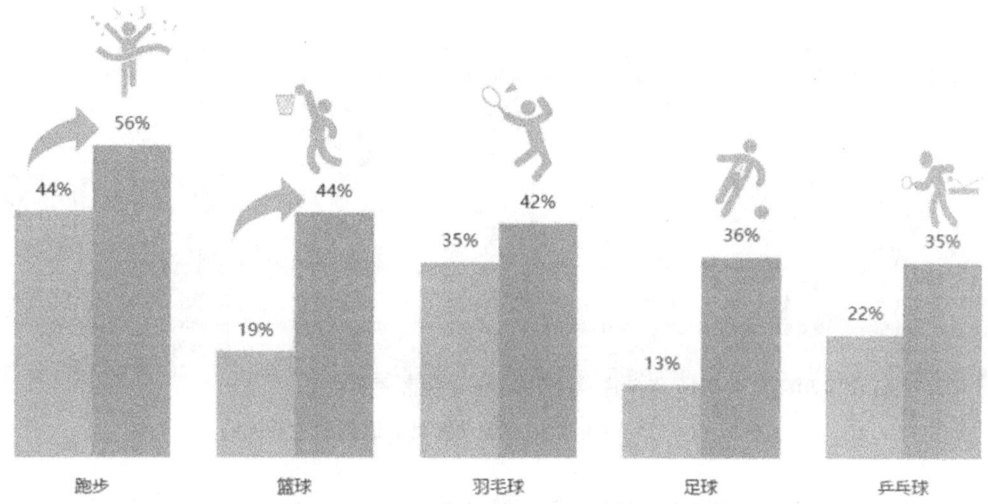

来源：2016 年 N = 2014 于 2016 年 5 月通过艾瑞 iclick 社区调研获得。
2015 年 N = 2986 于 2016 年 5 月通过艾瑞 iclick 社区调研获得。

图 1 - 26　2015—2016 年用户参与最多的运动项目 TOP5[1]

而网络用户在健身中遇到的最大问题是缺乏专业的运动指导，其次是合适的运动场所，对自己身体与专业性的评估以及运动成本等（图 1 - 27）。在此项调研中反映出网络用户进行体育运动中的最大需求是专业指导、运动场所和身体评估，呈现出未来互联网体育信息服务的方向。

〔1〕 艾瑞咨询．中国互联网体育用户洞察报告［D］．2016.

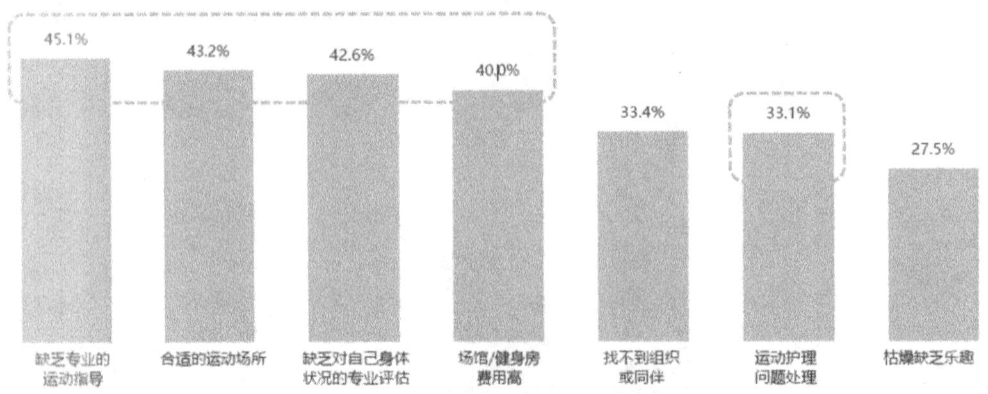

来源：N＝2014，于2016年5月通过艾瑞 iclick 社区调研获得。

图1－27　2016年用户在运动健身时遇到的主要问题

超过四成网络用户觉得运动中遇到的主要问题是缺乏运动评估和指导，超过一半的用户（61.2%）都有学习需求，互联网正适合在此提供评估工具、社交入口和学习平台。篮球、羽毛球是最受追捧的项目，而跑步则是人们最易投入的项目，网络用户热衷有社交属性的跑团行为，更加注重参赛体验感（图1－28）。

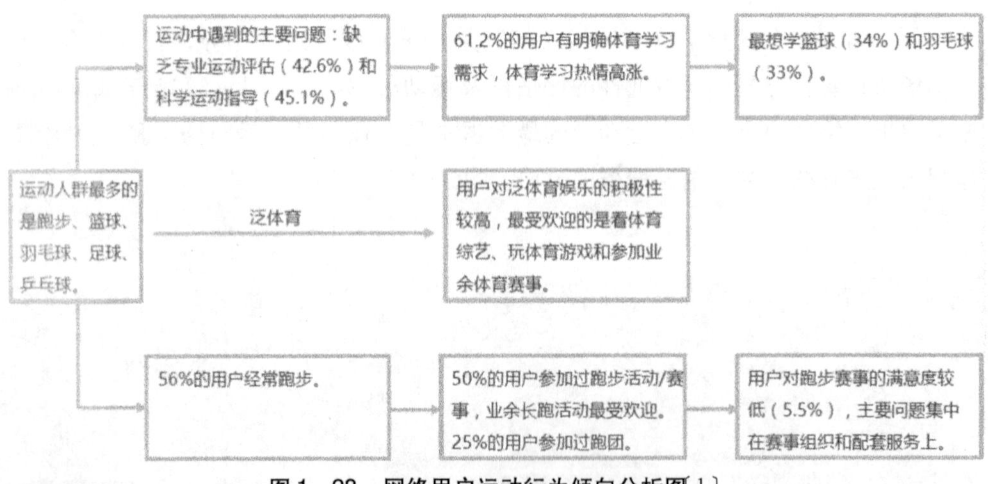

图1－28　网络用户运动行为倾向分析图[1]

〔1〕 艾瑞咨询．中国互联网体育用户洞察报告［D］．2016.

四、叙事学理论为网络新闻提供新视角

经典叙事学理论 19 世纪 70 年代建立在语言学、结构形式主义等理论之上。80 年代后呈现出跨学科发展样态，改变了以文学作品为单一研究对象的封闭研究状态。《作为话语的新闻》带来了新闻叙事学理论开端。经典叙事学理论与实用学科新闻学嫁接后，研究者们纷纷尝试以批判的视角发现文本背后意识形态的呈现。网络新闻诞生后叙事平台的改变与日新月异的技术发展使新闻叙事有了更复杂的理论适应，同时也为“非理性”的网络传播提供了结构化的理论分析依据。网络新闻叙事研究成为近年来学界的研究热点。

新闻亦可被视为叙事，原因有二：一是新闻与叙事的观察点是一致的，都是以全视角度与架构来检视外在世界；二是新闻对新闻事件的报道与叙事本质上是相同的，都是对有价值的信息的一种传递[1]。体育作为新闻活动和报道内容的一部分，天然具有新闻叙事的特征。通过全面观察体育世界，并传递出一定的感情与价值观，从而形成了完整结构的叙事框架。体育新闻遵从新闻规律与专业原则，同时贴近社会生活，讲述极具人情味的，有趣味的游戏故事。作为社会的体育，集纳下社会万象，作为经济的体育体现产业发展的种种特征，作为文化的体育折射出人类发展的文明与精神追求，与此同时，作为叙事的体育，从古至今，从人的个体到社会运行，无不呈现出完整的故事结构与世间百态。因此，从叙事的视角分析体育新闻深化了新闻业务层面，追求媒体议程与符号背后的态度与意义，是更高追求的学术与意境要求，这个研究具有深层次的业务研究价值与社会意义。

体育新闻报道的价值观与态度来自于媒体立场和记者个人认知，这两者还与受众的兴趣相应和，形成反映出社会集体意趣的报道故事。体育新闻报道的创作结构与新闻报道相近，具有较为成熟的体裁规范，也就形成了叙事学分析的对象文本。可以参照新闻叙事的理论分析线索与结构对体育新闻进行分析研究。

在新闻采访类型中有体验式采访，而在体育活动中，尤其是竞技体育中很难

---

〔1〕 周芬．体育新闻的故事化及其叙事结构解析［J］．湖南大众传媒职业技术学院学报 2010（9）：21.

有体验是采访过程，因此在体育新闻报道中基本是通过“再现”的方式呈现出来的，有更强的主观色彩，隐藏了“作者”的社会与个人背景。叙事与体育新闻报道之间在“客观报道”和“禁止虚构”的问题上还存有争议。客观报道是新闻客观性的本质要求，然而，纯粹的客观报道又是不现实的。一方面，在当今受众结构多元化的时代，仅仅局限于描述性的表述往往不能让受众满意；另一方面，无论是对体育事件的评述、评论或是预测，都是建立在记者们的主观理解上的。众所周知，记者一般都经过了专业知识和技能的培训，从其处理体育新闻的手法可知，记者在重现体育事件时，不仅仅是讲述故事，也要通过叙事形式帮助受众了解事件或叙事中所隐含的事件本体，同时，这可以看作是通过故事再现过去的事实。因此，记者就是经过训练的故事描述者，使受众可以通过“再现”与“诠释”来更好地理解体育新闻中叙事观点的必要性和契合性[1]。

新闻文本，也被称为新闻论述，译为 discourse，传统叙事学理论中称为“表述”“叙述”或“论述”，这是叙事学研究考察的主体，在新闻的叙事研究中可以被视为对新闻内容表述符号的研究。因此叙事学与符号学有很强的学科交叉研究内容与方法，对新闻文本的研究可以从符号学的角度对语法结构、语言符号等对其进行筛选、归类、总结等，探寻文本语言背后的意图背景。另外在新闻事件中连缀出的故事发展过程则反映出了新闻写作者们如何构造叙事序列，通过视角、时序等事件进行过程的描述反映出叙事者的经历。

新闻体裁众多，新闻符号也众多，无论是语言还是图像，抑或声音都可以成为叙事文本（图 1 - 29）。通过创作者的视、听、触、味、嗅的感知，并通过语言、图像、声音和动作等媒介进行再次叙事，再次通过思、视、听的方式再次阐释作品的意思。因此新闻叙事或体育新闻叙事都可以通过若干叙事符号的传播来形成故事的产生与阐释。在这个叙事过程中，叙事学中所谓能指是符号层面的象形，如线条、色彩、声音、空间位置等视听符号。而所指即精神上的感性理解。

〔1〕 周芬. 体育新闻的故事化及其叙事结构解析［J］. 湖南大众传媒职业技术学院学报. 2010（9）：22.

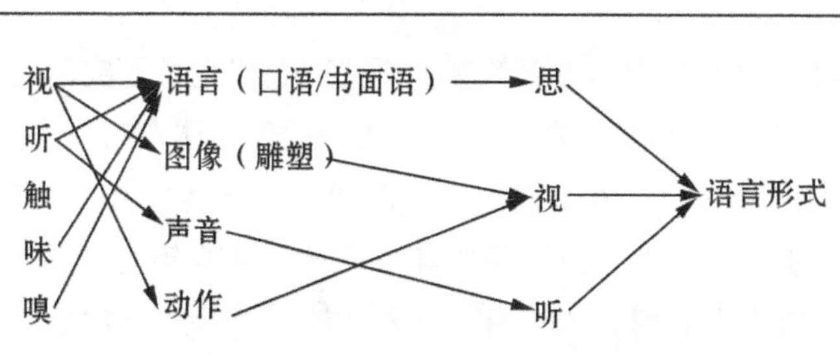

图1－29 交流意义的符号化过程示意图[1]

五、20年网络体育新闻亟须整合沉淀

网络体育新闻始于1996年四通利方“体育沙龙论坛”，自出现到目前已经经历了20个年头。作为瞬息万变的网络信息系统，20年的跨度已经囊括了太多的技术变革，内容发展，新闻采编理念的革新。尽快寻找一个严谨的理论框架去分析网络体育新闻，积累网络体育新闻的历史发展资料有着非常重要的理论价值和现实意义。

目前国内有不少学者已经将注意力转向到了网络体育新闻的发展历程寻根与集聚。郝勤在《体育新闻学》一书中，有对体育新闻简史的论述，研究了从鸦片战争到新中国成立前的近代体育新闻的形成发展，以及新中国成立以来我国体育新闻的形成发展，将党的十一届三中全会之前的时期界定为我国现代体育的形成阶段，党的十一届三中全会之后到1992年邓小平南行讲话这一阶段划分为勃兴段，1992年之后，随着我国体育开始探索市场化和职业化，我国体育新闻也迎来了发展与变革。

易剑东的《大型赛事报道与媒体运行》按照媒介形态的不同，将大型赛事新闻报道的演进分为：通讯社大型赛事报道、平面媒体大型赛事报道、广播电视媒

〔1〕 于德山．中国图像叙述学：逻辑起点及其意义方法［J］．社会科学战线，2004（1）：93.

体大型赛事报道和新媒体大型赛事报道。并对每个媒介形态下国内和国外的报道情况进行详细论述。

张宏伟的博士论文《中国体育新闻史研究》在纵向的研究时间上，从 1840 年一直跨越到 21 世纪，具体分为古代体育新闻、近现代体育新闻、当代体育新闻的研究。横向的研究集中在这些不同的历史阶段下，将传播者、内容、媒介这三者作为研究对象。具体划分为体存新闻的自在时期（1840 年之前）、传入时期（1840 年—1909 年）、凝变发展期（1909 年—1949 年）、拓展期（1949 年—1993 年）和繁盛期（1993 年—）。

郭维的《近代中国体育新闻历史回顾》，同样是对我国近代体育新闻传播的这段历史进行了简单的回顾。将中国近代的历史变革作为划分时期的依据，将这段历史的体育新闻传播具体分为这三个阶段：从 1840 年到 1911 年，历史上从鸦片战争至辛亥革命，作为我国体育新闻的发端期；第二个阶段从 1911 年至 1927 年，在北洋政府统治时期，是我国近代体育新闻的初兴期；第三个阶段从 1927 年至 1949 年新中国建立，在国民党统治时期，我国近代体育新闻又经历了发展并衰落。另，还有专门针对奥运会的传播历史进行研究卢雪《中国电视媒体奥运报道的历史演进研究》梳理了从 1984 年到 2008 年七届奥运会的我国电视媒体的报道，以相关政策、电视业发展、技术支撑为依据，将这段历史划分为萌芽期、发展期、成熟期。

王晓东《奥运会网络传播发展的历史回顾及前景展望》回顾了奥运会的网络传播历史，将 1995—2000 年分为萌芽阶段，2000—2004 年为缓慢发展阶段，2004 年以后为加速发展阶段，并指出奥运会网络传播的前景，政策将更加宽松，观众规模更加庞大等。

从以上我国对于体育新闻传播历史的研究可以看出，首先研究数量不多，原因在于搜集资料的难度较大，因此这些研究也显得极为珍贵并具有很强的保存价值。但是通过这些研究，仍能发现一些问题，例如对于我国近代体育新闻历史传播的研究较为其中；在历史阶段的划分上，多以我国历史发展中的不同历史阶段直接作为划分依据；传播媒介也是集中在传统媒体的研究，涉及网络及新媒体的研究很少；多数研究呈现出以史为主、有史无论的样貌。此外，奥运会传播历史的研究也是一个研究的热点。

第二节 网络体育新闻叙事研究的重要价值

一、理论价值：构建网络体育新闻叙事分析框架

叙事理论作为一种结构化分析话语，从符号学、语言学、结构形式主义等角度对叙事文本进行结构化解析，已经形成了一套经典的形式分析理论。随着后经典叙事学的开放视角拓展，叙事学的适用范围得到扩大，将社会历史语境广泛联系到叙事结构分析中，注重读者的内容接受与意境开发，将叙事学与众多学科研究对象与内容进行广泛的融合与适应，结构化的分析方法得到了更加广泛的开发，为逐渐成为主流的网络信息传播提供了相对完整、稳定的观察结构与视点。

新闻叙事同样具有完整的叙事结构与具体的叙述话语（文本），因此适应叙事学研究，但新闻叙事又不完全等同于文学叙事，根据新闻的写作意图与框架，新闻编码方式反映出人们对新闻信息的取舍和传播意图。网络体育新闻作为新闻中的一支，目前论及的研究相对较少，且研讨分析中或集中于故事结构，或集中于故事逻辑，或阐述单个事件进程案例，缺乏对网络体育新闻宏观历史视角的叙事逻辑发展历程的关注。从叙事经典理论以及新闻叙事的分析框架出发，从网络属性的叙事基础出发，寻求宏观视角下的网络体育新闻叙事流变进程是对其叙事理论的再一次实践，这对其跨学科应用与发展，甚至对于网络体育新闻的叙事构建具有理论与实践价值。

二、现实价值：以史论叙整合网络体育新闻20年发展进程

互联网进入中国是1994年，起初仅进入科学研究机构，1995年才有第一批上网的报刊。1995年1月《神州学人》为中国第一份上网的中文期刊，1995年1月20日《中国贸易报》成为国内第一家上网的日报。这种上网的传统媒体成为媒体进入互联网时代的标志。直至2000年，“网络媒体”的称谓才真正出现，并不断地进化，融合，形成今天影响社会结构与关系等庞大的信息平台。

学者闵大洪将中国网络媒体发展的20年划分为以下四个阶段。

初始阶段——1994至1998年，网络由科技创新进化为社会科技进步，人们对网络媒体的认识从“电子版”到第五大众传媒，并于1998年5月，在联合国新闻委员会年会后，继报刊、广播、电视三大传统大众传媒之后，被广泛地认可为第四媒体。

Web1.0阶段——1999年至2004年，以门户网站、新闻网站为代表。2000年之后，网络媒体的准确概念才稳定下来，并被人们正确认识。网络媒体的稳固地位意味着互联网作为信息交换媒介在社会中已经有稳定的信息产业代表，并在广泛的社会中产生影响。网络媒体以其庞大的信息储备和便捷的信息检索使用，显示出强大的媒体运载能力，门户网站和新闻网站正是显示出这种强大的信息处理能力的集中代表。随着电子产业的进步和社会信息化的发展，门户网站这种靠庞大信息储备的互联网端口显现出累赘之感，社会需要更灵活和深入的信息触角深入进化，于是新一代互联网出现了。

Web2.0阶段——2005年至2009年，以博客、播客为代表。2005年，互联网2.0阶段是自媒体的时代，这一时代以新浪为代表，自媒体转型建立在庞大的受众基础上，通过大量明星的自媒体平台建立，逐渐掌握了中国的自媒体市场。庞大的影响力显示出互联网时代的马太效应。自媒体显示出用户参与制造信息，参与传播的能力。互联网最大的信息来源在此被激发出来，创造了现而今依然不容忽视的UGC（用户内容生产）的基础。用户的参与更加反映出其民主权利的声张，信息时代的民主平等体现在信息接近权的获取。

Web3.0 阶段——2010 年迄今，以微博、微信、移动客户端为代表。2010 年开始，这是个建立在全面光纤宽带、移动互联网基础上的互联网进化时代。网络将在全社会，全人类铺开，并应用强大的计算能力，改变社会生活格局。

网络体育新闻诞生 20 年，在网络媒体发展过程中，其技术平台发生了巨大变化，新闻内容生产也在不断地适应和开发新的意义。网络体育新闻叙事离不开发展中的新闻话语及其复杂的社会历史语境。本文从叙事角度对史实资料进行整理，寻求网络体育叙事生成的现实根源，有助增强体育新闻叙事结构的严谨性，为网络体育新闻的本质特征予以关照和印证。

通过叙事视角看待网络体育新闻发展 20 年，在查询史料进程的同时，不仅停留在史实材料的变迁层面，更要在史实元素中寻求对网络体育新闻叙事有影响的因素。使研究分析从描述层面上升到逻辑分析层面，甚至理论创新与实践指导层面。

三、目标价值：深入分析体育新闻叙事结构

叙事学通过文本的结构主义视角分析探寻传播意图，建立在文本（话语）基础上分析其结构，形态，从实证的角度分析得出新闻报道背后隐藏的意识形态。从文献研究来看，对体育新闻的叙事分析主要体现在娱乐、英雄等创作意识存在，以阶段性报道、媒体个体新闻为主要分析对象，缺乏对体育新闻整体性的关注和客观的分析。而这是对体育新闻叙事最具力量的实证过程，对探寻体育新闻报道组织过程与意图的真实而具象的体现。

叙事学从文学作品分析的基础上得以讨论结构，经过多年的争论建构，形成了较为完整的理论框架与分析方法，并获得了丰富的理论发展成果。随着社会的发展，叙事学研究的对象越来越丰富，情况也日益复杂，因此在传统叙事学理论的基础上发展出新的后现代叙事学理论，延续经典叙事学中以“文本”为研究对象，即以现实作品为研究对象，探索不同传媒符号和不同社会领域作品为研究内容的批判性研究。在体育新闻研究中，对传统报道文本研究较有经验，而网络体育新闻却鲜有提及，近年来仅有几篇硕博论文对网络新闻叙事进行了探索性的理论适应研究。因此，网络体育新闻叙事是对叙事学理论的又一次理论建构实证与

发展，对经典叙事学有非常重要的发展意义。

叙事学的主要分析文本，从基本的叙事单元开始研究，探求叙事者、叙事结构、叙事话语的基本特点，总结并概括网络体育新闻的本质特征，具有较为现实的研究意义。通过具有典型代表性的四大商业门户网站体育新闻叙事文本分析，能够反映出商业网站中体育新闻传播意图。

四、实用价值：分析典型网媒体育新闻叙事规律

陈彤认为“技术创新仍是新媒体发展的最大动力”[1]，腾讯网副总编王永治也提出类似的观点：世界杯和奥运会两年的交替举行周期，与互联网的科技进步几乎保持同步。举世瞩目的大赛是验证网络技术成果和体育新闻运营的最佳机会。两年，与互联网发展节奏同步，网络媒体也可借助次节奏来调整自身的产品特色。四年一度的“奥运商战”，亦是互联网企业改写历史的拐点。

四大商业门户网站重大赛事新闻报道的叙事研究能够代表网络体育新闻叙事的基本特点和布局结构。四大商业门户网站中新浪体育具有网络体育新闻报道的开山之功，并在互联网发展的最初十年起到了主导作用，其他三大门户在不同历史时期中都有着各自的特色，四大商业门户网站不断发展着自身技术与经营实力，并通过新闻报道的形式影响着中国体育新闻的整体格局，以四大商业门户网站体育新闻为叙事研究的分析对象具有典型意义。

五、研究价值：改变传者思维创新研究方法

在新闻传播中可以分为对“传播过程”的传播研究和对“新闻话语”的文本分析研究，在传播学分析过程中突出了传播行为的发生与作用方式，从研究传统来看，容易陷入传者逻辑。从话语文本的传播结果进行分析反推，能够从扎实的新闻话语呈现中寻求传者的意图目的以及受者的筛选与反馈，因此具有较强的客

〔1〕 侯继勇．21 世纪经济报道：腾讯世界杯推新媒体平台化［N/OL］．21 世纪经济报道，http：//tech. qq. com/a/20100713/000387. htm. 2010 - 07 - 13/2016 - 01 - 06.

观性。为更好地凸显互联网的本质属性给体育新闻传播带来的影响，期待通过文本分析能够以批判性的视角对网络体育新闻重新予以审视。

传统叙事研究作品主要集中在文学作品中（1966 年，法国《交际》杂志发表“符号学研究——叙事作品结构分析”专刊，1973 年托多罗夫发表《诗学》等），1985 年，电影叙事理论逐渐形成（代表作为基·科亨《电影叙事与语言》、贝·迪克《电影的叙事手段——戏剧化的序幕、倒叙、预叙和视点》等）。叙述学（其实是结构主义叙述学）“最重要的出发点是以具体作品作为研究的客体和依据，也就是说它认为作品是一个独立于外界的，完整自足的体系，它不依靠别的因素而存在，它自身就是一个完整的统一体”[1]。叙事学研究方法中主要针对叙事文本，对其叙事者、叙事结构、叙事话语进行研究探索。其中叙事者在文学作品中体现在真实的作者、文学作品中的“作者”，叙事者、作品人物与读者，参与叙事的其他角色等。其他西方学者的专著也被翻译过来。1987 年，布斯的《小说修辞学》中文版面世，该书从叙述技巧角度，探求了小说作者、叙述者、人物与读者之间的修辞关系，涉及叙事学的一些基本问题，特别是提出“隐含作者”这一概念，对叙事学研究更产生了深远影响[2]有关叙事者的分析，能够反映出叙事主体角色、背景、性格特征等等以及其背后的社会发展情况。

1989 年，里蒙-凯南的《叙事虚构作品》出版，该书追随热奈特将叙事区分为三个层面（事件、话语和叙述行为）的观点，主要从故事（时间、人物）、本文（时间、人物刻画、聚焦）和叙述（层次与声音、言语再现）三个层面，再加上热奈特没有特别关注的文本阅读层面，运用“法国结构主义、以色列特拉维夫派诗学、阅读现象学等现代文学流派理论，分析、阐述、归纳了‘叙事虚构作品’所涉及的关键问题”[3]。

中国翻译西方经典叙事学作品比较散乱，1986 年开始多了起来，但仅仅关注的是小说叙事，对其他艺术作品形式并不关注，孟繁华的《叙事艺术》、陈平原

〔1〕 王泰来，等编译．叙事美学［M］．重庆：重庆出版社，1987：7.

〔2〕［美］韦恩·布斯，华明，胡苏晓，周宪译．小说修辞学［M］．北京：北京大学出版社，1987.

〔3〕［以色列］里蒙-凯南，姚锦清等译．叙事虚构作品：当代诗学［M］．北京：生活·读书·新知三联书店，1989：1.

《中国小说叙事模式的转变》带来了叙事研究的热闹非凡又无章可循[1]。

叙事学的独特之功在于它首先是一种方法，它不关注具体的叙事作品，而是用心于某一类叙事作品甚至是所有叙事作品共有的结构或叙述语法，这样，它促使了两个方面研究的兴盛：一是总结某种类型叙事文学的共有特征，促进了叙事类型研究或叙事主题研究的发展；二是寻找具体故事表层内容的深层结构，这有助于从形式逻辑层面来理解内容。这两方面的研究都是以前所缺乏的，叙事学作为一种方法，带来了新的学术生长点。[2]

张寅德在《叙述学研究》的“编选者序”中也指出“叙述学必须结合其他方法，如社会批评方法和精神分析方法才更具效用”[3]

80年代中期以后，由于叙事学的直接和间接影响（主要是与叙事学密切相关的西方现代小说技巧），作家的小说观念已发生根本改变：由关注故事内容转而关注叙事形式。同时，作家也改变了以往那种高高在上的姿态，不再以人类精神的导师自居，作品中的隐含作者和叙述者不再高度合一；而是放低身段，认为作品所有的只是个人一己情绪和观点的展示，作品中的隐含作者和叙述者可以分离。二是对创作技巧的重视。技巧有很多方面，限于篇幅，此处只讲两个重要的方面：视角和结构。视角是叙事学高度关注的一个问题，托多罗夫说：“对同一事物的两种不同视角便产生两个不同事实。”[4]

---

〔1〕江守义．20世纪80年代叙事学研究的回顾与反思［J］．学术月刊2015（7）：126.

〔2〕江守义．20世纪80年代叙事学研究的回顾与反思［J］．学术月刊2015（7）：130.

〔3〕张寅德编选．叙述学研究［M］．北京，社会科学出版社，1989：：9、18.

〔4〕张寅德编选．叙述学研究［M］．北京，社会科学出版社，1989：65.

第三节　网络体育新闻叙事研究的创新方向

一、理论创新应用：运用叙事学视角分析网络体育新闻文本

通过现实叙事理论的开发与创新，将网络体育新闻作为叙事对象，进行详细、严密的对应性分析，得出网络体育新闻的叙事者、叙事结构、叙事话语的具体构成与特征，通过结构形式的视角对网络体育新闻有清晰的解读，延伸了叙事学理论框架的指导范畴。

创新往往意味着难度。网络新闻的叙事学研究之所以难以系统开展，一方面是因为网络新闻太过繁杂，网络并不如传统媒介那般“纯粹”，从新闻生产者到新闻消费者都无法清晰指认；网络新闻的即时性和互动性又使文本呈现出相当大的不稳定性，如何在这种变动的网络环境中撷取具体而典型的文本进行分析是一大难点。另一方面，网络媒介的个性深刻影响到新闻叙事的内核，最初建立在报纸新闻文本分析上的新闻叙事学已经无法完全适用于网络新闻叙事的研究。这两方面的原因不仅使研究者对“网络新闻”作为一种超文本的表征实践难以予以整合性的意义阐发，而且在具体研究中由于寻求不到合适的理论归属而显得有些束手无策。在这样的难度之下，本研究对网络文本采取了层级式路径分析与核心微内容的叙事分析，双向齐下，在尊重网络传播规律的基础上准确地分析网络传播及其信息的叙事内涵与结构规律。

二、拓展研究视野：跨学科运用新闻叙事理论分析网络体育新闻

后经典叙事理论主张叙事学理论的跨学科发展，并将其放置于普遍联系的社会经济发展语境中进行分析。本研究选取网络体育新闻作为叙事研究的对象与范畴，结合社会历史语境对其叙事的基本结构进行分析，能够反映出一定的网络体育新闻本质特点，依据客观观察来分析网络体育新闻发展的20年进程，带有一定批判性。

四大商业门户网站作为我国网络媒体最重要的传播阵地，其新闻传播内容与形式，立场与观点极大地影响了我国网络媒体的新闻传播现状与社会的舆论方向。选择四大商业门户作为研究对象，就是对中国体育新闻传播中最大、最具影响、最有发展前景的媒体范本进行研究，具有较强的现实意义和影响价值。

体育是文化、体育是政治，体育与社会生活有着密切的关联。反映在体育新闻中的社会思想和文化价值能够比较真切地反映社会发展的真实状况。另外作为媒体的四大商业门户有极大的社会影响，密切关注体育，密切关注报道体育的典型新媒体是观察、学习和理解网络体育新闻必然的选择和必经的途径。

三、创新研究方法："史论结合"深入研究网络体育新闻叙事发展

将纵向历史分析与横向文本内容分析相结合，采用历史研究方法，纵观四大商业门户网站体育新闻叙事发展进程；采用内容分析法：以叙事理论逻辑为依据对四大商业门户网站体育新闻叙事话语进行分析。并通过德尔菲法验证研究结构的严谨性，通过EXCEL的梳理统计得出令人信服的叙事逻辑与文本形态阐述。

以史论今，从网络体育新闻的叙事特征中寻求网媒发展历史轨迹的印证，对于以批判视角观察和解剖网络体育来说具有深刻的证实力量和求真根源。从历史出发能够发现叙事背后的目的性和力量作用过程，从历史出发能够清晰地看到网络体育新闻叙事发展的基本脉络，从历史出发能够看到影像叙事的历史因素如何发挥作用。

第二章 网络体育新闻叙事研究文献综述

第一节 四大商业门户网站体育新闻相关研究

根据研究目的，主要筛选和分析的文献类型包括书籍档案、硕博论文、期刊资料、报纸年鉴、网络新闻、网络数据统计报告等，为本研究提供较为广阔的研究视角、扎实的理论基础、研究框架、调研数据等。本文调研数据库包括中国知网（CNKI）、网络搜索（Baidu、Google）、网络数据调研（Cnnic）等。关键词包括“网络体育新闻”“门户网站体育新闻”“门户网站”（子检索包括“新浪”“搜狐”“网易”“腾讯”），文献截止时间为2015年12月31日，合计搜索学术论文资料共1714篇，网络搜索参考新闻资料共计429篇，搜索相关资料包括：

一、“网络体育新闻”文献视角

网络体育新闻文献资料构成主要包括两部分：一是书籍档案资料；二是知网可以查阅到的相关文献资料，如博硕论文、期刊论文和报纸年鉴等，总计为613篇

（表2-1）。

表2-1 "网络体育新闻"文献资料构成 单位：篇/部

资料类型	资料内容	数量
书籍档案	媒体发展报告（新媒体发展报告【2010—2015】、中国媒体发展指数报告【2008—2013】、中国传媒报告【2007—2014】、中国传媒蓝皮书【2004—2014】）	33
知网文献	硕博论文	176
	期刊资料	395
	报纸年鉴	9

"网络体育新闻"相关硕博论文中体育相关论文占论文总数的85.2%，期刊论文体育相关论文占总数比例86.9%，体育相关性较强。硕博论文中网络新闻相关论文占总数比例55.1%，期刊论文网络新闻相关占总数73.9%，期刊论文搜索较为集中准确，硕博论文关联度较为松散。硕博论文中网络体育新闻直接相关仅占46%，期刊论文该比例为52.2%，近半数的比例说明网络体育新闻研究分散度较大（表2-2）。

表2-2 "网络体育新闻"硕博论文与期刊精选论文 单位：篇

	体育相关	网络新闻相关	网络体育新闻直接相关	总数
硕博论文	150	97	81	176
学术期刊论文	343	292	206	395

从网络体育新闻相关学术论文的年份分布来看，整体呈递增趋势，期刊论文出现较早，硕博论文则从2006年开始零星出现，2009年对北京奥运会关注较多，2012年后开始重视网络体育新闻的学位论文研究。期刊论文则从2009年后就呈现出两位数的篇幅数量，以2015年为数量顶峰。硕博论文中仅反映趋势，由于知网中收录硕博论文的范围有限，暂不做数量评价（表2-3）。

表 2－3　“网络体育新闻”精选学术论文年份分布　单位：篇

年份	00	01	02	03	04	05	06	07	08	09	10	11	12	13	14	15
硕博论文	0	0	0	0	0	0	2	2	0	8	4	2	13	18	19	13
期刊论文	1	1	2	2	1	1	5	7	9	14	12	26	29	20	24	52

在网络体育新闻精选论文文献中，硕博论文和学术期刊论文中网络体育新闻采编相关比例分别是95.1%和91.9 %，说明网络体育新闻采编为学术研究的主要关注领域。其中包括了网络体育新闻的传播过程、采编业务、不同类型新闻体裁、产品应用新闻开发等内容，反映出网络体育新闻的研究重点在于新闻的生产过程，为本文研究提供了丰富的研究基础和资料（表2－4）。

表 2－4　“网络体育新闻”精选论文相关领域　单位：篇

论文来源	网络体育新闻采编业务	职业道德法规	舆论研究	社会影响	历史研究	广告营销	其他	总数
硕博论文	77	1	1	1	1	0	0	81
期刊论文	181	7	0	2	0	1	4	197

二、“门户网站体育新闻”研究文献视角

门户网站体育新闻相关学术论文积累比网络体育新闻这一主题搜索要小很多，仅占网络体育新闻的十分之一左右，为了本研究充分占有资料，增加了门户网站相关书籍、网络数据统计、网络新闻三个方面的资料积累，涵盖了门户网站发展的各个方面与层次，为本文研究提供了丰富的资料和扎实的研究基础（表2－5）。

表2－5　“门户体育新闻”文献资料构成　单位：篇/本

资料类型	资料内容	数量
书籍档案	媒体发展自述（网易：2、搜狐2、腾讯：5、新浪：1、综述2、）	12
	媒体发展报告（新媒体发展报告【2010—2015】、中国媒体发展指数报告【2008—2013】、中国传媒报告【2007—2014】、中国传媒蓝皮书【2004—2014】）	33
知网文献	硕博论文	31
	期刊资料	31
	报纸年鉴	0
网络数据统计	CNNIC中国互联网信息中心数据统计报告（1997—2015）	73
	DCCI互联网数据统计中心调研数据报告	68
网络新闻	四大商业门户网站体育新闻报道	288

门户网站相关期刊论文中体育相关学术论文占总数83.9%，门户网站体育新闻报道所占比重为51.6%，其中不相关的论文主题主要涵盖网络新闻，也存在包含关系，但覆盖不够准确（表2－6）。

表2－6　“门户网站”体育新闻硕博论文与期刊精选论文　单位：篇

	体育相关	门户网站新闻相关	门户网站体育新闻直接相关	总数
硕博论文	30	16	14	31
学术期刊论文	26	16	14	31

门户网站体育新闻研究的精选论文数量较少，2010年才出现准确相关论文，分析较为平均。全部论文题材都为新闻传播内容，未从叙事角度观察研究网络体育新闻提供有力支持和验证。（表2－7）

表2－7 “门户网站”体育新闻精选学术论文年度分布 单位：篇

年度	2010	2011	2012	2013	2014	2015
硕博论文	1	0	2	2	6	3
期刊论文	2	1	2	0	5	4

三、“四大商业门户网站体育”研究文献与视角

根据关键词“新浪体育”进行搜索，知网共查询到文献381篇，“搜狐体育”相关文献共245篇，“网易体育”相关文献95篇，“腾讯体育”相关文献资料研究360篇。从1998年开始，随年份发展成正态上升分布，反映出门户网站体育新闻越来越受到关注（表2－8）。

表2－8 “四大商业门户网站”体育相关文献年度分布 单位：篇

关键词	95	98	99	00	01	02	03	04	05	06	07	08	09	10	11	12	13	14	15
新浪体育	1	0	5	9	7	13	10	10	12	15	24	17	26	24	25	42	51	46	44
搜狐体育	2	0	2	7	3	8	4	5	7	19	20	23	23	18	20	22	16	30	16
网易体育	0	1	0	0	1	1	0	6	3	3	4	9	7	5	9	10	8	14	14
腾讯体育	0	0	0	0	0	2	0	0	5	11	23	21	10	19	32	46	42	66	83

四大商业门户网站体育相关文献中从数量来看新浪体育、腾讯体育、搜狐体育、网易体育呈降序排列，研究领域分布中新浪的采编业务相关研究最多，网易相对较少，所占总数比例最小的为腾讯体育相关研究，仅为18.1%，这说明新浪体育在新闻采编方面是研究热点，而腾讯体育相关研究热点为互联网营销和其他的体育赛事活动（表2－9）。

表2-9 “四大商业门户网站”体育相关文献领域分布 单位：篇

关键词	网络体育新闻采编业务	媒体与记者	受众研究	职业道德法规	广告营销	其他	总数
新浪体育	229	15	0	8	36	93	381
搜狐体育	158	9	1	2	20	55	245
网易体育	49	1	0	0	22	23	95
腾讯体育	65	12	5	4	118	156	360

从以上文献资料中进行筛选分析，以大型体育赛事新闻传播为主要分析主体，针对网络媒体承载的不同体裁，如新闻、评论、专题乃至微博报道等进行深入分析研究，如万晓红的《我国门户网站体育新闻传播模式的创新——以新浪、搜狐和网易体育频道为例》、周杰撰写的《原创 热点 评论——伦敦奥运会微博报道的启示》、陈彤撰写的《伦敦奥运：网络媒体视角下的全媒体思考》、王永治撰写的《腾讯伦敦奥运报道质性策略》等论文，对门户网站体育新闻报道的方法、内容、新闻文本等进行了较为专业的分析。

从文献分析梳理可以获知，研究热点与偏向主要集中在2012年伦敦奥运会、2010年南非世界杯、2014年巴西世界杯等大型赛事体育新闻报道，如刘颖撰写的《体育赛事的微博客传播特点分析——以世界杯期间新浪微博为例》等。体育项目除了综合性运动会外主要集中在足球、篮球、网球等热门体育项目上。四大商业门户网站体育新闻传播研究中也出现了以新技术为引导的研究热潮，如张春果的《新浪体育新闻官方微博大型体育赛事报道研究》硕士论文（2014），霍琳撰写的《新浪官方微博传播策略研究》（2014）等关于微博体育新闻报道的研究。

四、网络体育新闻发展阶段分期研究现状

以“网络体育新闻”和“历史”作为关键词在中国知网数据库中搜索，仅检索到4篇相关文章，且都是硕博论文：张宏伟的《中国体育新闻史研究》（2008）、徐延的《我国网络体育新闻传播历史研究》（2013）、张杰的《网络体育新闻传播

研究》（2006）、屈涛的《网络体育新闻娱乐化研究》（2007）。张宏伟论文中网络体育新闻史仅作简要介绍，徐延的硕士论文对网络体育新闻历史进行了历史分期，并对每阶段的媒介形态、传播内容、影响因素等进行了粗线条的分析，形成了较为完整的研究框架。张杰硕士论文则从网络体育新闻传播的特征角度提出其快捷性、海量性、多媒体性和受众地位的提升。

扩大检索关键词，以“门户网站”“体育”等为检索词，研究成果相对多一些，其中针对我国门户网站体育信息传播特点的分析如王相飞的三篇期刊论文：《我国门户网站体育信息传播特征及发展趋势研究》（2010）、《我国门户网站体育信息传播中存在的问题及对策》（2008）、《我国大型门户网站体育信息传播的资源建设》（2014）对门户网站体育信息的传播进行了较为详尽的研究。另外还有多篇针对赛事移动化传播、微博新闻研究等方向性研究。

从以上研究的阅读分析中总结，网络体育新闻史的研究对象基本为以四大商业门户网站为主体，研究内容包含了网站传播全部信息内容，以相对宽泛、粗线条的历史梳理为主。基本以 1997 年“利方在线”对世界杯亚洲区十强赛的报道为体育新闻历史的起源。分期依据主要为体育新闻发展水平和影响力，郝勤、易剑东、王晓东、薛文婷等对其有所关注，结论相对一致。

初步发展期：1996 年—1999 年，以四通利方代表媒体，报道的主题内容包括 1997 年世界杯外围赛报道、1998 年世界杯报道以及当年的曼谷亚运会报道。

蓬勃发展期：2000 年—2004 年，通过 2000 年和 2004 年两届奥运会的推进，网络体育新闻传播进入了快速发展阶段。

逐步确立主流地位：2005 年—2008 年，此期间，都灵冬奥会、韩日世界杯等助推网络体育新闻发展，2008 年北京奥运会迎来了中国网络体育新闻发展的高潮，新浪拿到了采访证，搜狐成为北京奥运会内容服务商，网络媒体逐步确立了主流地位。

后奥运阶段：2009 年后随着南非世界杯、伦敦奥运会等大型运动会的报道展开，网络体育媒体逐步巩固了主流媒体地位。

以上分期主要依据是网络媒体的发展程度，而它们与重大体育赛事密切相关，因此呈现出两年的发展周期。在网络发展历史阶段划分中还可以依据技术发展依据，如以计算机处理能力每 18 个月翻一番的摩尔定律和戈尔定律为时段分野；以中国互联网研究中心等研究部门的报告周期为阶段依据；中国人民大学新闻学院彭兰教授在其博士论文中提出以两年为一个阶段梳理互联网发展的头十年。另外还可以通过技术发展和社会应用，产业发展等为依据，将网络传播发展分成若干特征阶段（2010）[1]。

新浪网原总编辑陈彤在其《新浪之道》中对“四通利方”到“新浪网”成为门户分成了四个阶段：第一阶段1997年世界杯外围赛，让四通利方为传统媒体关注，四通利方推出“体育频道”，其追踪热点的形式被称为Web1.0报道；第二阶段：1998年世界杯后遭遇转型期，变论坛为主的被动接受信息模式转换为网站主动接受新闻信息；第三阶段：1998年12月1日新浪网正式成立至2000年悉尼奥运会，促进门户网站初期建设与新闻运作；第四阶段：2000年之后群雄逐鹿，门户网站内容建设蓬勃海量（2014）[2]。

综上，网络体育新闻现有发展分期依据较为庞杂，对媒体发展、社会影响等综合考虑，但为网络体育新闻的发展提供较为完整、严谨的分期依据和研究对象。

第二节　新闻叙事相关学术研究

一、中外经典叙事学理论奠定研究基础与框架

叙事学诞生于法国文艺理论家托多罗夫在1969年出版的《〈十日谈〉语法》

〔1〕 文森特·莫斯可，黄典林译．数字化崇拜：迷思、权力与赛博空间［M］．北京：北京大学出版社，2010：12.

〔2〕 第一视频．解读门户之父陈彤盛装谢幕背后的故事［N/OL］．第一视频网，2014－10－23［2016－01－06］．http：//www. v1. cn/2014－10－23/1395434. shtml？ toAlbumContent＝zj. zuitoutiao&2014.

之中（1969）[1]。赫吉（Hodge）和克雷斯（Kress）著作《作为意识形态的语言》阐述了意识形态如何通过语言得以传输的方法与过程。

（荷兰）符号学家梵·迪克《作为话语的新闻》囊括了现代符号学在话语分析方面的各种视角，指出新文化与具有常规叙事类型、叙事顺序和叙事模式。将隐含叙事变成真实叙事。可以从句法、次序、措辞风格、修辞等方面渗透出新闻文本的"意识形态"。他独具特色的研究主要以报纸新闻作为分析对象，从显示文本、生成过程和理解过程及其互动关系、社会广泛联系等方面阐述新闻的结构、生成过程和新闻接受过程（2005）[2]。

叙事学家曾庆香在《新闻叙事学》中对新闻话语、新闻话语结构、新闻话语生成及原型沉淀进行了定义，提出了新闻话语来自于媒体这一"委托人"，记者仅仅是受托人。《新闻叙事学》从三个层次概括了新闻话语中意义的形成：微观的词语、句式和叙事视角构建，中观的特殊历史符号合理化的意义链接，宏观角度将叙事看作意识形态构建的符号化过程，新闻框架即意识形态（2005）[3]。

20 世纪 90 年代，中国达到了引进西方叙事学经典理论著述的高潮，这其中包括了涵盖了经典叙事学创始的主要经典著作，如巴特、托多罗夫、格雷马斯、热奈特等人的经典著作，为中国的叙事学研究打下了较为坚实的理论研究基础和研究框架。中国叙事学研究专家张寅德、杨义、曾庆香等在翻译经典著述的同时也出版了《叙述学研究》《中国叙事学》《新闻叙事学》等著作，为中国叙事学研究打开了大门。

《叙事》（中国版）（2008. 12）的出版标志着中外叙事学研究的进一步交融发展。《叙事》（中国版）研究的重点为"非虚构叙事"，并规定了"非虚构叙事"与"非自然叙事"叙事选研究的两大重点。2003 年中国叙事学研究学者曾庆香翻

---

〔1〕"叙事学"法文为 narratologie，英文为 narratology，二者的中文译法有两种："叙事学"和"叙述学"。"叙事"与"叙述"的不同在于，"叙事"兼顾"叙"与"事"两个层面，即叙述话语（形式）与叙述结构（内容）层面，而且突出了"叙"的对象；而"叙述"只是强调叙述行为，因而关注的是话语表达层面。个人认为，译为"叙事学"比较妥当，因此本文中均采用"叙事"代替"叙述"的译法。有关采用何种译法的详细探讨，参见申丹《也谈"叙事"还是"叙述"?》，载《外国文学评论》2009 年第 3 期.

〔2〕［荷］托伊恩·A·梵·迪克（Teun A. Van Dijk）著，曾庆香译．作为话语的新闻［M］．北京：华夏出版社，2005. 3.

〔3〕曾庆香．新闻叙事学［M］．北京：中国广播电视出版社，2005. 1.

译了荷兰叙事学家梵·迪克的《作为话语的新闻》，这是新闻叙事学的经典名著，开启了中国新闻叙事学研究的大幕。与此同时何纯的《关于新闻叙事学研究的构想》也对新闻叙事学研究的对象、理论基础、研究路径与范畴等方面进行了探讨和分析，对中国新闻叙事学研究搭建了基本构架。之后《叙述学是脚下的新闻写作改革研究》《新闻叙事学与小说叙事比较论纲》等著作不断充实了中国新闻叙事学研究的理论体系与实践路径的积累。

聂庆璞的《网络叙事学》从网络叙事的超文本性、超媒体性、修辞和审美的异变等几个方面论述了网络叙事的特异性（2004）[1]。为网络新闻叙事研究的跨学科理论研究进行了理论延伸与分析路径。

单篇论文的介绍和运用大致包括以下几个方面的内容：一是对结构主义叙事理论的介绍，如张寅德《叙事语式》主要介绍热奈特的聚焦理论；万直纯《叙述学综论》对俄国形式主义和法国结构主义的叙述学成果进行总结性的介绍；胡亚敏《结构主义叙事学探讨》介绍了普罗普、列维－斯特劳斯、格雷玛斯、托多洛夫、热奈特等人的叙述学研究概貌；徐贲《小说叙述学研究概观》主要是对普罗普、布雷蒙、格雷玛斯、里蒙－凯南、托马舍夫斯基、查特曼、热奈特观点的介绍。二是以结构主义叙事理论为依托，针对叙事中的具体理论问题发表自己的见解，如程德培《受指与能指的双重角色——关于小说的叙述者》对叙述者的地位和作用进行探讨；刘世剑《我看小说视点》对第一人称、第三人称、全知视点等问题发表看法；谭运长《小说叙述的两种类型》表面上看，是在探讨传统叙述的两种基本类型（讲述和显示），实际上这两种基本类型就是叙述学关注的两种叙述方式。三是以结构主义叙事学理论为参照，又不完全依托于结构主义叙事学，对叙事的理论问题发表自己的看法，如赵毅衡《小说中的时间、空间和因果》以结构主义叙事学相关问题的探讨为起点，结合其他小说理论家的相关论述，对小说中的时间、空间的复杂情况进行了分析；星舟（张开焱）的“小说叙述理论漫笔”系列论文，对高视角、平视角、内视角、叙事结构、叙述形式、叙述的当下性等问题提供了系统分析；四是运用叙事理论来分析具体作家作品，有分析西方作家作品的，如方平《〈十日谈〉的叙述系统——关于作品的艺术形式的研究》、张捷

〔1〕聂庆璞．网络叙事学［M］．北京：中国文献出版公司，2005. 7.

《当今苏联小说叙事方法的变化》、邹光明《〈百年孤独〉的叙事分析》、林青《〈变〉的第二人称的叙述视角》等；有分析中国古代作品的，如巴生《纪晓岚的诘难〈聊斋〉与小说的多角度叙述》、孟昭连《〈红楼梦〉的多重叙事成分》，王增恂《〈史记〉的叙述人问题和时空问题——从西方叙事学理论看〈史记〉的文学价值》等；有分析中国现当代作家作品的，如黄文达《论鲁迅小说的叙述者》、陈健《论茅盾小说的叙事方式》、李庆信《沙汀小说的叙述方式》、吴亮《马原的叙述圈套》等。五是运用叙事学方法来分析某一时期或某一类型的小说，如董乃斌《论中国叙事文学的演变轨迹》、陈平原《中国小说叙事时间的转变——从“新小说”到“现代小说”》、王卫平《四十年代讽刺小说的叙述方式》等。综观以上五种介绍和运用情况，一个总体特点是：论者对叙事学理论及方法的选择和运用有一种自觉意识，基本上采用西方既有的理论成果来展开具体研究，对其不足缺乏理性的思考，因而形成一种叙事学研究的跟风潮流。值得庆幸的是在，20 世纪 80 年代叙事学跟风的潮流中，也有对西方叙事学理论的反思，说明 80 年代的中国的叙事学界在国际叙事学界也有自己的声音，因而显得更为可贵。反思主要有两方面的情况：一是在具体叙事理论上有突破，赵毅衡《小说叙述中的转述语》结合中国小说文本的实际情况，对转述语分成直接引语式、间接引语式、间接自由式、直接自由式，就是对叙述学的一个贡献；另一种情况是对西方叙事学的不足进行思考，张隆溪在《故事下面的故事——论结构主义叙事学》的结尾“总结与批评”部分，指出结构主义叙事学“自身严重的局限”：一是关注叙述语法会忽视作品的艺术价值，二是将作品看作封闭的整体，会割断作品和社会的联系，三是寻找故事的共同模式既使故事抽象化，更让人觉得具体的故事之外似乎还有一个“柏拉图式的理念形式”的故事，这是最大的局限。[1]

二、“叙事学”“新闻叙事”“网络新闻叙事”学术成果丰富

由于叙事相关研究较为庞杂、数量众多，本研究以中文核心期刊为学术论文

〔1〕 江守义. 20 世纪 80 年代叙事学研究的回顾与反思［J］. 学术月刊. 2015（7）：127.

综述研究对象，通过以“叙事学”“新闻+叙事”“网络新闻+叙事”为关键词在中国知网核心期刊、CSSCI数据库搜索，分别搜索出学术论文1394篇、661篇和14篇（表2-10）。

表2-10 “叙事学”“新闻叙事”“网络新闻叙事”核心期刊论文研究年度分布 单位：篇

年份	92~97	98	99	00	01	02	03	04	05	06	07	08	09	10	11	12	13	14	15
叙事学	37	10	14	12	19	25	32	45	52	60	105	100	103	134	146	130	120	126	117
新闻叙事	25	3	3	3	2	6	8	21	18	40	41	39	54	51	48	58	81	78	82
网络新闻叙事	0	0	0	0	0	0	0	0	0	0	0	0	1	0	2	2	8	1	0

从论文标题来看，2015年主要研究方向包括民族文化叙事、影视叙事、新闻叙事、性别叙事、经典文学叙事、典型角色的叙事表现、叙事理论嬗变等。多年来，叙事学研究视角也是学位论文研究的热点，以“叙事学”“新闻+叙事”“网络新闻+叙事”为主题词进行搜索，在硕博论文数据库中分别搜索论文3000篇、756篇和15篇（表2-11）。

表2-11 “叙事学”“新闻叙事”“网络新闻叙事”学位论文研究年度分布 单位：篇

年份	00	01	02	03	04	05	06	07	08	09	10	11	12	13	14	15
叙事学	4	16	24	42	76	83	147	202	235	223	262	304	356	408	382	235
新闻叙事	0	2	4	18	22	20	44	46	60	59	68	65	98	93	92	65
网络新闻叙事	0	0	0	0	0	0	0	1	0	1	3	3	1	2	1	3

叙事视角分析一直是学术论文研究的热点，从传入中国开始，叙事视角就得到了广泛的应用和分析，学位论文中有大量文学经典的叙事分析，足以证明其研究框架相对完整，文本分析操作性强，研究现实意义大的特点。新闻叙事作为叙事研究的重要的跨学科发展分支，继承了叙事学经典研究框架，并在此基础上发展出了网络新闻叙事学。

通过对中国知网文献搜索，以“体育新闻叙事”为关键词共搜索到448个搜索结果，其中直接相关，去除重复仅仅20篇，主要研究领域包括报道叙事学分析、故事化与叙事结构分析、娱乐化/英雄化/暴力叙事、某媒体叙事特征、视频/图片/文本叙事研究，对体育新闻的叙事角度研究较为分散。

（一）“叙事学”相关学术研究范畴与研究情况

关于叙事学的研究，多从概念及学术术语界定，叙事学的类型、基本特征及发展流变等方面展开深入研究。如罗书华提出：叙事学的研究必须从叙和事两个层面分别进行。中国叙事学事体经过了实有之事、或有之事、虚构之事与文生之事四个发展阶段。叙事学事体的发展有着自己的规律，与叙事文类的转换相对应(2005)[1]。刘宁对中国叙事学理论发展进行了梳理，并对中国叙事学研究进行了评价，指出中国古代叙事作品有文本叙事、舞台叙事、民间口头叙事三种形态。当代叙事理论构建应以西方叙事理论为参照依据，并结合中国本土化实际，进行适合中国国情的研究（2005)[2]。谭君强从经典叙事学与后经典叙事学的互动关系中探求当今叙事学研究的全新理论范式，认为两者之间相互关联，继承、互补与共存同时存在（2007)[3]。施定归纳梳理了中国叙事学20多年的理论研究成果，并从西方叙事理论的译介、叙事学的文学批评和中国叙事理论构建三个层面阐述其总体特征为阐释到互动的递进，移植与创化的并举（2003)[4]。申丹对叙事学概念与属于进行学术界定，阐释经典叙事学产生的背景和基本特征，并将经典叙事学分为俄国形式主义、英美新批评、经典叙事学三种研究类型（2003)[5]。

（二）“新闻叙事”相关学术论文研究情况

新闻叙事相关学术研究，主要围绕电视新闻叙事、新闻叙事的发展流变以及

〔1〕 罗书华．中国叙事学事体流变论［J］．江苏行政学院学报，2005，20（2）：121－127.

〔2〕 刘宁．中国叙事理论的发展及研究评价［J］．西安文理学院学报（社会科学版），2005，8（4）：17－20.

〔3〕 谭君强．发展与共存：经典叙事学与后经典叙事学［J］．江西社会科学，2007（2）：21－27.

〔4〕 施定．近20余年中国叙事学研究述评［J］．新闻述评，2003（8）：129－132.

〔5〕 申丹．叙事学：概念与术语［J］．外国文学，2003（3）：60－65.

新闻叙事的理论框架等方面展开研究。如蔡海龙提出：叙事是媒体意识形态的体现，电视新闻同样具备叙事的基本要素，能够依靠经典叙事学研究方法对其叙事的技巧和形式进行封闭式的研究。因此主张从文本的角度对电视新闻叙事过程和环境进行深入系统分析，认为影响电视新闻叙事的主要因素为新闻传播生态环境[1]（2008）。郑波光提出：中国小说叙事遵循两大法则，一是国家叙事，二是日常叙事法则。其中以国家叙事为主流形态，两种叙事法则共同构筑中国小说的百年辉煌[2]（2003）。齐爱军从话题叙事和风格叙事两个维度阐述了新闻叙事的具体策略，为当今新闻叙事研究提供了基本理论分析框架[3]（2006）。

此外，范步淹撰写的《新闻叙事学刍议》、何纯撰写的《关于新闻叙事学研究的构想》《新闻叙事学》等著述，都较为系统深入地阐述新闻叙事的一般特点与规律，为新闻叙事研究提供了前期理论积淀和启示借鉴。

（三）“网络新闻叙事”相关学术研究情况

网络新闻叙事主要围绕“网络数码叙事”“新媒体新闻叙事”“互联网叙事”“数码新闻叙事”“网络新闻叙事”等为关键词，在中国知网进行文献检索，经过筛选后分析文献 145 篇（表 2 - 12）。

表 2 - 12　网络新闻叙事相关文献统计表　单位：篇

年份	96	99	00	01	02	03	04	05	06	07	08	09	10	11	12	13	14	15
网络数码叙事	—	—	—	—	—	1	3	4	0	4	2	3	6	4	6	5	7	1
新媒体叙事	1	—	—	—	—	1	—	—	2	6	6	5	24	19	38	49	53	93
网络新闻叙事	—	2	—	—	—	—	—	1	4	3	3	5	2	8	9	20	19	20
数码新闻叙事	—	—	—	—	—	—	1	1	—	—	—	—	—	1	—	1	—	—
新媒体新闻叙事	—	—	—	—	—	—	—	—	1	1	2	1	2	5	4	12	11	28

〔1〕蔡海龙．传媒生态视阈下的电视新闻叙事研究［D］．北京：中国传媒大学，2008：8 - 103.

〔2〕郑波光．20 世纪中国小说叙事之流变［J］．厦门大学学报（哲学社会科学版），2003（4）：56.

〔3〕齐爱军．关于新闻叙事学理论框架的思考［J］．现代传播，2006（4）：142 - 143.

下面主要从网络、数码和新媒体新闻叙事三个方面进行详细分析阐述：

1. 关于网络新闻叙事的研究

关于网络新闻叙事方面的研究文献较为丰富，体现了国内学者对网络媒介环境下新闻叙事的关注与重视。重点关注网络新闻叙事的策略、功能、影响，以及在具体新闻写作报道中叙事理论的应用特点与规律。如华进，蒙冬明提出：网络深度报道的叙事策略主要包括“开放式叙事”“全感官式叙事”“模块化叙事”和“生产性叙事”四个方面，并分析网络新闻叙事的功能，认为网络深度报道是网络媒体加强舆论监督、提升竞争力、吸引受众的有效手段（2010）[1]。欧阳友权，汤小红分析了网络小说的叙事情境，叙事学中的叙事情境主要用来阐明叙事文本中叙述者与故事之间的种种复杂关系。总结叙事情景三个主要特征为采用第一人称叙事、采用零聚焦式叙事和运用讲述的叙事方式（2006）[2]。徐晓波分析了网络媒体互文性叙事对报纸媒体新闻报道的影响，认为“互文性”是当代西方后现代文本理论的核心概念，互文叙事主要呈现特点为超文本性、多媒体性和互动性，这对报纸媒体新闻叙事产生了很多影响，并提出完善报纸新闻叙事的创新性模式[3]。夏德勇，夏妙琼指出网络媒体新闻叙事的主要特征为：主体的多元化、主体的自主性、主体的多层次性和主体间的多反馈性，这种叙述主体打破了传统媒介的限制，使公民新闻记者享有了与专职新闻记者同样的新闻话语权，使网络新闻呈现出狂欢化的特点，但也导致大量虚假新闻的泛滥（2011）[4]。刘姣分析了门户网站新闻专题的叙事特点与规律，得出网络新闻叙事的文本结构为单元重组及多种结构方式的综合使用；叙事人为媒体、网友的共同写作；叙事视角为多种视角的综合选择（2009）[5]。刘晓莹研究了网络新闻报道中的“解释循环”对文本叙事模式的影响，这种影响主要表现为叙事结构的非线性进行与模块化组合；叙事内容的“去中心化”与意义离散；文本内容的“模糊”定义与重归“个人化”等三个

---

〔1〕华进，蒙冬明．论网络深度报道的叙事策略及叙事功能［J］．玉林师范学院学报，2010，31（3）：100－103.

〔2〕欧阳友权，汤小红．论网络小说的叙事情境［J］．中南大学学报，2006，12（4）：401－403.

〔3〕徐晓波．论网络新闻互文叙事对报纸新闻叙事影响［J］．新闻传播，2013（4）：132.

〔4〕夏德勇，夏妙琼．论网络新闻叙事主体的特征［J］．新闻界，2011（7）：78－82.

〔5〕刘姣．门户网站中新闻专题报道的叙事分析［J］．东南传播，2009（11）：151－152.

方面（2009）[1]。焦树民，卢普玲深入“网络新闻互文叙事”理念，分析其对报纸新闻叙事的影响，并提出具体发展对策：即确立新闻接受者的主体地位，建立互动叙事模式；报纸新闻应采取新闻链接，加强报道深度；新闻叙事形式应多样化，进一步确立图文互动的叙事模式（2009）[2]。陈斯华思考网络媒体叙事学研究的媒介特征，指出网络媒体具有思想文化的哲理性结构和媒介技术功能的技巧性结构，即道与技互动共构的文本叙事特征。认为信息作为叙事之元被黏附于动态的、跟帖式的评点中，从而实现作为网络媒体叙事学的一般性意义，即从信息文本个体差异的特征中，抽象出控制叙事和叙事过程中与叙事相关的规则体系（2015）[3]。叶丽对网络新闻叙事进行研究，得出当今叙事学研究的范式发生了巨大转变，已从经典结构主义阶段向后经典阶段迈进，为新闻叙事学研究提供了全新理论视角和思考框架，并从网络媒体新闻叙事的叙述者、叙述真实性、叙述的时空倾向、叙述中的意识形态以及原型沉淀等方面对网络新闻进行重新的解读和认识（2010）[4]。刘大威主要探讨了网络新闻在写作实践中的叙事特点与规律，指出随着互联网的勃兴发展，网络新闻写作模式也随之发生变化，并从叙事学视角思考新闻写作的角度与方法技巧，令网络新闻写作更加科学与规范化，有助于网络新闻写作叙事研究的进一步展开（2008）[5]。

综上，关于网络新闻叙事研究，多从概念界定，叙事特点总结，叙事功能、叙事角度和叙事影响等方面来展开研究，个别论文涉及新闻写作实践领域，探讨叙事学在新闻写作中具体应用和作用。但从文本角度出发，进行深入分析解读的文献还并不多见，亟待丰富发展。

2. 关于数码新闻叙事的研究

有关数码新闻叙事研究的文献，也较为普遍。如卢红芳撰写的《故事世界：

---

〔1〕刘晓滢．网络新闻报道中的“解释循环”现象对文本叙事模式的影响［J］．新闻采编，2009（4）：20－23.

〔2〕焦树民，卢普玲．网络新闻互文叙事对报纸新闻叙事影响［J］．当代传播，2009（3）：102－104.

〔3〕陈斯华．网络媒体叙事学研究的思考［J］．现代传播，2015（5）：124.

〔4〕叶立．网络新闻的叙事研究［D］．福建师范大学，2010：1.

〔5〕刘大威．网络新闻写作的叙事研究［D］．长春理工大学，2008：3.

跨越与互动——跨媒介视域下的数码叙事》（2010）、张屹撰写的《交互叙事：数码时代讲故事的新策略》（2009）、欧阳友权撰写的《数字媒介对文学性的消解与技术建构》（2007）、华进撰写的《数码语境下新闻叙事的转型》（2013）、黄鸣奋的《当代西方数码叙事学的进展》（2011）、南长森的《新闻摄影叙事及其编辑思维创新》（2005）和《新闻摄影叙事模式及其编辑思维创新之趋向》（2004）等论文，多从讲故事视角，以数字媒介技术为基础，以数码环境为具体研究语境，并以新闻摄影和摄像等为切入点，来探讨数码新闻叙事基本特征、规律及对媒介、社会和受众产生的影响。如黄鸣奋指出，当今互联网环境下，数码媒体为受众提供了全新的讲故事的平台，深刻改变了人们的叙事观念和叙事方式，从而促进了数码叙事学这门学科的诞生。以数码媒体叙事为核心环节，适应了网络时代建构传者和受者新型关系的需要，具备较为重要价值和广阔的发展前景（2011）[1]。

3. 关于新媒体新闻叙事的研究

关于新媒体新闻叙事研究，主要分为三个方面内容：一是以新媒体时代作为媒介背景，探讨新媒体语境下媒介新闻叙事模式、特点及规律；二是关于微博新闻叙事研究；三是有关微信新闻叙事的研究。新媒体新闻叙事的文献，如李岩、江素珍撰写的《若为自由故：新媒体时代关于新闻自由的话语表征与叙事建构》（2015）、董军撰写的《新媒体语境下我国电视新闻的叙事转向》（2012）、王蓓露的《新媒体语境下的新闻叙事模式》（2015）、巴东的《新媒体语境下的新闻叙事模式》（2015）、宋钰颖的《新媒体交互叙事的美学元素》（2015）、於水的《交互叙事在结构上的几种可能性及应用前景》（2010）、韩一睿的《新媒体语境下叙事学发展研究》（2015）、刘阳的《新媒体与数字化叙事》（2010）、杨毅的《微博叙事与舆论引导》（2014）、郑恩等的《新媒体事件的话语生产类型及叙事模式》（2011）、《基于话语分析与公共治理视角的新媒体事件话语生产类型及叙事模式》、孙为的《身份的叙事建构与终端身份的交互》（2013）、王晓斌等的《新媒体时代新闻叙事的叙述的创新》（2013）、薛国林的《新媒体写作谈之九新媒体的叙事特征》（2010）、栾轶玫的《新媒体时代的叙事》（2011）、阴立影的《日常生活与媒

〔1〕 黄鸣奋．当代西方数码叙事学的发展［J］．文艺理论研究，2011（5）：22.

介叙事——读〈通俗文化、媒介和日常生活中的叙事〉札记》（2011）等论文。

比较有代表性理论阐述还有罗昶提出叙事学视域中的微博传播特征：一是拼图结构：信息重组中的碎片完整化；二是嵌套话语：身份重构中的话语权力分化；三是扩散时间：非线性逻辑中的三重时间再造（2011）〔1〕。卫诗磊对新媒体艺术叙事方式的可能性进行了探索，指出新媒体技术在叙事方式上完全打破了传统影视媒体以时间为基础的线性叙事结构。总结新媒体叙事主要特点为群体创作形式：叙事者身份的改变；超文本叙事：主动寻找故事；完美的非线性多媒体事件：依靠"规则"叙事的艺术（2010）〔2〕。阎立峰，徐欢以《人民日报》的微博新闻为主要研究文本，从叙事的主体、视角、结构和修辞四个方面深入研究该报新浪微博新闻叙事主体姿态的呈现特点，为传统媒体微博新闻的未来发展提供启示参考（2014）〔3〕。陈晓云指出新媒体时代的影像叙事与跨界传播，给电影制作生产都带来了新的话题。多屏时代的出现，并不意味着"屏"的消失，而是它们共同构建了当下影像传播的多元特质（2014）〔4〕。陈斯华分析了互联网媒介叙事的主要特征为：用户主导叙事；"分享"让信息穿越和协作叙事三个方面（2014）〔5〕。曾庆香提出新媒体语境下新闻叙事有三种模式，分别为蜂巢型新闻叙事模式、菱形的新闻叙事模式和钻石型新闻叙事模式。并对每种模式的叙事特点和方法方式进行了总结归纳（2014）〔6〕。俞晶晶指出新媒体时代新闻叙事学的嬗变路径为：叙述主体的变化：记者 + 公众；叙述内容的变化：娱乐性 + 草根性；叙述角度的变化：影像化。并解析了产生这一根本变化的原因：一是社会大环境下新闻媒体自身的转变；二是受众自身需求的变化；三是新媒体技术的勃兴发展（2001）〔7〕。赵利利以热奈特的叙事理论和费尔克拉夫的话语分析理论为分析研究框架，深入剖析微

〔1〕 罗昶．拼图结构、嵌套话语与扩散时间：叙事学视域中的微博传播特征分析［J］．现代传播，2011（7）：118－121.

〔2〕 卫诗磊．新媒体艺术叙事方式的可能性探索［J］．山西大学学报，2010，36（5）：90－92.

〔3〕 阎立峰，徐欢．《人民日报》微博新闻的叙事主体姿态分析［J］．现代传播，2014（12）：25－29.

〔4〕 陈晓云．多屏时代的影像叙事与跨界传播［J］．艺术百家，2014（5）：37.

〔5〕 陈斯华．互联网媒介叙事特征分析［J］．中国广播电视学刊，2014（12）：56－57.

〔6〕 新媒体语境下的新闻叙事模式［J］．新闻与传播研究，2014（11）：48.

〔7〕 俞晶晶．新媒体时代新闻叙事学下叙述的嬗变［J］．东南传播，2001（8）：76－77.

信新闻叙事规范，认为微信新闻具有叙事聚焦虚化，故事碎片化共存；叙述者主体意识强化，文本高度情态化；叙述时距扩张，信息含量膨胀等传播叙事特征(2015)[1]。

综观以上五种介绍和运用情况，一个总体特点是：论者对叙事学理论及方法的选择和运用有一种自觉意识，基本上采用西方既有的理论成果来展开具体研究，对其不足缺乏理性的思考，因而形成一种叙事学研究的跟风潮流。值得庆幸的是在，20 世纪 80 年代叙事学跟风的潮流中，也有对西方叙事学理论的反思，说明 80 年代的中国的叙事学界在国际叙事学界也有自己的声音，因而显得更为可贵。反思主要有两方面的情况：一是在具体叙事理论上有突破，赵毅衡《小说叙述中的转述语》结合中国小说文本的实际情况，对转述语分成直接引语式、间接引语式、间接自由式、直接自由式，就是对叙述学的一个贡献；另一种情况是对西方叙事学的不足进行思考，张隆溪在《故事下面的故事——论结构主义叙事学》的结尾“总结与批评”部分，指出结构主义叙事学“自身严重的局限”：一是关注叙述语法会忽视作品的艺术价值，二是将作品看作封闭的整体，会割断作品和社会的联系，三是寻找故事的共同模式既使故事抽象化，更让人觉得具体的故事之外似乎还有一个“柏拉图式的理念形式”的故事，这是最大的局限。[2]

三、“体育新闻叙事”以主题叙事研究为主，著述不丰

关于体育新闻叙事方面研究文献，并不多见，主要从体育项目视角、体育媒介形态视角以及体育明星人物视角进行研究。如柳帆主要探讨了传播渠道如报纸、电视、网络和媒体融合对体育新闻叙事的转型的影响作用，指出报纸主要是交代结果、过程与评价；电视是再现比赛过程；网络主要是交流互动；而媒体融合主要是受众对信息资源的共享（2013）[3]。李健主要从明星体育视角，总结三种不同的媒介叙事策略，即娱乐叙事、英雄叙事和反思叙事策略，进而揭示出中国当代

〔1〕 赵利利．微信新闻的叙事探析［J］．新闻研究导刊，2015，6（7）：149.

〔2〕 江守义．20 世纪 80 年代叙事学研究的回顾与反思［J］．学术月刊．2015（7）：127.

〔3〕 柳帆．传播渠道对体育新闻叙事转型的影响［J］．青年记者，2013（7）：7.

大众传媒的复杂文化生态及其弊端（2009）[1]。左新荣通过文献资料法和逻辑思辨研究法，阐释竞技体育的叙事特性为：凝聚部落情感、娱精神强功利、赢家通吃、实力与运气并存等，并进一步阐释了竞技体育叙事的社会意义（2010）[2]。张朝夕探讨了体育纪录片的主流叙事原则为以公正的视角梳理历史、以现实的敏感发现历史、以立体的视角升华历史和以未来的视角厘清历史。叙事主要方式为电影化叙事：创意摄影为电影化叙事重要的影像手段；历史原音为电影化叙事重要的声音手段；剧本预置为电影化叙事重要的结构手段（2009）[3]。杨建峰指出，体育新闻就是一种宏达叙事，是社会文虎及意识形态的一种表达。体育新闻包含了民族复兴的话语，成为民族想象的主要手段，被视为城市与国家形象的塑造者（2008）[4]。王宏江，任志萍对中国足球新闻暴力叙事进行分析研究，探讨了当代足球新闻暴力叙事的形态及未来趋势，指出20世纪90年代末至今足球新闻中的暴力叙事的特征呈现为红色语言暴力即战争化、血腥化；黑色语言暴力即江湖化与武侠化；黄色语言暴力即色情化、粗俗化。并总结归纳当代足球新闻暴力叙事成因为：媒介产品“去政治化”需求；大众文化消费时代的到来和特定的社会心理背景，并分析足球新闻暴力叙事的传播效果（2009）[5]。刘慧玲以2008年《体坛周报》北京奥运报道作为研究文本，总结分析了国外两种体育新闻报道的叙事模式，同质化模式与差异化模式，指出西方媒体善于将意识形态隐藏在具体赛事叙事中，塑造了良好国家形象，也建构了媒介奇观（2010）[6]。池锐宏，王章明对体育博客的新闻叙事模式及叙事风格进行研究分析，并着重解析了体育博文具体叙事风格及内部成因，为我国体育博客新闻叙事提供理论支撑与实践启示

〔1〕李健．论“明星体育”机制中的传媒叙事策略［J］．当代传播，2009（5）：101.

〔2〕左新荣．论竞技体育的叙事特性及其意义［J］．体育与科学，2010年9月第31卷第5期：35－37.

〔3〕张朝夕．体育题材纪录片的社会主流叙事［J］．现代传播 双月刊，2009年（2）：89－93.

〔4〕杨剑锋．体育新闻与宏大叙事［J］．广州体育学院学报，2008，28（1）：48.

〔5〕王宏江，任志萍．中国足球新闻暴力叙事分析［J］．武汉体育学院学报，2009，43（8）：34－40.

〔6〕刘慧玲．国外体育新闻报道的叙事模式［J］．新闻爱好者，2010（9）：88.

(2009)[1]。

上海体育学院肖鸿波副教授在其学术论文《〈申报〉体育新闻报道中的体育叙事研究》中提到，77 年的体育新闻报道的体育叙事经过了巨大的变迁。叙事文本的变迁反映了体育新闻叙事方式的成熟和独立。宏大叙事成为体育新闻叙事最主要的形式与特征，对体育新闻叙事提出了更高的要求。宏大叙事要求叙事具有很强的目的性、主题性，那么在体育新闻叙事中必须具有很强的意识形态性，用意识形态性去组织各种叙事元素。体育新闻报道所有的报道内容和报道形式，都是宏大叙事的叙事元素，这些叙事元素都具有体育叙事的内在的规定性，使体育叙事区别于其他的叙事方式，从而保证了体育叙事的独立性和专业性。宏大叙事是始终完满的设想，那么在体育宏大叙事中必须能寻找到比较完满的叙事模式和专业性的叙事话语。因此进入《申报》成熟期之后，大型运动会的报道模式基本定型，专业性叙事话语成为体育叙事话语的主流。宏大叙事要求连贯性，这种连贯性包括体育新闻事件的连贯性和体育新闻报道日常性的连贯。进入成熟期之后，为了保证宏大叙事的连贯性，几乎每天都有体育新闻报道，最多时一天有十几篇，并且有了体育专栏，更有了专业性很强的报道队伍，从而将体育新闻叙事的模式定型，更强烈的凸显了体育新闻叙事的专业性和独立性。[2]

四、国外网络新闻叙事研究概况

国外研究新闻叙事的著作主要有梵・迪克的《News as Discourse》（作为话语的新闻）、安妮・哈特（AnneHart）的超文本叙事研究《赛博作家——新记者》（Cyberscribes：The New Journalist），玛丽・劳里・瑞安在《叙事与数码：学会用媒介思维》中探讨了计算机叙事的实现方式，提出了计算机思维下的叙事如何在游戏、软件、档案管理等方面应用等。美国专家布兰达・劳雷尔（Brenda Lauel）在《作为戏剧的计算机》（Computers as Theatre 1991）运用《诗学》基本结构分析新

〔1〕 池锐宏，王章明．中国体育博文的叙事风格及成因分析［J］．体育文化导刊，2009（12）：17－19.

〔2〕 肖鸿波．《申报》体育新闻报道中的体育叙事研究［D］．第九届全国体育科学大会论文摘要汇编。2011（12）：463.

媒体的交互式传播。芝加哥学派修辞叙事学者拉比诺维奇（Peter J Rabinowitz）的《理解修辞上的细微差别：西方音乐与叙事理论》等。

此外，宁一中解读了英国学者马克·柯里的《后现代叙事理论》，并与传统的戴卫·赫尔受的社会叙事学、苏珊·S. 兰瑟的女性主义叙事学、舟姆斯·费伦的修辞性叙事理论进行比较分析，得出马克·柯里除了叙事文本之外，还调动了叙事学的资源来分析政治、历史、文化、民族乃至商业活动等诸多领域中的“叙事”现象，从宏观的角度描绘了从“经典”到“后经典”的“转变”过程(2003)[1]。［荷］Ann Righey 指出：“叙事”的概念随文化实践的变化而变化，并且在独立专著这一特定的与讲故事相关的媒介中被暗中模仿。随着数字化和因特网新技术兴起，数字媒体在“其社会产物由不同平台上的多种媒介所产生”这一方面，为考察历史叙事提供了一种全新的理论模型（2013)[2]。米克·巴尔《叙述学：叙事理论导论》（中国社会科学出版社，1997）指出叙述本文（narrative text）是叙述代言人用一种特定的媒介或综合媒介叙述故事文本。故事（story）是特殊形式的素材，事件（event）则状态的转变。行动者（actors）是叙事动作的履行者。华莱士·马丁《当代叙事学》（北京大学出版社，1990）刻画了从对情节的结构分析到对叙事话语、读者反应以及解释问题的详尽研究这一转变。马丁在其与传统文学批评和其他可能的阅读方法这一更大语境的联系之中审视了形式主义、结构主义以及符号学的理论（1990)[3]。《叙事话语——新叙事话语》（热拉尔·热奈特，中国社会科学出版社，1990）主要集中对“话语”层次进行分析。外故事层（extradiegetic）、内故事叙事层（intradiegetic）和元故事叙事层（metadiegetic）。叙述者则可分为处于故事之外的“异故事叙述者”（heterodiegetic narrator）和处于故事之内的“同故事叙述者”（homo－diegetic narrator）等[4]。施洛未丝·里蒙——凯南在其著作《叙事虚构作品：当代诗学》中阐释“叙述者不可靠，主

［1］宁一中．从“经典”到“后经典”：马克·柯里《后现代叙事理&））解读之一［J］．外国语言文学研究，2003，3（1）：71－73.

［2］［荷］Ann Righey［文］，郑宇麟［译］．当专著不再是媒介：网络时代的历史叙事［J］．学术研究，2013（2）．

［3］华莱士·马丁．当代叙事学［M］．北京：北京大学出版社，1990.7.

［4］热拉尔·热奈特．叙事话语 新叙事话语［M］．北京：中国社会科学出版社，1990.

要在于他所知有限，他个人情感的介入以及他本人价值体系存在问题。”该书第一次向国人系统地展现了叙事理论（1991）[1]。

五、文献整体评介

综上，关于网络新闻叙事方面文献搜集与整理，主要围绕叙事学、网络新闻叙事、数码新闻叙事、新媒体新闻叙事、体育新闻叙事和国外新闻叙事研究等几个层面展开，基本涵盖了本论文研究的核心领域和关键概念，通过文献梳理可知，中国新闻叙事学研究最早缘起于西方，作为舶来品，带有鲜明的西方叙事学研究的印记，但近些年中国学者结合中国本土实际，和当前中国媒介环境和体育生态发展变迁，将西方叙事学理论与中国实际国情相结合，使中国新闻叙事学研究具有显著本土化特色。关于叙述学方面文献资料较为丰富，视角多元，研究内容较为深入，视野极为开阔，尤其结合当前新媒介环境和媒介融合的全媒体背景，展开分析阐述文章较为多见，同时关注了最新的移动新媒体传播方式，微博、微信等新闻叙事现状、特点及规律，使网络新闻叙事研究具有当代特点。但关于网络媒体大型体育赛事新闻叙事方面研究却不多见，虽然一些学者关注了体育新闻叙述领域的探讨和研究，但还多为粗浅的对现状分析和理论阐释，以门户网站为个案，以体育赛事为文本，从纵向历史视阈展开深入系统量化分析研究的论文尚不多见，因此本文从历史视角，分析探求中国新媒体发展20年体育新闻叙事传播主体、传播内容、传播视角和传播话语的变迁，具有较为重要理论价值与现实意义。

---

〔1〕［以］雷蒙·凯南，赖干坚译．叙事虚构作品：当代诗学［M］：厦门：厦门大学出版社，1991.8.

第三章 网络体育新闻叙事研究方法探索

第一节 网络体育新闻叙事研究对象选取与方法运用

一、网络体育新闻叙事研究对象选取

本文以四大商业门户网站体育新闻叙事话语文本为研究对象，通过抽样1996—2015共20年的网页“核心微内容”为统计具体指标，结合与主题相关的历史发展背景，意图通过实证与宏观分析，对隐藏在看似自由丰富的网络传播背后的媒介传播属性、意图和价值观予以挖掘。

二、网络体育新闻叙事研究方法运用

（一）文献资料法

以图书馆资源为主要文献资料搜集源，包括中国国家图书馆、辽宁省图书馆、北京体育大学图书馆、沈阳体育学院图书馆等，获取社会学、叙事学、新闻传播学、体育学等各方面著述与史实资料，共计45本，精选新闻叙事学研究书籍30余本，通过中国知网、百度搜索引擎、谷歌搜索引擎等搜索网络精选参考文章2000余篇，其中包括分析报告、新闻、概念介绍等多个类型网络文本作为本研究的广泛参考资料背景。

（二）内容分析法

本研究采取贝雷尔森（Bernard Berelson）引入到传播学研究中的内容分析法，结合叙事学研究框架，以网页文本中的栏目名称、新闻标题等内容作为定量研究的主要对象，分析关联性、关键词出现频率等方面的规律性特征，窥探文本背后创作意识的植入，以定量研究为基础得出深入定性结论。

鉴于网页内容更新快速，本文将对研究对象采取内容分析法与框架分析法相结合的方式，对现有重大赛事或典型媒体进行内容分析，实证其内容的设计与传播方式。对消逝或残缺阶段性网络新闻内容采取多角度资料佐证的框架分析法，对新闻报道的主题、情感倾向、使用语言符号等内容进行框架式的描述，以期形成相对完整的描述。

（三）专家访谈法

通过走访学界、业界专家，对本论文的研究框架、研究内容、调查数据等提供权威意见、写作指导和资料数据。

将本研究基本结构与叙事文本分析指标做成专家咨询问卷，对新闻理论专家、业界专家等进行多次咨询，并不断修正研究结构、分析指标，专家进行匿名指导，对网络体育新闻叙事话语的分析核心线索、分析方法等作出了明确的分析意见，基本得出网络体育新闻独特的叙事结构，通过分析常规页面抽样案例与重大比赛的叙事文本得出四大商业门户网站体育新闻叙事话语演变特点与格局建构。

走访专家列表如表 3－1：

表 3－1　网络体育新闻理论学界专家

专家姓名	单　位	研究领域	研究贡献
郝　勤	成都体育学院	体育史、体育新闻理论	框架设计
肖焕禹	上海体育学院	体育赛事服务、体育理论	框架设计
易剑东	清华大学、2022 冬奥会申奥委	体育新闻传播	学术指导
张玉田	北京体育大学	体育新闻传播 体育人文社会学	学术指导
毕雪梅	北京体育大学	体育新闻理论 网络体育新闻学	框架设计
陈志生	北京体育大学电视新闻教研室	电视体育新闻学 新闻叙事学	框架设计
薛文婷	北京体育大学宣传部	体育新闻史 体育新闻实务	框架设计
邹　英	沈阳体育学院人文学院	体育新闻理论	框架设计
李　芳	沈阳体育学院新闻教研室	体育新闻传播理论	框架设计
许绍连	腾讯体育	网络体育新闻业务	资料提供
王涛	搜狐体育、新浪体育	网络体育新闻业务	资料提供
施茹	腾讯体育	网络体育新闻业务	资料提供
贾文秀	搜狐体育、腾讯体育	网络体育新闻业务	资料提供

（四）历史分析方法

结合历史分析方法，按照历史的逻辑，将四大商业门户网站体育新闻叙事置于社会历史背景中，以发展的眼光看待其中有关叙事的宏观方面，寻找网络体育新闻的影响因素、整体状况、阶段特色等，结合微观文本分析以期得出全面的研究结论。

（五）抽样统计法

通过抽样新浪体育（2001—2015）、搜狐体育（2003—2015）、网易体育（2005—2015）、腾讯体育（2005—2015）历史网页每月1日首页，共计674个页面，统计导航入口设计、首页栏目链接等，以了解门户网站体育新闻叙事层级结构的导航与首页表现。以四大商业门户网站历史首页为基础，每月抽样一篇新闻，共计444条新闻，研究其首页标题、二级页面标题、正文、相关阅读、延伸阅读等等网络层级结构中新闻微内容的结构与话语叙述，结合叙事学理论分析方法调查其中核心词汇、动词配价、话语符号及视角等等，通过Excel表格进行统计。采集门户网站体育新闻重点报道内容——奥运专题报道标题作为核心内容，分析奥运报道叙事框架与报道意图。常规与重点报道相结合，争取全面客观地描绘网络体育新闻叙事的基本特征与逻辑指引。

（六）逻辑分析法

通过详细的文本分析以叙事学逻辑框架得出严密的结论特点，建立叙事历史背景与叙事文本之间的关联，在论据与论点之间建立严密的逻辑结构，并从中发现因果、并列、递进等逻辑关联，对整篇论文进行严密的逻辑推理论证。

第二节　网络体育新闻叙事分析研究思路

一、研究重点

四大商业门户网站体育频道网页文本的叙事学框架研究为本文研究重点，在内容分析与数理统计相结合的方法下，研究得出网络体育新闻的话语叙事流变与叙事格局沉淀。

二、研究难点

网络相对复杂的传播系统造成了网络体育新闻叙事文本的特殊性，其多元化传播、多媒体传播、超文本链接的特质造成了网络体育新闻文本中叙事者、话语结构、话语特征等都与传统叙事学研究的文学文本有着巨大的差别，在具体的文本分析中需要严谨、融合的跨学科分析思想，通过细致、科学的文本分析得出研究结论。

三、基本思路

论文整体研究思路与方法使用路径，如图3－1，图3－2。

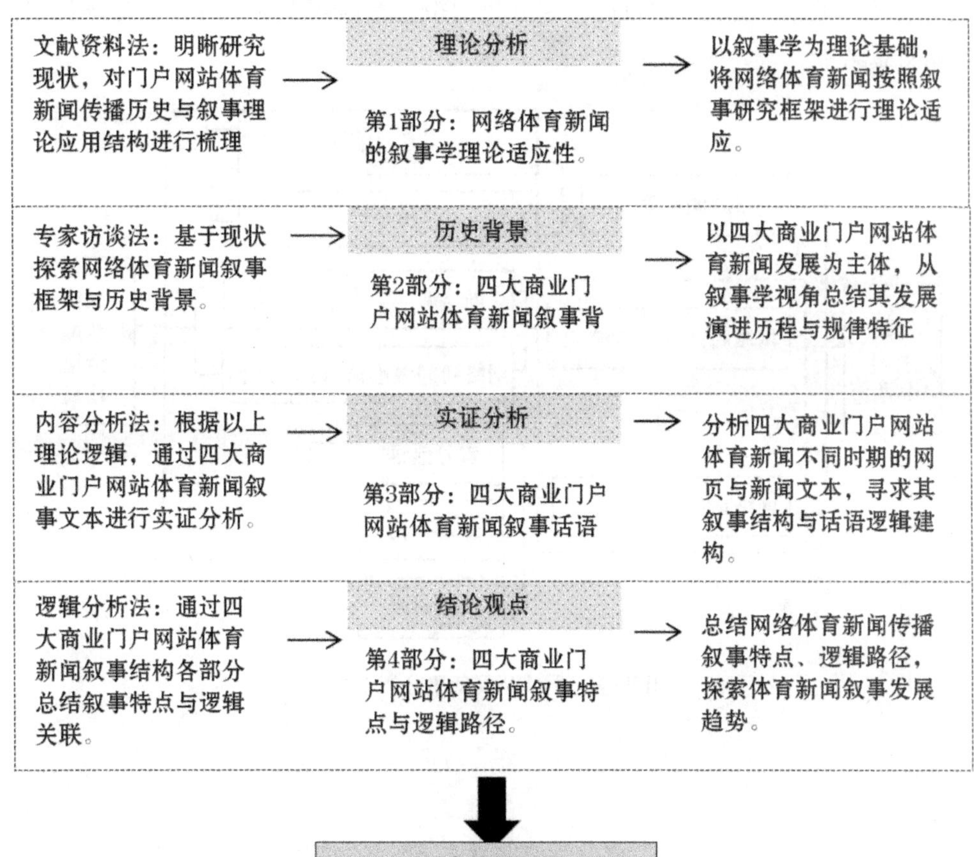

图3－1　研究技术路线图

从叙事理论与四大商业门户网站发展历史出发，寻求本文理论基础与历史背景。调研四大商业门户网站体育新闻叙事文本，对其进行叙事学框架的实证分析，力图总结出网络体育新闻叙事的20年来发展的阶段性特征与内在逻辑路径。

综合运用经典叙事学、新闻叙事学理论，结合网络新闻传播与文本特征，对网络体育新闻叙事者、叙事结构、叙事话语进行适应性的改变（图3－2），得出叙事者角色分布、网络新闻窗口叙事造成的层级结构和话语语法分析结构，叙事话语中的话语符号、叙事视角、叙事时间等受到网络传播属性的影响，形成独具风格的网络新闻叙事话语。通过此框架分析网络体育新闻叙事具有深厚的理论根基与现实意义。

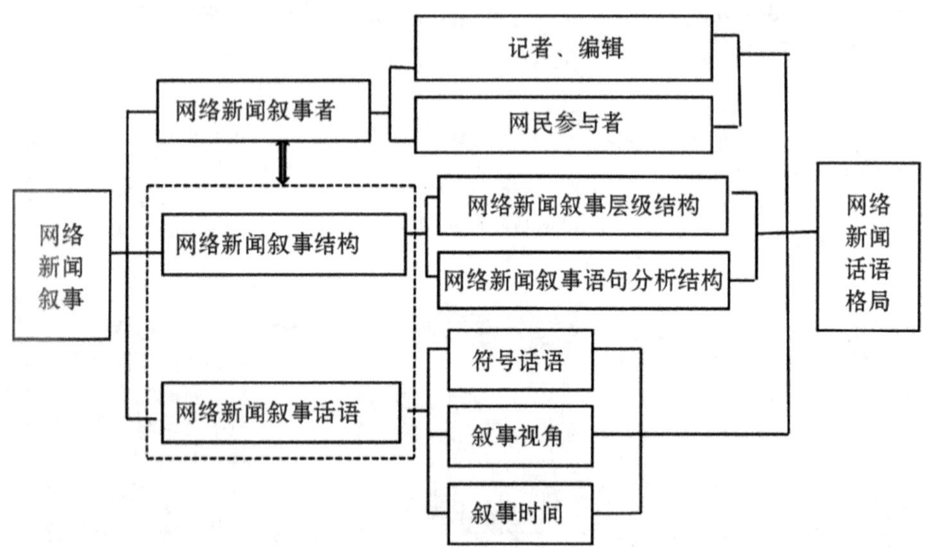

图3－2　网络新闻叙事分析结构图

第四章 叙事学理论基础及其网络体育新闻学科适应

第一节 叙事学理论基础

一、经典叙事学的诞生

叙事学诞生的标志为1966年出版的《交际》杂志刊发的“符号学研究——叙事作品结构分析”专刊，专刊将叙事学基本理论与研究方法得以总结发表。1969年，托多罗夫在《〈十日谈〉语法》中第一次提出了“叙事学”概念，认定其为“研究叙事的普遍结构的学科”。研究对象是叙事的本质、形式、功能[1]。在托多罗夫叙述话语的研究基础上，热奈特分析了普鲁斯特小说《追忆似水年华》，在其论文《叙事话语》（1972）中总结了文学叙事的基本范式：以叙事话语为重点，关注故事、叙事与叙述之间的关系，形成了经典叙事研究中的基本结构[2]。格雷马

〔1〕 高婷．叙事学视域中的新闻学研究［J］．新闻爱好者，2009（4）：10.

〔2〕 孙为．交互媒体叙事研究［D］．南京：南京艺术学院，2011：27.

斯在其《结构语义学》中对叙事分析又提出了叙述结构和话语结构两方面层次的分析。相对三分法，法国结构主义研究者们普遍认同的有关叙述结构和话语结构的两分法更加清晰明了，本文将采取两分法对网络新闻叙事作品进行分析。

二、后现代叙事学的衍生

20 世纪 80 年代，社会民主思想的发展促成了后结构主义和历史主义的盛行，解构与实用精神使经典叙事学研究逐渐式微，后现代叙事对读者和语境的关注使叙事学重新焕发生机。经典叙事学以亚里士多德的《诗学》为鼻祖，研究叙事作品称谓、结构关系与运作规律等，后经典叙事学则转向了作品与读者的相互作用，注重作者、文本、读者和社会历史之间的跨学科作用方式（图 4－1）。

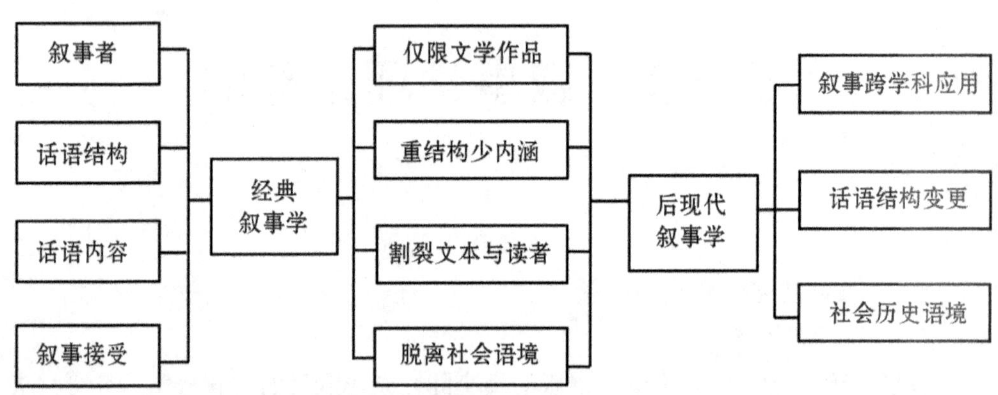

图 4－1　经典叙事学向后经典叙事学转向的基本结构

后经典叙事学是普遍联系的批评性叙事学，以社会历史语境为研究背景。如女性主义者苏珊·兰瑟（Susan Lanser）有着形式主义研究背景，同时受到了女性主义的文评影响，其著述的《建构女性主义叙事学》（1991）[1] 将叙事学理论与

〔1〕 Susan S. Lanser, " Toward a Feminist Narratolo－gy," Style 20 (1986): pp. 341－363, reprinted in Feminism: An Anthology, edited by Robyn R. Warhol and Diane Price Herndl, pp. 610－629 (New Brunswick: Rutgers University Press, 1991).

女性主义结合起来，这种应用性、思想性的开发使得叙事主义与其他学科的嫁接有了一次极佳尝试，通过结构主义的方法研究女性性别的边缘化原由与过程，使叙事学焕发出勃勃生机，由此叙事学的学术中心也由法国转向了北美。鉴于后经典叙事学对经典叙事学的发展，便有了本研究叙事学视角下对网络体育新闻的跨学科关注，并紧密结合经典叙事理论对话语结构的变迁仔细斟酌分析，联系社会历史语境，以期得出更加外放，完整的网络体育新闻叙事分析。

在相对保守的经典叙事理论与开放融合的后经典叙事理论之间，是进化替代关系还是补充关系的问题上，中国叙事学研究专家申丹认为两者是互补互促的关系，经典叙事为叙事学理论提供相对稳定的分析对象与方法，后经典叙事理论则建立社会空间与实践纵深的普遍联系，离开了经典叙事理论则叙事学研究“无根无脉”，不考虑后经典叙事理论则叙事理论“少花少果”。

综上所述，本文采取的理论基础源于经典叙事学的结构分析与后经典叙事学中的作者与语境的论述，将四大商业门户网站体育新闻内容作为研究文本，采用经典叙事理论叙事结构与叙事话语的分析框架，结合社会历史背景全面分析具有清晰媒介特征的新闻文本，并分析其受到社会历史影响的深层背景，形成跨学科、立体化的叙事格局分析。

第二节　新闻叙事学理论的研究框架

经典叙事理论中叙事话语可以通过话语符号、话语视角、话语时空构建的方式研究表达的形式，叙述通过何种方式实现。学者华进在其博士论文《云之话语，钟之逻辑：叙事学视域下的网络新闻研究》中将新闻话语的界定分类进行了辨别，其将梵·迪克对新闻话语材料的关注和国内学者曾庆香对话语形式的关注相结合[1]，即关注新闻话语中的符号特征、叙事视角、时空特质。这种分类方法有利于我们通过社会语境来观察新闻叙事的话语形式。

一、新闻叙事者的构成

米克·巴尔也认为“叙述者是叙事文本分析中最中心的概念[2]”。叙事者在文学作品中不等同于作者，因为虚构的文学作品中叙事者是作者创作出来的“叙事者”，即隐含的作者，既保留作者的真实经历与情感，同时还受到故事叙述的情节影响，是真实作者“想象的产物”，因此叙事者就是话语的主体。新闻叙事受到真实性的制约，真实的作者与隐含的作者身份合一，因此不受到隐含作者的影响，由作者直接写作而成，因此新闻叙事的叙事者即为文章的创作者。

新闻的特殊属性使其具有一定的意识形态特征，研究者们从新闻的来源、新闻反映的意识形态诉求等仔细分析了新闻叙事者，认为其是由新闻源、组织、媒体等组成的机构化的集合体，在这种观念之下，新闻的叙事主体又变得复杂而不确定，会陷入研究的困境，因此本文采取赵恒毅《叙事者的广义形态：框架－人格二象》中的说法“实在性叙述（新闻、历史、庭辩等）及拟实在性叙述（诺言、宣传、广告等），无论是口头的还是书面的，都具有合一式的叙述者：作者即叙述者”[3]，是新闻叙事着确定为新闻创作者，诚然在新闻生产过程中，叙事者会受到信源、媒体立场等影响，总体说来与具体社会历史语境关联密切，因此本文将结合四大商业门户网站发展历史与社会环境看待网络体育新闻的叙事发展历程。但这个叙事者受到社会历史语境的影响，这也是本文结合社会语境来分析网络体育新闻的重要原因。结合网络传播的参与主体多元性特征，网络新闻的叙事者虽然

---

〔1〕 普林斯对叙事话语的解释分为材料和形式两部分，材料即为话语的表现媒介，形式即为表述的秩序、观点、速度等。）——［美］杰拉德·普林斯．乔国强，李孝弟译．叙述学词典（修订版）［M］．上海：上海译文出版社，2011：48.

〔2〕 转引自陈霖，陈一．事实的魔方：新叙事学视野下的新闻文本［M］．北京：中国书籍出版社，2011：26.

〔3〕 赵毅衡．叙述者的广义形态：框架－人格二象［J］．文艺研究，2012（5）：15－23.

即为新闻作品的作者，多元作者是网络新闻创作的主体特征，创作方式由主体间性（彼得利尼）和各类主体之间的关系共同决定。

新闻源来自于采访、记者招待会等，通过对具有新闻价值的信息源的采访获得新闻资料。信息源通过记者、编辑（媒体委托人）完成自身意识目的的传递，即新闻源提供选题框架，记者、编辑通过新闻专业能力实现委托人的意图。如果新闻源与媒体委托人完全处于同一利益与口径，则二者的角色可以统一。与文学叙事不同的是，文学叙事的虚构性决定了其中叙事者角色的设置多变，而真实的新闻叙事中叙事者即为作者。

夏德勇等在《论网络新闻叙事主体的特征》中分析了网络新闻叙事主体的特征，与上述分析基本吻合，得出网络新闻叙事主体的概念："通过网络发布新闻信息的所有人，主要包括网络新闻记者、编辑和广大网民。"由此我们可以得出网络体育新闻叙事主体的概念：即"通过网络发布体育新闻信息的所有人，主要包括网络体育新闻记者、编辑和网民。"

二、新闻叙事话语结构

新闻作为叙事的一种，系以真实发生之相关或奇特故事挑战其他叙事形式而显得独树一帜。和其他叙事形式一样，新闻叙事也可从故事和话语两个部分来探寻内在的存在条件和结构关系（2009）[1]。新闻话语真实叙事，它研究的对象是物化的报纸等新闻文本，并在其中隐含一定的意识形态、社会观念等（2005）[2]。

话语分析是通过语言学的角度对日常交流的话语进行严谨的系统分析，包括文本采取的观察视角。对新闻话语的结构层次上将新闻话语分为标题、导语，摘要和新闻故事三个层次，在此结构层次中还有新闻场景、新闻背景和新闻评论等关联性结构共同构成新闻话语的意义结构。

在新闻话语的层级中首先分化为摘要和新闻故事，第二层次为标题和导语，即根据新闻故事的扩充程度分为两个层级，这是新闻叙事的基本结构，也是新闻

〔1〕 高婷. 叙事学视域中的新闻学研究［J］. 新闻爱好者，2009（4）：10.

〔2〕 曾庆香. 新闻叙事学［M］. 北京：中国广播电视出版社，2005. 1：2.

话语的基本表达程式（图4－2）。

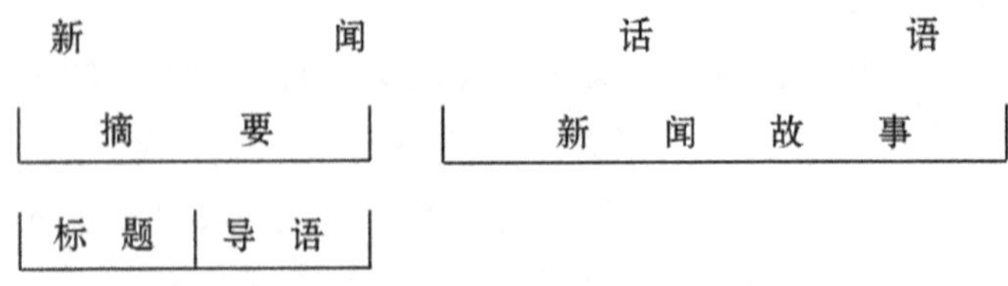

图4－2 新闻话语结构图[1]

根据语言学中对语句成分的划分，新闻语句可进行结构性的划分，新闻话语的主干即构成新闻核心事实，以场景为状语，新闻的反应与结果为补语，评论则为新闻话语的独立成分，通过新闻背景的整体性修饰形成完整的新闻叙事。这个角度是对新闻话语的逻辑关联的一种功能性划分，即在一个实施单元中各种话语如何完成对核心事实的表述。然而新闻并不是简单语句，它具有相对复杂的叙述过程，因此在新闻话语层次中包含了若干的情节，每个情节都由不同的成分构成，简单分布如图4－3：

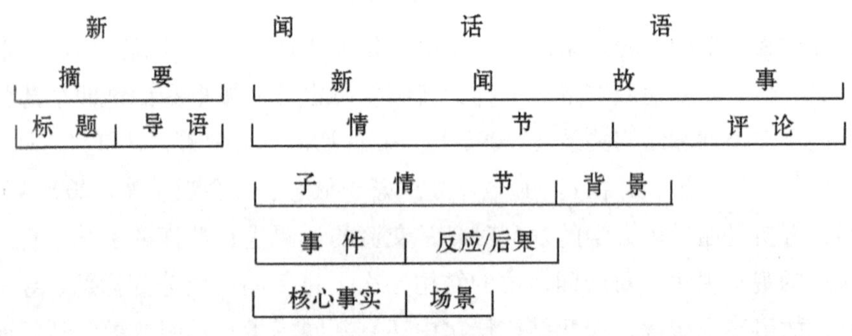

图4－3 新闻话语结构层次图[2]

新闻话语根据核心事实的重要性、新近性进行排列，这跟文学叙事中的时间

〔1〕 曾庆香．新闻叙事学［M］．北京：中国广播电视出版社，2005.1：31.
〔2〕 曾庆香．新闻叙事学［M］．北京：中国广播电视出版社，2005.1：40.

顺序、空间逻辑等有所不同。新闻的真实叙事使其能够独立表意，因此在结构上具有非线性和可组装性，形成新闻叙事独具的话语结构特点。

三、新闻叙事话语

（一）新闻叙事话语的生成

媒体工作者具有“一种设计知觉者的关于某类人群或者事件的知识、观念与预期的认知结构”的“刻板印象”，这种刻板印象影响了新闻话语编码，同时也影响信息解码方式，甚至影响信息交互行为。这种刻板印象指向记者编辑的职业能力，它让其自认为在新闻报道领域具有更强的能力使新闻事件广而告之。在新闻价值的指引下，新闻的本质与竞争使得报道内容趋于同质，相似的叙事框架也培养出习惯性的受众。

（二）新闻话语的事实建构

“叙事不仅仅是故事，而且也是行动，某人在某个场合处于某种目的对某人讲一个故事[1]。”因此新闻叙事的背后隐藏着意识形态的注入，是带有隐藏目的的一种话语交流。

1. 词语的选择

通过以动词为中心的词语配价与动词形态强化或弱化事实。

动词“配价”：新闻话语具有语言符号的组合与聚合能力，新闻词语以动词为中心进行“配价”[2]，名词是动词的行动元，副词是动词的状态元。在所有“配价”中哪些出现，哪些隐藏会造成新闻叙事的侧重不同，由此反映出具有意识形态特征的新闻故事。

〔1〕 詹姆斯·费轮著，陈永国译．作为修辞的叙事——技巧、读者、伦理、伊始形态［M］．北京：北京大学出版社，2002：14.

〔2〕 源自于法国语言学家特思尼耶尔引进的“配价”理论，即动词支配者其他成分，且其本身不受支配，名词和副词词组为动词进行配价，名词是动词的行动元，副词是动词的状态元．

动词名词化：隐藏施事者与受事者，即行动元与行动对象，将具体行动过程概念化、抽象化、状态化、普遍化。“这种运作方式将复杂的社会互动与社会建构过程化为一种精致状态与抽象概念，其结果是从这有意识、有方向的行动被忽视，只剩下行动所造成的最后结果”[1]。

2. 句式的选择

通过句式类型的主被动态势与句式编排的焦点位置反映叙事意图。

句式类型：语句的谓语可反映出行动（action）、状态（state）、精神过程（mental process）、言语过程（verbal process）四种句式类型。行动型语句以动词为谓语，行动元俱全。状态型语句以形容词为谓语，表现主语的状态。精神过程类型语句以知觉主体，谓语为表示心理的动词。言语过程型语句形式为“某某说”。行动句式、精神过程句式与言语过程句式都反映出主体的主动性，状态型语句则强调“承受者”状态[2]。这些句型的选择能够发现其凸显与隐藏的话语意图。

句式的编排：我国著名语言学家吕叔湘认为：“由‘熟’及‘生’是我们说话的一般趋势。”越靠近句末，信息就越新。通过话题——说明（topic - comment）排列分辨句中已知与新知。句子编排非常看重句子开头和句末，开头为话题，句末为说明话题的陈述焦点。话题位置与焦点位置也是新闻隐含自己立场和观点的重要手段[3]。

3. 事实构建的叙事视角

反映出叙事者叙述逻辑及其观察视角中的判断与倾向。

叙事视角分为四个层面：一，全知与限制视角；二、外视角与内视角；三为单一与多元视角；四，第一人称和第三人称叙事[4]。媒体全知视角是媒体惯用的视角，既能掌控全局，又能洞悉当事人心理。限制视角是通过客观观察或者当事人视野来描述故事。

内视角和外视角即指新闻故事叙事者采取旁观者客观观察还是新闻故事内人

---

〔1〕 林芳玫．女性与媒体在现［M］，巨流出版公司，1995．：83.

〔2〕 曾庆香．新闻叙事学［M］．北京：中国广播电视出版社，2005.1：119.

〔3〕 曾庆香．新闻叙事学［M］．北京：中国广播电视出版社，2005.1：122.

〔4〕 曾庆香．新闻叙事学［M］．北京：中国广播电视出版社，2005.1：129.

物的体验诉说。单一视角和多元视角则体现出观察角度的变化。同文学作品类似，第一人称叙事代表亲历，真实感强，但带有限制视角和主观意味，第三人称则是非人格化带有一定距离的观察审视。

在新闻故事叙事中，这四种类型的叙事方式有交叉使用，也有多重使用，具体的实践方式比如全知叙事中新闻记者往往隐藏自身角色的存在，通过中性化的全职视角，借助客观细节和他人讲述来表达观点，媒体全知叙事与中性全知叙事的区别在于是否进行媒体评论。第一人称叙事也分为亲自观察第一人称和故事主人公的第一人称。第三人称分求证型叙事视角和观察式叙事视角，内视角也可以有多元性的内视角观察等等。

（三）新闻话语的意识形态建构

马克思主义理论中指出意识形态是占统治地位的力量维持统治的骗人的思想，西方马克思主义者在结构主义和后结构主义的基础上将意识形态理解成建构的过程，将事实进行“符号化”包装，通过直接的观点或者语意框架来表现意识形态。从这个角度看，意识形态不是政治领域独有的，而在世界发展的复杂情况中存在着科技主义、消费主义等，是诠释事件的框架作用。“话语就是对原初事实进行解释的工具和场所[1]”。

法国著名哲学家福柯提出可以通过“客体化”的方式将“生物人”塑造成规范化的“社会人”，这种客体化的实现过程是通过知识模式、社会分类模式、角色认定模式三种模式和过程完成的。这种将客体存在变为主体意识的过程即完成了意识形态的框架构建，为人的思考行为提供了遵从惯性的模型。新闻话语中意识形态的植入和框架设置是通过新闻专业主义理念、新闻作品创作、专业评判以及专业权威的评判实现的。新闻价值的判断即为对社会事实的社会化判断标准。

（四）网络新闻叙事

1. 网络叙事结构的生成

结合叙事结构，网络新闻传播中同样存在着叙事的目的、结构与过程。但由

〔1〕 曾庆香．新闻叙事学［M］．北京：中国广播电视出版社，2005.1：193.

于网络自身传播属性的不同，网络叙事的形式与内容也发生了巨大的变化。网络叙事中叙事主体为多元叙事，从传统文学叙事者的线性叙事源概念中分解为多元、非线性的多主体叙事；话语结构形成多维度的非线性交互结构，超文本与超链接改变了传统叙事话语文本的线性逻辑，体现出空前的叙事结构转变。

鉴于网络交互属性的影响，其叙述领域更加广阔，叙事结构呈现技术性的多变特点，叙事话语呈现出多媒体属性，网络叙事内容整体上空间与时间排列并行，多媒体平台的叙述中又夹杂着原有媒体的叙述时空逻辑，因此在叙事分析中需以叙事经典理论为基础，结合网络传播特点，分析话语结构与内容特征。

2. 网络新闻叙事者构成

网络叙事领域的广泛性决定其叙事源的广泛，技术推进的显著性以及交互使然的叙事多元，让网络新闻的叙事者不仅由媒体决定，更加是由更广泛的社会历史语境、不断进步中的计算机网络技术、以及多元作者不断推进的叙事力量。

网络新闻中一个叙事同时由叙事者的意向以及读者的诠释共同构成[1]。鉴于网络交互性以及传播的非线性构造，网媒可以在其新闻平台上设置新闻叙事作品，而不同社会背景的网民读者也可以随时参与到作品的写作中，构成作品的部分，因此在网络新闻叙事中不仅要关注创作者的外在与权威力量，也要关注在不同作品中网民参与的结构与消解力量。

3. 网络新闻叙事层级式超文本结构

（1）网络新闻叙事话语层级结构

窗口叙事是基于计算机信息管理的本质属性之一，从叙事学角度来看，窗口便是网络新闻叙事的基本元素之一，通过窗口的层级设计来实现信息逻辑的展开层次，而超链接代表不同的叙事视角[2]。窗口不仅构成了计算机网络中的显示平台，还构成了信息传递的层级结构，因此网络体育新闻的叙事结构是一种以窗口为显示平台的层级性交互结构。

〔1〕 孙为．交互媒体叙事研究［D］．南京：南京艺术学院，2011：22.

〔2〕 华进．云之话语，钟之逻辑：叙事学视域下的网络新闻研究［D］．华中科技大学，2013：43.

导航是网络新闻层级结构中的重要阅读线索，其设计反映出媒体对读者的引导逻辑，同时也为网友提供阅读的入口与参与创作的可能性。导航通过网络的超文本链接到网页更深层次的新闻阅读中去，其链接形式如图4－4。

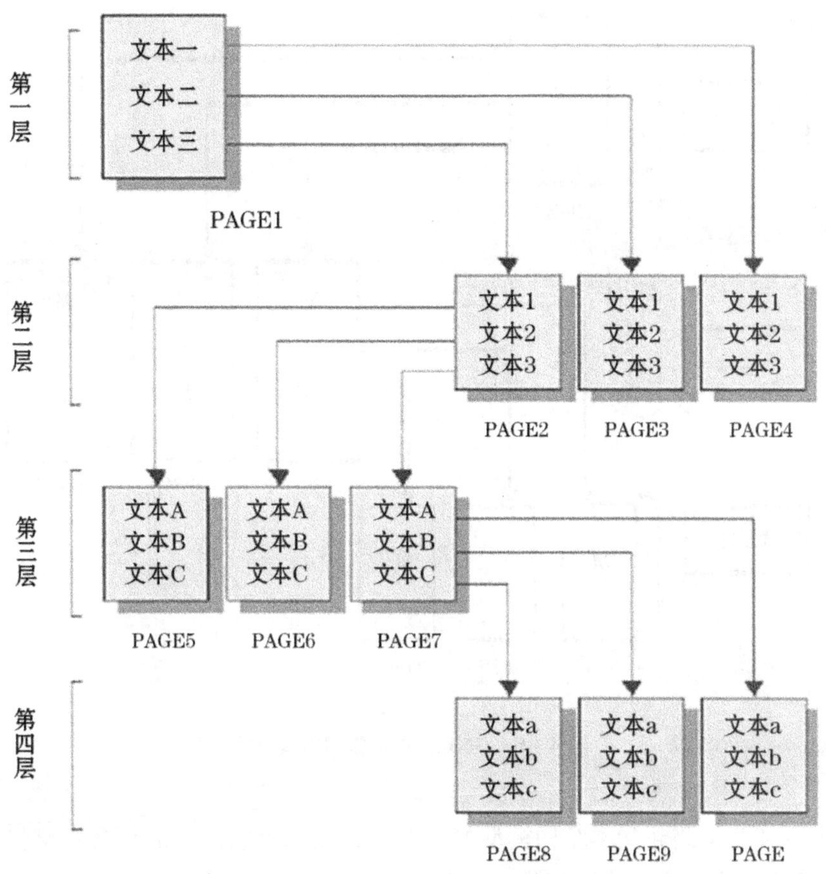

图4－4　超文本结构模型示意图〔1〕

〔1〕 华进．云之话语，钟之逻辑：叙事学视域下的网络新闻研究［D］．华中科技大学，2013：43.

层级路径层面：由于超链接、超文本的传播模式，造成了网络话语是以非线性自由链接构成的叙事方式，因此层级路径层面的叙事故事构成是进入网络新闻叙事的第一层叙事（图4－5）。

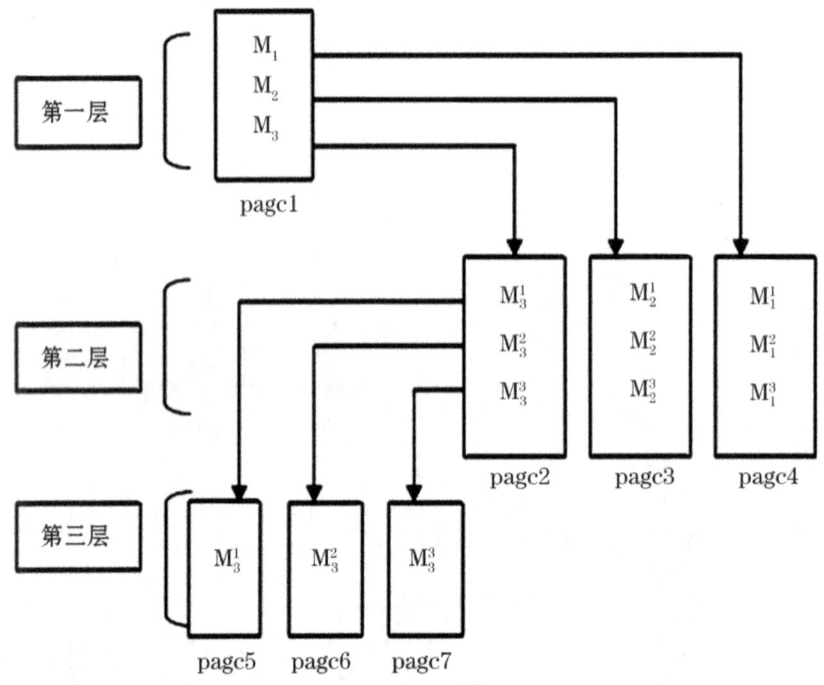

图4－5　三层超文本新闻结构模式[1]

图4－4为网络超文本结构模型的示意图，图中借助网络的超文本链接，可以逐层链接到网络文本。清晰而简洁的阅读路径能够使读者有更多的选择机会与更自在的阅读体验，导航路径是网络窗口层级显示中最重要的阅读路径，它为每一个网络新闻叙事单元提供最基础的意义归属，具体体现在导航栏与首页超链接等层次。

〔1〕 华进．云之话语，钟之逻辑：叙事学视域下的网络新闻研究［D］．华中科技大学，2013：43.

从新闻叙事故事结构框架来看，可以将新闻话语按照结构属性分类，如标题、摘要、新闻正文等，按照语法功能分类，如核心事实、新闻场景、背景、评论等，在网络中，结构属性是根据网络传播属性构建的，因此，网络新闻话语的结构是以层级形态出现的。新闻故事的核心元素之间的逻辑构成则与新闻中的语法构成类似，形成了核心故事、场景、背景、评论等多样式的逻辑关联。在网络的层级结构阻隔下，不同的层级表现出不同的语法结构，如首页层级、专题层级、新闻目标页层级等，各层级都有独立的新闻叙事结构与话语逻辑。层级之间通过超链接按照一定的逻辑关联连接起来，形成层级式叙事结构。不同层级的新闻内容会围绕核心叙事形成不同功能的结构组合，构成网络新闻叙事中的互文结构。

（2）网络新闻话语叙事

层级路径层面主要是指网络新闻媒体中的超文本链接基础上带来的故事叙述逻辑，在网络新闻中的超文本链接路径是通过导航和超链接来实现的。导航是网络新闻层级结构中的主要纵向链接线索，超链接在网络各级窗口叙事中形成纵横联通的互文结构。通过导航与超链接纵向与横向的联系与排列顺序，实现网络新闻叙事的主线与传播意图。

网络新闻通过微内容完成事实建构。罗兰巴特曾将建议将叙事作品切分为基本表意单元：“功能”[1]，他还对功能做出了进一步的细分：将“功能”分化“核心功能”和“催化功能”。“核心功能”为叙事作品中“真正的铰链”[2]，为新闻叙事的框架建构。“催化功能”则对“核心叙事”进行催化、充实。新闻是由一系列“核心事件”与“催化事件”组合成的叙事结构。在复杂的新闻事件叙事中，繁多的功能或者事件组合成为叙事“序列”（图4－6），例如新闻事件中的各个环节报道即为新闻事件叙事中的序列组合。

---

〔1〕 转引自：罗兰·巴特．叙事作品结构分析导论［A］．张寅德译．张寅德．叙述学研究［C］．北京：中国社会科学出版社，1989：10.

〔2〕 转引自：罗兰·巴特．叙事作品结构分析导论［A］．张寅德译．张寅德．叙述学研究［C］．北京：中国社会科学出版社，1989：14.

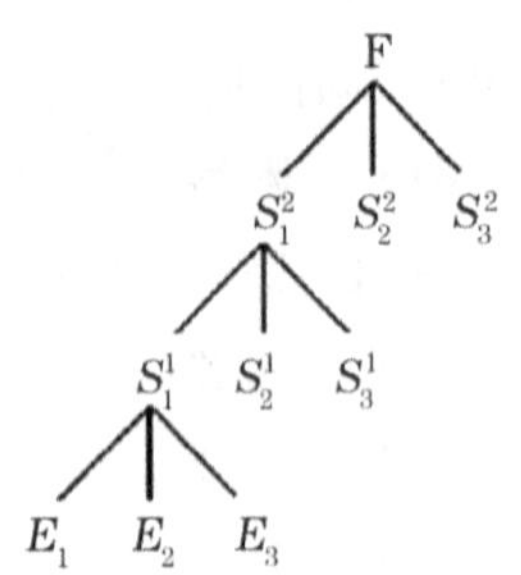

注：F=fact事实

S=series序列

S^1=基本序列

S^2=复合序列

E=event事件

图4－6 新闻叙事作品结构示意图[1]

在网络新闻叙事中，“微内容”的存在如同经典文学叙事中的“功能”，其构成了网络叙事中的最小表意单位。学者Cmswiki认为为内容为独立的最小的内容数据，例如链接、文本、音频、视频等带有标题、作者等完整内容元。国内学者詹新惠认为“在互联网上，任何来自用户生产的新闻、评论、图片、网址都可以被称作微内容。”[2] 学者华进对网络新闻叙事研究中对“微内容”下了如下定义：微内容是网络新闻文本的构成部分，具有独立叙事内容，例如网络新闻中的文字片段、图片、音视频，新闻文本中的标题、标签、关键词等[3]。根据功能在传统文学作品叙事分析中的分化：核心功能和催化功能，本文采用了核心微内容和催化微内容分化方式，结合网络层级结构特征，网络新闻叙事中的表意单位结构可以分为横向和纵向层次的核心微内容与催化微内容逻辑关系。网络新闻叙事中核心微内容是核心叙事，表现最主干、核心的新闻叙事梗概，催化微内容则起到了扩大叙事张力的辅助叙事作用。

网络新闻微内容的纵向层面即表现为：

核心层：首页标题，表述新闻事实的最梗概情节。

扩展层：新闻正文及附加图片、视频等，扩展标题层的详细内容与细节。

延伸层：相关阅读、资料链接、互动等。

---

〔1〕 华进．新闻叙事语法论［D］．湘潭：湘潭大学，2007：13.

〔2〕 华进．云之话语，钟之逻辑［D］．华中科技大学．64.

〔3〕 同上．

纵向层面上，核心层为网络新闻叙事的核心微内容，其他两层为催化部分（图4－7）。

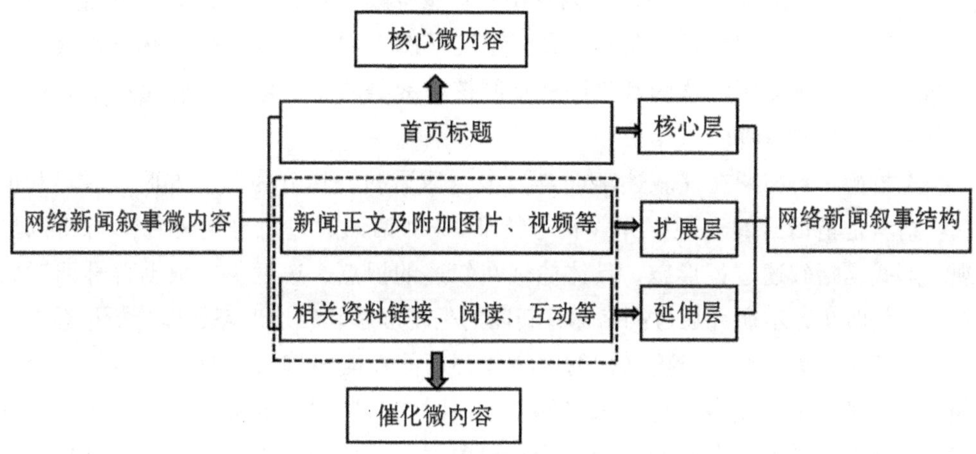

图4－7　网络新闻微内容文本纵向分布

网络新闻的微内容在文本横向层次分布：

核心微内容的六个层次之间的关系构成了网络新闻文本中的超文本表意单元，催化微内容中网友互动，发表评论、转发、参与调查等构成了对新闻事件的生发。网络就是由无数这样的微内容来构成，即使是复杂的网络专题，其功能也与这个结构大同小异，只是在功能结构上更加复杂，且互为核心与催化（图4－8）。

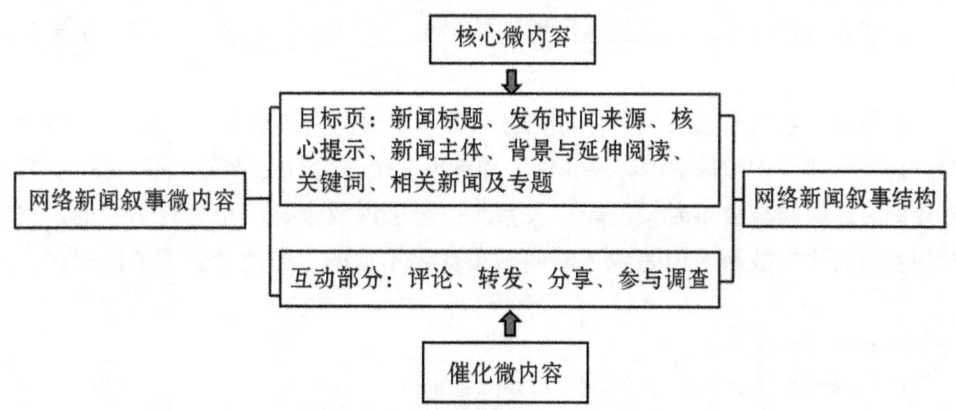

图4－8　网络新闻微内容文本横向分布

首页新闻标题是网络新闻文本叙事中核心的核心。网络中除了新闻正文外都可以以标题来理解，包括关键词、标签等，网络新闻文本就是一个标题主导的信息世界[1]。在网络新闻叙事的微内容中，首页标题是标题群的核心，网络新闻文本围绕这个轴心从横向和纵向两个方向延展（图4-7，图4-8）。热词链接、背景标题、相关新闻标题这些都是围绕新闻核心叙事的意见场，他们通过不同视角与逻辑充实核心事件。

杰拉德·普林斯在《叙述学词典》中对话语的解释分为两个方面：材料和形式。材料是指话语的表现媒介（符号特征），即话语通过怎样的外在形态得以呈现。形式是指叙述过程形态，具体体现在叙述的视点、速度等。根据普林斯对叙事学话语解析，本研究通过网络体育新闻的呈现形态和叙述形态加以分析论述。

以超文本为内容与连接结构的网络体育新闻在能指构成中具有极多的组合方式，也就是可以形成多样化的漂浮的能指。网页结构内容的复杂化，横向层级内容的不断充实带来更多样的能指组合。四大商业门户网站体育新闻中通过新闻正文建立核心叙事，正文中的附加部分、相关阅读等对于能指链产生催化影响，即通过正文附加与相关阅读等链接形成新的能指意义，与正文逻辑对应后形成新的所指。这个所指还与读者的自主阅读产生关联。读者最终阅读共识性理解可以从评论中反映出来。抽样统计中我们可以看出，读者评论中反映出不同类型的意见，这是能指组合与读者阅读互动后产生的漂移的所指意义。网页中某方面知识资料的增加、观点的匹配、相关背景新闻的映衬都会影响网友立场的判断，由此形成截然不同的意义理解。微博中更加明显，通过转引等方式直接将各种观点组合到一起，引起所指判断，不同的是微博的转引更加个人化，相比网页内容引导更加随意。

叙事的问题归根结底是个时间问题[2]，叙事时间由故事时间和叙述时间组成，两者搭配形成了在叙述中的时序、速度和频率三个逻辑节奏特征（图4-9）。所谓时序即叙述时间与故事时间的顺序关系。一般来说故事时间是客观不变的，按照时间发展而生发故事。但是叙述时间确是变化不定的，因此产生了“顺时序，逆

〔1〕 云之话语，钟之逻辑：叙事学视角下的网络新闻研究［D］：75.

〔2〕 华进．云之话语，钟之逻辑：叙事学视域下网络新闻研究［D］．华中科技大学：107.

时序和非时序”[1] 三种状态。顺时序即顺叙，讲述的展开进行与故事的发展完全同步，严格意义上来讲，这种讲述并不存在，由于故事发展的多维性，讲述过程几乎无法估计到故事发展的所有侧面和内容的前进，因此逆时序和非时序在讲述过程中是较为实用和常用的讲述时序。逆时序是叙述时间与故事时间呈现出错乱关联的现象，但这种时间的错乱却被逻辑串联成能够反映完整故事的时间。在逆时序的叙述之中呈现出追述和预述两种与故事时间错位的叙述时序，追述即叙述时间落后于故事时间，通过追加叙述的过程完成对故事进程进行描述。预述时序则为早于故事时间的叙述方式，表现为对新闻事件的预报。非时序则相对故事时间的进行，叙述保持相对凝固的现象，不体现出叙述时间延续。

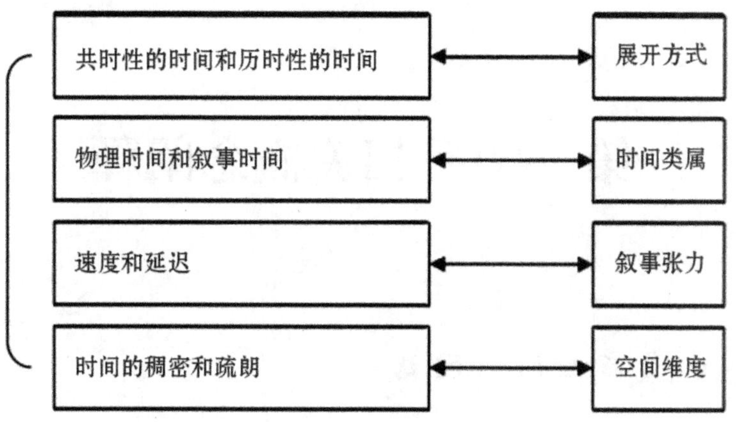

图4－9　叙事文本时空概念分类及其功能[2]

---

〔1〕 胡亚敏．叙事学［M］．武汉：华中师范大学出版社，994：64.

〔2〕 周雷．深度写作：新闻叙事修辞学例话［M］．福州：福建人民出版社，2009：73.

第五章 四大商业门户网站体育新闻社会历史语境

第一节 相关概念阐释

一、四大商业门户网站

四大商业门户网站是指新浪、搜狐、网易、腾讯四大商业门户网站。这四大商业门户网站是中国网络媒体的标杆，在中国网络新闻发展中占有重要的位置，引领了中国网络媒体的发展前进，能够代表网络传播技术的不断推陈出新，在中国社会引起了巨大的传播影响，本研究选取四大商业门户网站作为研究对象，一方面其在体育新闻报道中有卓越的贡献，引领网络体育新闻的报道方向，在网媒发展的20余年里始终保持对体育新闻报道的重视，起到开风气之先的作用；其二四大商业门户网站在中国网络中的巨大影响与发展实力，能够反映出中国网络体育新闻发展的本质与未来趋势，具有重大的研究意义与价值。

新浪网：新浪是门户时代最突出的代表，也是四大商业门户网站中成立最早的一家，新浪体育新闻报道在门户网站中起到了领风气之先的旗帜作用，新浪网

发展进程见图 5－1。

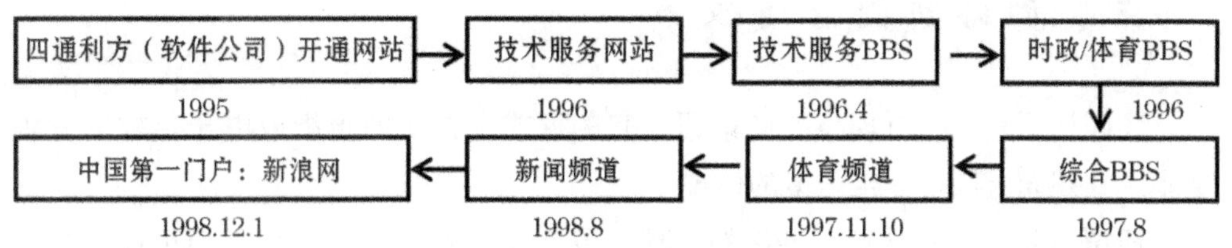

图 5－1　新浪网发展进程

搜狐网：1996 年 12 月 28 日，张朝阳利用风投资金（由尼葛洛庞帝、爱德华、罗伯特和邦德共计 22.5 万美元的天使投资）在中国投建的网站，内容主要做超链接，通往东方网景、瑞得在线等，后来补充新华社新闻，日渐发展成为具有全国影响的门户网站。

网易：1997 年 6 月成立，首先推出中文搜索引擎，1997 年 11 月首次引进网易电子邮件，并授权中国电信，开始提供免费电子贺卡服务。

腾讯：1998 年 11 月 11 日，“深圳市腾讯计算机系统有限公司”注册成立。当时公司的主要业务是拓展无线网络寻呼系统。2000 年 4 月，QQ 用户注册数达 500 万。

二、网络体育新闻

互联网的发展催生出以网络为载体的新闻形式，随着我国体育事业的不断进步与发展，体育新闻在我国网络媒体新闻报道中有着举足轻重的地位，网络体育新闻也逐渐成为人们网络阅读的主要部分。

网络体育新闻的特点包括网络信息传播属性中的海量性与多元化、集纳性与超时空性、动态性与时效性、自由性与互动性的特点。同时全民参与互动、多媒体视听、高度的情感性也是网络体育新闻主要特征。

本论文研究主要以四大商业门户网站（新浪、腾讯、网易和搜狐）为主要研究对象，通过网页抽样和文本分析来研究体育新闻叙事构成、发展流变和叙事布局。

三、网络新闻话语叙事

新闻话语是一种再现事实的话语，它的形式是物质的报纸或电子传媒的一种文本，在观念上则是一定语境的体现[1]。

所谓新闻话语是对真实事件的再现，虽不能反映世界的全貌，但可以通过新闻专业主义的理念和技术手段对客观事实进行规范化的呈现。新闻话语分析的主要目的就是通过专业化的语言对新闻事件进行清晰系统的描写。由于网络涵盖了当今几乎所有的媒体话语特征，因此话语形式则是包含了多媒体特征的超文本话语。

“格局”是英文单词 schema（复数为 schemata）的汉译（或译为“图式”）。在一般意义上，它指的是知识的特定组织形式，往往表现为纲要或图解；在哲学中，它意指某种先验存在的图式；在心理学中，它又意指人们积累经验的思维组织即人们的知识结构[2]。

叙事是一种形式化的解释框架，叙事本身并不呈现目的性，但是叙事动力者则给叙事带来了一定的视角与偏差，使得再现的叙事呈现出一定的主观色彩，这正是社会现实的投影，因此叙事带有普遍的社会适应性，且能够反映出社会现实。

第二节　四大商业门户网站体育新闻发展的社会历史语境

根据文献资料梳理，有关中国网络体育新闻发展历史分期较为明确，由郝勤、易剑东、王晓东、薛文婷等学者提出，以 1997 年“利方在线”对世界杯亚洲赛区

〔1〕 曾庆香. 新闻叙事学［M］. 北京：中国广播电视出版社，2005（1）：2.

〔2〕 丁和根. 梵·迪克新闻话语结构理论述评［J］. 江苏社会科学，2003（6）：119.

十强赛报道为起点，通过考察新闻业务、媒体影响力等发展将网络体育新闻划分为发轫期、发展期、主流期和后奥运阶段等。经过笔者对四通利方网站论坛的关注与调研，发现早在“体育沙龙”时期，网络体育新闻就以评论帖的形式存在，并且为后期的“比快”播报、“文字直播”“98 足球风暴”等网络体育新闻的发展准备了网民基础、阅读诉求、采制雏形等，对于四通利方成为中国网络体育新闻诞生地与发展引领者提供了最初的土壤与养分。因此，本文将中国网络体育新闻的诞生提前到 1996 年。

根据四大商业门户网站体育新闻发展及叙事特点，本文将四大商业门户网站体育新闻发展历史分为“论坛叙事阶段”（雏形期 1996 - 1997. 10）、“主动叙事阶段”（形成期 1997. 11 - 2004）、“综合叙事时期”（阶段性顶峰 2005 - 2008）、“移动叙事阶段”（变革期 2009 - 2015）。四个阶段的划分以四大商业门户网站叙事者的叙事方式、话语变革、媒体平台的变化等为依据，以显著性变化和整体性特征为分界。这种划分网络体育新闻发展阶段的划分方法略有不同，通过关注四大商业门户网站个体的发展和叙事元素、方式变化为依据进行阶段性的划分。

表 5 - 1　网络体育新闻发展与四大商业门户网站体育新闻叙事发展阶段分期比较

网络体育新闻发展阶段分期			四大商业门户网站体育新闻叙事发展阶段分期		
时段划分	总体特点	具体表现	时段划分	总体特点	具体表现
1996—1999	初步发展	98 世界杯、曼谷亚运会	1996—1997. 10	雏形期	自由论坛时期
2000—2004	蓬勃发展	悉尼、雅典奥运会报道	1997. 11—2004	形成期	四大商业门户网站及其叙事形态基本形成
2005—2008	确立主流	都灵冬奥会、韩日世界杯、北京奥运会等报道	2005—2008	阶段性顶峰	门户体育新闻叙事成熟

续表

网络体育新闻发展阶段分期			四大商业门户网站体育新闻叙事发展阶段分期		
时段划分	总体特点	具体表现	时段划分	总体特点	具体表现
2009—今	后奥运阶段	南非世界杯、伦敦奥运会、巴西世界杯等报道	2009—2015	变革期	个人叙事与移动化发展

四大商业门户网站体育新闻叙事发展分期中更加重视叙事相关元素的变化以及各自发展进程，与网络体育新闻发展阶段对照，关注对象与视角都有所不同，因此本文对其进行了重新研究与分析。

一、网络体育新闻的“论坛叙事”时代（1996—1997.10）

（一）社会历史背景：中国全面接入国际互联网，中国体育职业化开端

1994 年 4 月，中国全面接入互联网，1995 年 1 月《神州学人》第一个网络杂志诞生，从 1995 年开始中国网媒经历了第一个十年发展周期，即网络媒体新闻业务全面发展的第一个十年。

一边是网络媒体的蓬勃兴起，一边也是中国体育发展高潮。1993 年《国家体委关于深化体育改革的意见》出台，意见明确指出了中国足球的职业化改革方向，并进一步提及篮球、排球、乒乓球等项目的职业化改革计划，中国竞技体育职业化大幕从此拉开。1995 年 7 月《奥运争光计划及实施方案》直接推进了竞技体育的金牌效应与职业体育的发展大潮。

（二）网络体育新闻论坛叙事模式的生成

1. 四通利方体育沙龙论坛启动

1996 年4 月29 日中国最早的商业中文网站之一：四通利方（www. srsnet. com）

（新浪前身）上线。制作中文引擎时，为回答网友对四通利方公司 RichWin Internet 版软件提出的各种问题，成立了“四通利方论坛”。论坛里交流软件使用经验，也聊有关体育、留学等各种生活问题。为了不干扰对 RichWin 主题的讨论，四通利方成立了“谈天说地”“金庸客栈”“谈古论今”“体育沙龙”等十几个论坛，从网友有关体育话题的讨论到“体育沙龙”的成立，暂且将中国网络体育新闻发端定于 1996 年末，原利方在线体育沙龙的版主陈彤将这个时期命名为网络体育新闻的“自由论坛时期”。

2. “比快播报”式叙事的出现

1997 年的甲 A 联赛逢周六比赛，球迷只有等到晚上十点半的中央电视台体育新闻才能得知比分。陈彤作为当时体育沙龙的版主，他将电视播报的比分通过帖子放到体育沙龙论坛上，还与各赛区网友联系，通过通讯员的方式搜集比赛信息，这种游戏式的“比快”播报带动了很多网友，造就了中国网络体育新闻生产中的第一代写手。陈彤在担当版主时，一方面他本人非常热爱体育，采用 gooooooal 为笔名，对中国足协进行声讨，骨子里有股狂热球迷的气质。另一方面他也非常注意维护与网友们的关系，精心经营“体育沙龙”论坛。陈彤通过各处搜集联赛参赛队的消息，以不同笔名在论坛灌水，探访国外聊天室搜索一手资料，通过及时鲜活的体育新闻资讯使得体育沙龙日渐兴旺。

3. “重大赛事”直播式叙事

1997 年 5 月，网上文字直播 1997 年世界杯足球外围赛。汪延陈彤等通过收看电视，对比赛进程进行文字直播，为了保证电视信号清晰不得不由人扶住天线，因此这次网上直播也被称为“挂肉直播”，条件虽简，零时差直播体育赛事已经成为迫切需求。

1997 年 10 月 31 日，世界杯外围赛中国对阵卡塔尔，失掉比赛同时也失去了入围决赛圈资格，这引起了广大球迷的剧烈感情。网友老榕 11 月 1 日凌晨在“体育沙龙”发表《10. 31：大连金州没有眼泪》。这一充满球迷感情的 2000 字随笔 48 小时内即被阅读 2 万多次，创造了当时网络阅读的最高纪录，“体育沙龙”板块也达到了 8 万多人次的阅读量。11 月 14 日这篇随笔被《南方周末》整版转载，并引起百余家媒体纷纷转载，“体育沙龙”第一次引起了广泛的社会关注。

二、四大商业门户网站体育新闻主动叙事时代（1997.11—2004）

（一）社会历史背景：新闻报道权限的扩大与四大商业门户网站的崛起

1. 四大商业门户网站的崛起与各自门户理念的生成

四通利方体育频道新闻报道与新浪网的成立。1997 年 11 月底，四通利方推出了它的第一个频道——体育频道，仅包括国内足球和国际足球。流量上很快超过了“体育沙龙”。这标志着四通利方开始主动提供体育新闻，完成了从网友交流到主动承担媒体新闻发布责任的过渡。1998 年 8 月，四通利方新闻频道推出，四通利方从论坛提供新闻，但在首页没有显示，改版后，将新闻页面放置于首页，流量激增。1998 年 11 月 30 日，四通利方与美国华渊网合并，12 月 1 日新浪网成立[1]，开始了长达 10 年在中国网络新闻中的领军发展。

网易的“互动”与“移动”理念领风气之先。网易公司成立于 1997 年 5 月 27 日，网易“大门户战略”的理念不仅是实现新闻产品的丰富，更要体现其互动体验的便捷。网易较早投入移动网络的经营，2000 年 1 月网易与中国移动合作，进军手机短信市场，之后推出了 wap. 163. com 网站可支持多种手机上网，与中国移动合作推出手机短信息发送服务网站 sms. 163. com。从 2004 年开始网易正式进军门户，网易 CEO 丁磊对门户网站的理解和对发展方向的掌控决定了其体育新闻报道的方向。网易首先对首页进行了全面改版，强化新闻内容的同时保持服务产品的丰富便捷，门户页面设置六大中心：新闻中心、娱乐中心、财富中心、消费中心、自我中心和体育中心。

搜狐“超越门户”的发展理念。搜狐网成立于 1998 年 2 月，张朝阳创立搜狐的经营策略是：“搜狐不仅仅是一个网站，它更是一种媒体，并将超越媒体，成为

---

〔1〕 新浪，sina 一词源于拉丁文的中国 sino，在拉丁语系中，Sino 是“中国”之意，与英语 China（中国）合拼，取名 sina，意为“中国”。sina 的中文名称新浪是当时的总裁王志东起的，这个域名很好地表达了新浪网希望自己成为中华区最大门户的决心.

人们生活中不可或缺的电子商务市场”[1]。于是搜狐开始了社区建设与各种内容平台的收购，建设起庞大的门户营销平台，多面开花。与此同时，搜狐的营销策略也扩散到体育领域之中，开启了与足协、NBA、亚运等各种赛事的合作事宜。

腾讯互动渠道打开体育新闻传播大门。腾讯公司于1998年11月1日成立，即时聊天软件“腾讯QQ”是公司初创期打开用户市场的敲门砖，2003年底，qq. com上线，开始了腾讯门户的建设。腾讯CEO马化腾亲自参与qq. com首页设计，从几大门户挖来采编团队。以2004年雅典奥运会为契机，通过客户端口向网友推送奥运资讯，腾讯传送奥运新闻的渠道有迷你首页、系统消息、新闻直投等，将1000万QQ用户转化成为腾讯开发门户资源的重要受众资源，并开始培养主流用户群的年轻人在QQ. com看新闻的习惯。

2. 体育新闻报道权限拓宽叙事领域

网络体育新闻采访权限松动。2000年11月7日，《互联网站从事登载新闻业务管理暂行规定》发布，其中第七条规定：不得登载自行采写的新闻和其他来源的新闻，非新闻单位依法建立的其他互联网站，不得从事登载新闻业务。当年12月12日传统媒体背景的人民网等率先获得新闻登载许可，商业门户网站在2000年12月底陆续取得新闻登载资格。陈彤辩证地看待了商业网站采访权受限的问题，认为“采访权对商业网站其实并不重要，从目前来看，商业网站不需要有采访权。我国政府规定商业网站不能发布时政新闻，这意味着采访权仅限于时政新闻之内，而在非时政领域，比如体育、娱乐等领域，新浪每天都派出大量记者采访，这些领域很多的消息都是从新浪首发的。[2]”

奥运视频转播权限松动。2000年为防止网络传播对电视转播带来的利益威胁，国际奥委会决定不向网络媒体销售视频转播权，直到2004年迫于网络媒体的发展态势与影响力，终于对少数几个国家和地区放开了雅典奥运会的视频内容，前提是不能影响电视转播商的利益。

---

〔1〕 阂大洪. 数字传媒概要［M］. 上海：复旦大学出版社，2003. 6：101.

〔2〕 新浪网络模式初探 http：//www. xzbu. com/7/view－2994484. htm.

（二）四大商业门户网站体育新闻叙事基本模式的形成

从1996年4月到1998年7月，四通利方国际网络部最多有5个人维持论坛运转，1997年底，四通利方日点击率达到90万，1998年4月汪延认为ICP是适合四通利方网站的商业模式，汪延也外驻法国全力报道世界杯，这是四通利方体育沙龙开始全面内容建设的开始，“法国98足球风暴”24小时滚动新闻叙事模式最为典型。

媒体联合报道的雏形。新浪与写手共同完成稿件写作。小组赛阶段“体育沙龙”驻上海、天津、山东等地记者[1]轮流报道比赛，统计出场阵容、进球情况、红黄牌、技术统计、赛况等，董维纳与陈彤分别制作进球录像和精彩图片。世界杯报道中还包括了大量的外电翻译，还邀请黄健翔为“法国98足球风暴”撰写“健翔世界杯短评”。世界杯前方报道来自于汪延和上海记者天马，其中汪延发回了从揭幕战到半决赛的大量现场报道。汪延在法国期间还与中央电视台、上海电视台、辽宁电视台、足球报、新华社等多家国内媒体记者建立合作。多家媒体的合作关系也为四通利方的发展产生了深远影响。另外“体育沙龙”驻东京记者Hqqqqq提供了日本、韩国的世界杯新闻，专栏作家悉尼球探（澳大利亚）、韦一笑（深圳）、北京厨子（日本）也都为“体育沙龙”撰写了大量文章。新浪同时还推出了有奖竞猜、征文、研讨会等活动，甚至制作世界杯报道光盘，召开体育沙龙研讨会等来增强与网友的关系，扩大社会影响，此次世界杯报道巩固了四通利方“体育沙龙”最大中文体育站点的地位。

网络媒体与体育组织的合作。2000年新浪成为悉尼奥运会中国官方网站，2002年3月新浪成为“中国之队”唯一互联网合作伙伴。新浪组织前方报道记者20多人，搜狐也组织了12人的报道团队，不断发回前方新闻。通过购买新华社等新闻来源，引进传统媒体新闻报道力量充实奥运新闻报道。腾讯则尝试通过QQ即时通讯平台传递新闻消息，占领用户渠道的传播方式。这两届奥运会的报道组织

[1] 申花大球迷、白净、七上八下、勇往直前、黄鱼、牡丹、老尼、李源、陈彤，共8人。转自：陈彤，曾祥雪，“法国‘98足球风暴”新浪网报道总结［N/OL］. 360个人图书馆，2006－12－06［2016－01－06］http：//m. bxwx. org/b/31/31150/5084789. html.

与实践为门户网站体育新闻报道积累了丰富的经验，网络体育新闻报道规模亦不断壮大。

新浪体育新闻叙事结构趋于稳定。“首页大信息量”和“标题超链接另开新窗口”的开始。据原新浪总编辑陈彤介绍，新浪体育最早受到 www. daily. com 的足球网站影响，开始做滚动即时新闻播报模式。报道中包括了专题报道与图文直播等。并设定了“首页大信息量”和“标题超链接另开新窗口”的互联网中国标准。陈彤说“新闻以时间为主，兼顾内容进行列表式排列，滚动新闻播出都是新浪模式的代表，新浪模式已经成为全面推广的行业标准及管理标准。[1]”

新浪体育新闻叙述方式丰富发展。“法国 98 足球风暴”首创 24 小时滚动报道模式，站点每日点击数突破了 300 万，创中文站点访问最高纪录。站点大量使用了录像、声音和图片（300 多段录像和 400 多组照片），在国内站点中独一无二。“四种色块搭配格外醒目，栏目之间用色及布局规范统一，页面配以少量动画，显得站点十分活泼[2]”，是网上中外文世界杯站点中美工设计最为出色的一个。1998 年 5 月 8 日，“法国 98 足球风暴”正式开通，具体详细报道内容分类如图 5－2 和图 5－3。

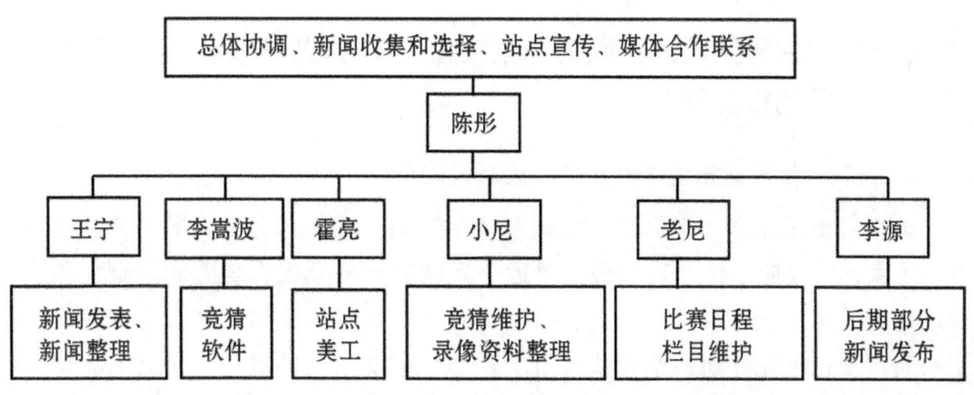

图 5－2　“法国 98 足球风暴”报道内容分类

〔1〕 何三畏．陈彤：为什么是新浪［N/OL］．友谊外供．2006 年第 2 期，［2016－01－10］．http：//www. shipsupply. org. cn/hk/HK－0602/0602－014. HTM.

〔2〕 陈彤，曾祥雪，“法国‘98 足球风暴”新浪网报道总结［N/OL］．360 个人图书馆，2006－12－06［2016－01－06］ http：//m. bxwx. org/b/31/31150/5084789. html.

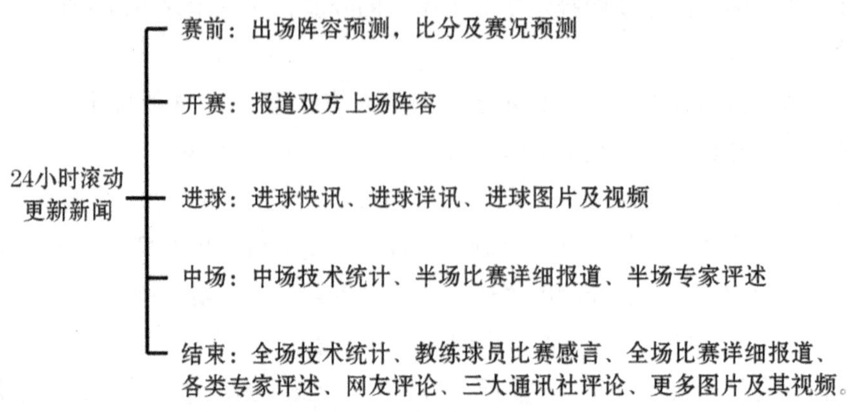

图5－3　“法国98足球风暴”24小时滚动新闻内容布局

三、四大商业门户网站体育新闻综合性叙事阶段（2005—2008）

（一）社会历史背景：奥运举国关注，体育博客兴起，顶级赛事采访权放开

1. 宏观政策与国家主题背景使奥运举世瞩目

2002年党的十六大提出“全民健身体系”再一次把体育的主题根植在民众心中，国家政策效应已经开始显现。奥运争光计划使奥运成为全民的荣耀主题，中国申奥的成功，让2008北京奥运会成为荣耀中国的巨大期待。国家体育总局制定了新的《奥运争光计划》纲要从政策上保障北京奥运会的成功，国家主题与体育主题的重合给了互联网一次巨大的发展机遇。

2. 互联网技术进入Web2.0时代，博客造就UGC

1998年“吉拉德报道”让世界惊异网络公民新闻的爆发，2001年“9·11”中由个人发布的各种形式的“亲历”使几乎主流网站访问量暴增而陷入瘫痪。2005年9月新浪推出博客服务，通过名人影响力很快成为博客第一品牌，引领了门户网站中国第一代 UGC。2007 年 3 月，新浪博客流量居新浪各频道第一，流媒体技术支持下的播客第一次实现了视频内容的个体化分享应用，下载与播放同时进行的技术支持使博客在 2008 年大放异彩。宣告 Web2.0 时代到来，打破了 Web1.0 受众被动接受信息的时代。

3. 体育报道权限的最大突破，奥运帮助四大商业门户网站到达巅峰

奥运史上的突破为网络媒体加冕。2005 年 11 月 7 日，搜狐与第 29 届奥林匹克委员会签署正式协议，搜狐成为北京奥运会互联网服务赞助商。这是百年奥运史上第一次设立互联网赞助商类别，标志着体育赛事传播新媒体时代的开端。2008 年北京奥运会首次将基于互联网和手机平台的媒体作为独立的传媒形式进行单独授权，与传统媒体一道纳入奥运会转播体系，北京奥运会首次实现了覆盖全球的奥运会的互联网直播[1]。取得赞助商资格的搜狐拿到了北京奥组委、中国奥组委、中华全国体育总会三家的授权，搜狐独家得到三家奥运相关新闻的版权资源，并通过与奥组委及北京市政府密切沟通获得了宝贵的独家政府资源。

重大赛事采访权限的突破。2006 年新浪获得都灵冬奥会中国互联网第一张正式的采访证，这是世界大赛首次向网络媒体发放采访证。紧接着德国世界杯新浪和搜狐分别获得 5 张和 8 张正式采访证，派出了独立采访团队对世界杯进行现场采访。

重大赛事版权资源向网媒解禁。国际足联在 2006 年世界杯上取消了对互联网使用图片的限制，首次以网络视频模式转让赛事资源，向全世界超过 100 个国家的网站提供每场比赛 4 分钟的集锦视频。从 10 张图片到 4 分钟视频，这是国际赛事视频版权输出的巨大跨越。

世界顶级体育组织的合作打开渠道。2006 年国际篮联中文官网落户腾讯，根据与国际篮联的协议，腾讯要负责承建并维护其官网，还要承建 2006 年世锦赛官网。有了 FIBA 的鼎力帮助，腾讯还可以获得该项赛事图片授权以及球星、教练等有限采访权。NBA 赛事资源的注入搜狐体育。2006 年搜狐首次直播 NBA2006 -

---

〔1〕 陈彤，新浪网体育报道采访权［N/OL］. 百度文库 2015 - 11 - 10［2016 - 01 - 06］. http：//wenku. baidu. com/link？ url = 4KG74zFuswXCT - _ kcXv721LJ3DmGulhfgKUXQbOzQZAgzkwtJAgXeNSRi - t_ u6thSx_ 3f9vD_ kRifPUg2IrOkXAFiHtDCVQ3Xob8h7N5MgC.

2007 赛季，尝试介入 NBA 数据库与 NBA 实时数据直播系统，观众能够动态跟踪每一位球员的场上表现和球队动态。2006 年底搜狐又与 NBA 签订合同，承办 NBA 中文官网。网易也通过赞助合作关系获得了 NBA 内容的有限报道权，提供 NBA 全明星赛事的图文直播等，一系列的举措令 NBA 在中国体育网站中站稳脚跟。包括 F1、姚明官网、中国篮球 CBA 联赛官网等落户搜狐，苏迪曼杯中文官网、广东宏远篮球俱乐部官网等落户网易。

（二）四大商业门户网站体育新闻综合叙事阶段性高峰

1. 多元个体叙事资源与视角进入叙事主体视野

体育博客的个人化叙事兴起。体育博客指的是发表体育新闻、体育评论、体育知识、体育人物等与体育有关的新闻或信息的博客，体育博客的内容包括最近发生的体育新闻、体育评论，乃至以体育为主题的各类型信息。2006 年李承鹏新浪博客（http：//blog. sina. com. cn/m/lichengpeng）和董路的博客（http：//blog. sina. com. cn/m/donglu）访问量分别达到了 100 万和 200 万，体育界名人通过博客发布体育方面的信息，成为网络体育新闻传播的一个新特色。博客大热后不久 2006 年底，播客作为视频分享应用被新浪重点推出，2008 年北京奥运会中新浪播客走进了奥运冠军的家庭，拍摄了 500 余段赛场外的温馨视频，为新浪奥运报道提供了鲜活的资源内容。赛事报道与博客奥运故事相结合构筑了新浪的 08 奥运叙事模式。

在线活动引起网民参与热情。网易在 2006 年世界杯中组织建设“世界杯观方站”，号称是网友自己的站点。网易在清华、北大等 100 所校园内发动大学生建立“2008 高校官方站”，因此吸引大批知识水平较高的大学生加入互动，培养高水平受众群体，引起了社会的广泛关注。网易还另外开发“世界杯文青大搜索”“图搞世界杯”“足球宝贝评比”等各类互动活动，与网易对门户的理念对应，互动成为网易开发内容的核心线索。

2008 年奥运中搜狐组织了“奥运啦啦队”“2008 听我的主持人大赛”“奥运日记——我们记录 2008”等 10 大主题互动活动，将网友纳入到传播体系中来。奥运频道赛时版搜狐邀请到的评论嘉宾们不仅扩充了媒体报道视角，更是陪着网友一起观看比赛，讨论比赛，使网络视频传播的不仅是媒体转播视角，更有专业的、个人的观点视角（图5－4）。

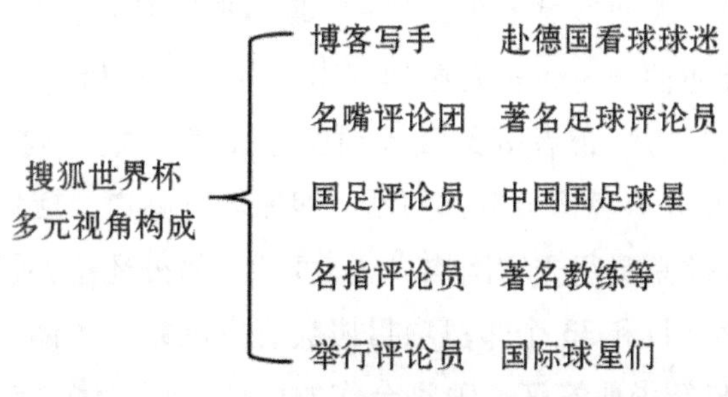

图5－4　搜狐世界杯新闻评论视角构成

2008奥运会中可口可乐在腾讯上展开了“在线火炬传递仪式”，并推出“奥运火炬在线第一棒”的活动，参与网友共计62 094 896人，这是当时中国互联网史上单一活动参与人数最多的纪录。[1]

新浪组织了500人的报道团队，在鸟巢建立新闻中心，使用汉、英、德、西班牙、阿拉伯等六种语言24小时播发新闻，报道中采取了赛事新闻报道与奥运故事相结合的模式，深入挖掘奥运人物、赛事花絮等内容，让网友们更加了解奥运，被奥运故事吸引和感动。

奥运期间腾讯共请了30多位冠军赛后第一时间接受采访，将视频作为文字直播的必备传播模块。要求赛事期间，每天必须推出一条独家重要新闻，一个独家冠军访谈等若干个第一，形成腾讯独有的报道资源。腾讯还利用即时通信工具以最快速度——重大消息30秒内发送到3亿网友面前，推送新闻成为日后网络媒体主动推荐新闻至网友面前的重要手段——将报道优势转化为用户知晓时间的优势。

2. 最大规模联合报道模式启动，规模与合作方式创历史之最

重大赛事的催化与赛事版权使竞争激烈的体育新闻报道空气更加紧张，在多次大赛中大规模的联合报道模式启动，这些联合行动在2008年北京奥运报道中达

〔1〕 Twwbom. 可口可乐奥运火炬在线传递活动营销［N/OL］. 百度文库，2012－07－21［2016－01－20］http：wenku. baidu. com/view/foobc318cda5002524df52，html.

到高潮。

庞大的联合报道团队建设。2008 年北京奥运，搜狐组成盛大采访团队与媒体联盟。搜狐组织了 700 人的报道团队，前方入场持证记者 100 人，后方处理平台有证记者 200 人，此外还抽调 300 多人参加赛事之外的奥运相关报道[1]，可谓倾全公司之力，从前方、后方、记者等都投入到奥运报道中去。搜狐声势浩大的“五环”阵营包括北京 2008 年奥运会官方网站、搜狐体育频道、搜狐视频播报三个频道，联合华奥星空和北京奥组委官网构成“五环”。另外还主办了中华全国体育总会网站、两个奥运会项目和 33 个非奥项目协会官方网站、各体育协会网站、刘翔官网等[2]。搜狐还与新华社签订了独家合作的协议，建立体育专线以获得新华社全部奥运报道资源以及国内外专稿。搜狐与全国 12 家卫星电视、35 家平面媒体、80 余家华语电台以及国外权威媒体组成空前庞大的媒体联盟。

网媒首次与三大传统媒体联盟。2007 年 10 月 24 日，网易发布 2008 年北京奥运报道策略，集合 70 多家报纸，16 家电视台和 9 家广播电台的媒体写作阵容，与美联社、路透社、法新社签订合作协议，并获得 Gettymages（北京奥运官网图片供应商）的图片专供。这是互联网媒体首次联合了三大传统媒体组成战略联盟，进行新闻资源共享与采编合作，有力支持了网易奥运期间的新闻供给。网易 CEO 丁磊曾经表示，2008 年北京奥运是网易历史上最大规模的一次联合新闻报道。

三大门户联盟。2007 年 7 月 19 日，新浪、腾讯、网易组成“奥运报道联盟”并共享奥运互联网转播权。腾讯 7 月初签下四支金牌运动队，包括羽毛球、乒乓球、举重和游泳队在腾讯建立了官方网站（后限于国际奥委会相关规定，不再使用“官方网站”字眼），队员也发布腾讯博客，获奖后将第一时间接受腾讯的访问，另外还有 11 家平媒加入了奥运报道团队。

3. 网络体育新闻叙事结构从“简单陈列”到“矩阵产品”发力

2004 年搜狐“技术驱动产品导向”启动，陆续开发出博客、输入法、小纸条、

---

〔1〕 周婷．搜狐正式启动奥运报道［N/OL］．中国证券报，2008－07－15［2016－01－10］http：//it. sohu. com/20080715/n258148745. shtml.

〔2〕 韩建光．腾讯闯入奥运报道禁区［N/OL］．ChinaByte，2007－07－06［2016－01－10］．http：//it. sohu. com/20070706/n250931134. shtml.

搜索、P2P 视频技术等应用，逐渐培养起受众的使用习惯，形成了产品链条，2007 年搜狐的 3.0 系统时期产品矩阵可以在门户网站内联通，提升了使用的便捷度。奥运会上搜狐还集图文、视频、社区、论坛、博客等所有互联网新闻及传播产品，从赛前准备到赛事直播再到比赛相关资源开发，线上新闻报道到线下奥运活动，构筑了一个近乎完整与完美的北京奥运营销平台。搜狐公布的奥运报道包括了 48 项网络新闻产品，形成了产品矩阵。其中包括奥运主题系列报道："明星系列、运动队系列、奥运速递、每日烽火、金牌辉煌、五洲烽火、直播奥运等"。将 28 个体育运动打响的备战情况打包构成赛前预报内容矩阵。通过"视觉奥运、直播奥运、福娃奥运速递、奥运奖牌榜、胜利中国"等直播资讯矩阵保证赛时新闻的及时传送。此前 2007 年 11 月，搜狐与超级足球公司（Premier Goals）合作，完成了中国最大英超中文官网矩阵群的构建。

网易连通网络应用矩阵。网易通过网易新闻、体育、娱乐、财经等 9 大频道与奥运报道的深度结合，打通了全天候的资讯通道。网易奥运报道的渗透性，将内容全面整合到邮箱、在线游戏、相册和博客等产品和频道内容中去，网民在使用网易产品时能够及时得到奥运资讯。这不仅有助于完成奥运赛事报道服务，满足网民对奥运报道的资讯需求，更为广告客户搭建了一个贯通的营销渠道，在全民对奥运活动的强烈关注中，企业品牌将由这张营销网络融入网民生活，实现营销价值。

腾讯利用即时通信端口将网民联系起来，通过迷你首页、弹窗、即时消息以及对话框等构成信息推送系统。将 QQ 空间、QQ 群、QQ 直播、QQ 电台、QQ 论坛建成立体矩阵，供网友随时进入腾讯奥运报道。另外新浪也开发了模拟视频、世界杯赛事数据库，球员资料库、《世界杯聚焦》专刊等组成了非线性的产品矩阵，为网民提供全方位的服务。

2008 年，四大商业门户网站已经给自己的发展方向找好了定位，且运营经验丰富。对技术的持续研发已经成为自身发展成败的关键，因此 2008 年已经显露出各门户网站在新的产品技术上的联通性，在用户使用体验感等方面的努力，这是 Web2.0、P2P 等技术与网络内容深度融合的表征，促进了网络向更深层次的功能化使用迈进。

4. 原创视频与大数据开发丰富叙事模式

2008 年 6 月 15 日，搜狐宣布与北京奥运官方转播机构央视达成合作协议，获得北京奥运会互联网转播权[1]。北京奥运会上，网络媒体第一次对奥运会进行了直播，这让很多白天上班的网民可以通过网络来观看奥运视频直播。据统计，全世界通过 PC 和手机端观看北京奥运直播的观众数量接近 3 亿。搜狐高价取得世界杯门户网站视频直播权，开发了层次丰富的视频产品：直播视频、赛日延迟视频、小组状态延迟视频等等十档直播新闻节目全面覆盖比赛进程，《奥运新闻播报》《奥运趣视》《奥运焦点新闻》《赛时奥运主新闻中心新闻发布会直播》将奥运期间全部赛事与新闻全部呈现在视频之中。

不得不说的是 2008 年奥运会上网络视频技术还不够成熟，多次因为用户访问量过大造成服务器瘫痪，成为本次奥运报道中的短板。2008 年 8 月 8 日北京奥运会开幕式的网络直播吸引了全国的网民同时在线访问，造成了网络的“大塞车”[2]。但四大商业门户网站对于奥运的视频产品制作投入了大量的原创力量和制作巧思，打破单一体育赛事直播的线性叙事特征，开发出大量的预述性、解释性、证实性等相关视频制作，这给网络新闻话语符号增加了新的表达工具和节奏感。

2000 年悉尼夏季奥运会的“视频”实际上并非真的视频，而是 NBCOlympics. com 展示来自于 NBC 电视频道的一系列图片（图 5 -5）。2004 年雅典奥运会：虽然当时欧洲仅限于拥有维萨卡的用户（不过无需付费）提供在线视频，但 NBC 仅提供赛事录像。在 NBC Olympics. com 网站上，赛事的实时直播不包括视频，只提供比分、数据和每 30 秒左右更新的文字实况报道。AT&T 用户则已可通过一项增值服务在手机上观看精彩视频剪辑。[3]

2010 年温哥华冬季奥运会仅提供冰壶和冰球的视频直播，其他赛事的实时直播则不提供视频，2012 年伦敦夏季奥运会中 NBC 为每项赛事和颁奖仪式提供视频直播，不仅在 NBC 网站上提供，还通过苹果和 Android 手机以及平板电脑上的应用

---

[1] 刘奇．搜狐获北京奥运会互联网视频转播权［N/OL］．京华时报，2008 -06 -16［2016 -01 -12］http：//it. sohu. com/20080616/n257514504. shtml.

[2] 王静．北京奥运报道中门户网站的竞争策略分析［J］．新闻界，2009（1）：45 -47.

[3] 奥运会网络报道进化史：从电视截图到视频直播_ 互联网_ 科技时代_ 新浪网［OL］. http：//tech. sina. com. cn/i/2012 -08 -02/09347458771. shtml.

提供。就体操和田径等热门赛事来说，NBC 还提供赛场内特定赛事的多重视频。在 2008 年，这些赛事的多重视频仅在赛后提供录像。不过，NBC 选择不提供开幕式和闭幕式的在线视频直播。[1]

图 5 -5　2012 奥运会，NBC 视频直播截图[2]

网易体育频道于 2005 年底开创两栏页面架构，页面更加简洁、流畅。重新设置导航结构，30 多个导航栏目错落排序，增加欧洲五大联赛导航入口，并积极为网友提供互动服务，以跟帖的方式让网友投入体育赛事之中，紧接着网易首页的改版同样秉承这一风格，清新素雅的页面以用户体验为目标，号称网络内容的革命，改版的当年网易访问人数较 2005 年同期上涨 37% 。

---

〔1〕 奥运会网络报道进化史：从电视截图到视频直播_ 互联网_ 科技时代_ 新浪网 http：//tech. sina. com. cn/i/2012 -08 -02/09347458771. shtml.

〔2〕 奥运会网络报道进化史：从电视截图到视频直播_ 互联网_ 科技时代_ 新浪网 http：//tech. sina. com. cn/i/2012 -08 -02/09347458771. shtml.

2008 年 8 月，“搜狐奥运赛事信息系统”（http：//info. 2008. sohu. com/）正式上线。这是中国互联网奥运报道体系首次纳入“数据”整合相关的主题产品。比赛进行中，搜狐独家接入了奥运官方信息系统——INFO2008，以及奥运会官方新闻服务系统——ONS，另外还有 CIS 系统（比赛评论员系统），为各项目赛事的比分做直播，领先其他网媒至少 60 秒的播发速度，几大系统几乎构成了全部搜狐产品内容。这些数据来自奥组委官方，搜狐根据不同项目和网友的关注，制作了核心产品：“赛事赛程”“比赛直播”“比分直播”“奖牌榜”“快讯”“资料库”等，汇聚了奥运中所有赛事、运动员等各类信息资料。搜狐通过系统直播和人工直播双管齐下直播奥运赛事，利用赛场先进的无线网络传播系统随时传回现场图片，搜狐等媒体联盟的摄影记者按下快门照片即传回搜狐发布。

四、四大商业门户网站体育新闻个体叙事与移动化发展（2009—2015）

（一）社会历史背景：移动、融合技术大发展与版权竞争之弊

1. 移动与融合网络技术发展推动媒介变革

2009 年 1 月 7 日，国家工业和信息化部正式发放了 3G 牌照，标志着我国移动通信进入崭新的发展时代。3G 使手机从单一的语音通话功能扩展到了多媒体网络平台功能，使手机具有了强大的媒体传播功能，移动互联时代即将到来。截至 2015 年 12 月底，我国手机网民规模达 6. 20 亿，在整体网民中占比 90. 1%，平板电脑上网比例高达 37%。智能手机的普及发展和移动互联网的全面覆盖，越来越多的用户选择了手机上网（2016 年 1 月中国互联网发展状况统计报告）。

微博、微信、客户端的移动信息传播应用普及化。2009 年 8 月新浪在国内众网媒中率先引进微博，2010 年使用微博用户数出现“井喷式”增长。2010 年的南非世界杯和亚运会上，四大商业门户网站都积极推进微博的开发使用。广州亚运会期间，新浪微博争取到 331 位亚运会参赛运动员，8256 位亚运志愿者以及 442 位亚运记者的入驻，与亚运相关微博数量大大超越南非世界杯，成为名副其实的

"微博亚运会"。腾讯打造"微博全民亚运"互动播报平台，争取了300多位运动员、教练和体育评论员参与。2010年开启了微博传播体育赛事的新时代[1]。

媒介融合改变门户网站体育新闻叙事特征。美国学者浦尔·I最早提出媒介融合的概念，指各类媒介呈现出多功能一体化的趋势。网络技术的发展使得这一想法得到了实施。首先网络融合了报纸、杂志、广播、电视等多种信息媒介于一个平台，无所不包的网络重新构筑了新的信息虚拟社会结构。2009年中国网络电视台成立，传统媒体向新媒体发展有了一次大的跨越。三屏合一也在移动网络的不断发展完善之中逐渐实现，微博可以在多端口中联通使用，信息处理媒介屏障被技术一一克服，媒介不仅是社会生活中独立的实体机构，它变成了无处不在信息传输设备，这从根本上改变了传媒叙事理念，尤其传统媒体来说，这更是颠覆性的改变。

2. 国家政策推动"全民健身"，促进体育走向日常生活

"十二五"规划时期（2011—2015），"全民健身"是重中之重，体育强国理念促进群众体育与竞技体育的全面协调发展，十二五规划纲要指出"大力开展全民健身运动，增强人民体质，提高竞技运动水平，振奋民族精神。"习近平同志在十八大中指出"体育是社会发展和人类进步的重要标志，是综合国力与社会文明程度的重要体现。体育在提高人民身体素质和健康水平、促进人的全面发展，丰富人民精神文化生活、推动经济社会发展，激励全国各族人民弘扬追求卓越、突破自我的精神方面，有着不可替代的重要作用。"在政策引导下，体育与社会生活紧密联系起来，因此也促进了体育在社会信息传播中的重要主题意义，且全民健身与体育强国政策的高度，使中国体育从"奥运争光"的较为单一的体育诠释发展到促进人的全面发展的广泛含义，这对体育新闻叙事主题的影响颇为巨大。

3. 央视打响版权保卫战，网络体育开始原创化征程

广电总局2000年颁布了《关于加强体育比赛电视报道和转播管理工作的通知》，目的是为了防止争夺国内重大比赛的竞争高价出现自相残杀，固定重大国际体育比赛我国境内的电视转播权统一由中央电视台负责谈判购买，其他电视台不

---

〔1〕 邹浩．亚运助推体育"微时代"降临［J］．新闻前哨，2011（3）：49.

得直接购买。2008 年国家版权局、工信部和国家广电总局又联合下发文件网络媒体和移动平台必须从中央电视台的网络传播中心（CNTV）取得授权。一系列的规定保证了中央电视台的绝对版权资源，通过央视的公益分销，为此央视也取得了非常可观的版权分销收入。2012 年为了保证中央电视台及地方电视台的广告收益，分销方式直到开幕式前夕才确定，且价格非常高[1]。因此四大商业门户网站购买的都是点播权，因此无法直播奥运会开幕式以及所有比赛，其传播价值的开发集中在原创节目与新闻的编辑整合上。

“央视对版权保护最为严格的一年[2]。”2014 年巴西世界杯央视选择了独播，从 2010 年南非世界杯开始的“断供事件”中就渐渐开始了央视的转播权独霸现象，国际足联版权方也倾向于从付费电视中得到更高的版权收益，因此各网络媒体只能自顾开发原创节目了。

央视独大导致市场不均衡的现象引起了国家政策的注意和改革意见的出台，2014 年，国家连续出台了相关改革措施，尤其是国务院《关于加快发展体育产业促进体育消费的若干意见》中强调了“放宽赛事转播限制”的规定，这对传媒市场是个利好消息，同时也促使了中超及其他赛事版权以天价售出[3]。

4. 延续重大赛事叙事核心，体育新闻转向常态赛事的持续关注

2009 年是体育小年，这一年网络技术的发展没有停歇。为 2010 年冬奥会、南非世界杯、广州亚运会、2012 年伦敦奥运会、欧锦赛乃至 2014 年巴西世界杯的新闻传播攒足了力气。从网络媒体对历次大赛的报道来看，重大体育赛事已经作为门户网站体育新闻的周期性报道的重点。每逢重大比赛便有一系列大动作出现，且重大比赛的指向已经从原来世界杯、奥运会的单调指向向亚运会、世锦赛、欧锦赛、亚冠联赛等多样化转变，眼光下移的现象反映出网络体育媒体对体育赛事的开发更加广泛，这一点也得到了受众的肯定，适应了市场需求。

---

〔1〕 有关材料显示：CNTV 开始向国内门户网站推销伦敦奥运转播资源包，其中包含三类：A 类包将囊括直播、点播和央视节目，报价为 5500 万元；B 类只含直播和点播权，报价 3500 万元；仅包含点播权的 C 类包，报价 2800 万元。四大商业门户网站均已购买了不含直播权的 C 类资源包.

〔2〕 马伟民. 网站跟随世界杯“进化”移动端成决战核心［N/OL］. 每日经济新闻，2014 - 07 - 04［2016 - 01 - 13］. http：//tech. sina. com. cn/i/2014 - 07 - 04/00309475127. shtml.

〔3〕 2015 年 9 月体奥动力以 5 年 80 亿的价格获得中超联赛版权.

（二）个体化、移动化体育新闻叙事特征的改变

1. 社交媒体火热引发互动叙事时代的开始

“我们处于一个连接和分享新时代的开端，得益于社交媒体和技术的发展，伦敦奥运会将成为首届对话型奥运。”国际奥委会社交媒体主管亚历克斯霍特在接受媒体采访时如是说[1]。

2009 年 8 月 28 日，新浪网在国内最早推出了微博服务，依靠明星和名人，通过邮箱登录等方式熟人推广链促进了微博大迁徙，数量剧增。2010 年 4 月搜狐也宣布进入微博市场。2010 年被称为中国微博爆发的一年，在“甬温线动车事故”中，网友们通过微博发送了大量的现场图片和信息，其新闻传播力量势不可挡。截至 2012 年 8 月 13 日 9 点，新浪微博奥运话题讨论量达到 3. 93 亿，其中无线端话题量达到 2. 24 亿，占 57%，完胜奥运报道[2]。

全民微博的庞大叙事力量展现。2010 年南非世界杯新浪微博大放光彩，以微博和视频为特色产品，其原创节目《黄加李泡》一经在微博上推出粉丝人数便急剧上升，2010 年的世界杯上新浪微博甚至出现因为使用量过大导致微博服务器死机。紧接着的广州亚运会中微博相关话题的数量成功超越南非世界杯，运动员、志愿者以及亚运记者当然还包括普通网民都在刷微博，这让广州亚运成了“全民亚运”。据了解 70% 以上的中超球员都有微博，很多发生在球员私人生活里的消息被爆料出来，从微博里找新闻已经成为记者们的法宝。2012 年伦敦奥运会上腾讯集中签约的运动员和运动队的微博成为腾讯重要的独家资源。

门户网站增加对微博叙事的掌控。通过微博互动活动，门户网站通过微博界面设置，话题推送，设置浏览轴线等方式共同参与微博叙事。新浪微博在 2012 奥运期间发起了“以微博之力加油”“新浪微博运动会”等互动活动，引起网友的参与热情。新浪和腾讯都通过“#……#”形式推出讨论话题，新浪甚至进行了主动推送，提高话题的参与热度（此应用因“扰民”嫌疑后来取消应用）。腾讯推出“腾讯微博 - 微观奥运”为网友提供数据整合信息，首创 24 小时时间轴来引导阅

〔1〕 徐延．我国网络体育新闻传播历史研究［D］．北京体育大学，2013：44.
〔2〕 2012 奥运仍在 传播在变［J］．广告大观综合版，2012（09）：101.

读，腾讯将微博视为“第二新闻中心”。反映出新浪、腾讯等对新媒体技术的掌控性提高，且主动人性化改进技术应用。

差异化使用时间促使微博使用量的猛增。2010 年南非世界杯中每天第二场球开赛时间是凌晨 2：30，躺在床上刷微博成了最舒服的观赛方式。陈彤透露：阿德大战前微博数量刷到了 3000 万条，多个关键场次微博量太大，造成了新浪微博服务器的频繁宕机。

微博叙事功能多样：微博通过门户网站上微博页面的设置均为各种应用产品预留出空间，奥运金牌榜、奥运资讯等多种信息都会通过多通道模式联通微博，确保用户使用微博时新闻依然能即时到达。针对微博的博主特点与内容特点，对微博进行了分类，将内容层次提升到页面显示层，以瀑布流的形式凸显微博中的精华，便于阅读。另外微博的叙事话语形式多样，可以通过文字、图片、视频等多种符号发表意见，根据腾讯微博提供的数据，腾讯 3 亿奥运微博中，图片（包含文字）、纯文字和视频（包括其他）三种形式的微博占比分别为 49.21%、48.97% 和 1.83%，这被网民形象地称为“微博奥运”传播“有图有真相”叙事[1]。

对话循环叙事模式：伦敦奥运会成为史上首届“社交奥运”，2012 年伦敦奥运会将成为首届对话型奥运。门户网站新闻内容都设置了分享互动，如在新闻页面设有“大家爱看”将微博里相关的信息排列在新闻之后，分享的同时也再一次投入讨论和转发。2011 年腾讯推出微信产品，仅仅 2 年，用户数量就超过了 3 亿，扩展速度惊人，同时网易也推出了易信等相似的移动化应用，对话模式有了更加个人化的叙事模型。在微博、微信对话叙事模式开启的同时，其内容也与移动客户端、门户网站等内容联通，形成了融合化传播平台，内容资源的开发更加开放。

2. 移动平台上的体育新闻叙事

2012 年伦敦奥运会被称为“指尖”上的奥运会，在本届奥运会中，四大商业门户网站都非常重视自己的移动端口的经营。

四大商业门户网站特色化移动叙事平台：2012 年 7 月 15 日，腾讯新闻客户端

---

〔1〕 张绪旺．微博争斗奥运会：数据 PK 仍是主调［N/OL］．北京商报，2012－08－15［2016－01－13］．http：//tech.163.com/12/0815/00/88TLI25U00094MOK.html.

V2.3 奥运版上线，腾讯新闻客户端奥运板块分为要闻、图片、视频和微博四个栏目。保留了“图片标题+小图预览”模式，腾讯奥运版新闻客户端将互联网网页与无线移动网络相结合（Web+WAP），能够通过手机直接观看奥运相关转播与制作内容。“在腾讯，在现场”转播了奥运会开闭幕式和各项赛事，还精心制作了10档奥运原创节目。搜狐除了新闻客户端外，还推出了搜狐奥运2012客户端，其“资讯+阅读”客户端强调阅读舒适与充实，采用搜狐奥运赛事信息系统，与伦敦奥组委对接将全部比赛官方数据全部转化为赛程、奖牌榜、资料库和直播中心四大核心产品，并以最大的互动宽容性分享几大门户的微信、微博。网易移动互联网中心总经理徐诗表示，奥运使用户访问高峰由两点转为多点，访问早高峰提前一小时，用户访问时长增加30%[1]。

移动终端矩阵式叙事系统：门户矩阵向移动矩阵转移，腾讯将腾讯网、腾讯视频、腾讯微博、微信、客户端等十几种移动网络产品的传播矩阵都转移到移动平台上，将“微频道”取代了“话题模式”，争取回媒体的主动权，通过分类奥运新闻信息，如“现场直击”“趣味奥运”等为微博“降噪”，提升微博叙事能力。新闻叙事内容扁平化，以内容为核心，简化设计感将内容层级与交互方式全部设计成平面呈现。

移动终端新内容的转移：新浪体育客户端播出意甲整个赛季视频直播，英超全部视屏直播，西甲关键球队皇马、巴萨全部赛季比赛直播以及欧冠巅峰对决。另外整合了NBA整个赛季视频直播，收罗欧洲五大联赛、足总杯、超级杯、欧联杯、意大利杯、世预赛等几乎全部比赛的文字直播与视频直播点播，配合双解说。并设置开赛、进球等各种观赛应用提醒，将动态新闻、比赛直播、球队资料、互动应用通过手指滑动控制联缀起来。

3. 四大商业门户网站页面改版与叙事层级改变

新浪凸显微博地位，将微博与首页、移动客户端、搜索应用全部打通，导航设计更加整齐，凸显新闻、体育、游戏、财经、旅游频道，首页增加智能推送“猜你喜欢”，新闻栏目采取紧密的三栏设计，保持内容量的同时采取“窄+宽+

〔1〕 陈静．门户网站交奥运“答卷”微博互动吸引眼球［N/OL］．经济日报，2012-08-20［2016-01-15］．http：//news. xinhuanet. com/newmedia/2012-08/20/c_ 123603612_ 2. htm.

窄”的热点突出方式，图文结合的版面设计排列方式提升流畅性，正文采取“视频＋文字”的多媒体叙述话语增强页面互动开放性，增加分享按钮，搜索、登录等增强新浪各种应用的连通性。改版后的新浪将互动应用到更深的内容提供上，根据网友的浏览习惯，将其经常关注的内容提升至网站首页，将页面设计提高到了新的层次。新浪联席总裁 COO 杜红称新浪此次改版是继 1998 年成立至今 15 年来的一次重大变革[1]。2013 年后新浪大幅裁员，将频道分为商业频道、综合频道、新闻中心三大类媒体频道，体育被归入了商业频道。

2013 年后四大商业门户网站纷纷改版，出发点是为了整合门户网与移动终端的内容与应用。腾讯增加了栏间距和行距，采用瀑布流的形式展现新闻内容，左图右题，降低页面密度。

网易 2013 年也进行了首页改革，以“精准化浏览体验”为核心，资讯为主的同时保持网易邮箱、相册等应用优势，凸显有态度的“数独”“跟帖”，挖掘用户阅读习惯。大数据推出“猜你喜欢”，强化差异化内容。网页和移动客户端同时推进改革。

4. 四大商业门户网站体育视频的全面爆发

2012 年以后，视频一直寻求改进的重点领域。

技术驱动下的视频功能开发：2010 南非世界杯期间，网易、新浪、腾讯都为视频进行了时间轴设置，将赛程中的关键数据（红黄牌、进球等）以图示的形式显示出来。腾讯还接入“数据分析大师”软件帮助网友回看关键时刻视频。腾讯尝试将云技术引入视频功能开发之中，打通视频播出平台 PC 端、手机端和 PAD 端，资源存储与控制信息全部联通。加快视频处理和传输速度，将视频技术与 3D 动画融合带来专业技术解析。打通即时聊天系统与视频系统，通过聊天内容的触发，让网友聊天时也随时能收看到关键赛事的视频直播。

原创视频节目大爆发。从 2010 年南非世界杯开始，四大商业门户网站就开始了原创视频的创作，到 2012 年伦敦奥运会，原创视频节目已经成为四大商业门户网站的重点推介内容（表 5－2，表 5－3）。

---

[1] 赵光霞，宋心蕊．新浪网重大改版重视社交，迎接“大数据”时代到来［N/OL］．人民网－国际金融报，2013－04－02［2016－01－15］http：//media. people. com. cn/n/2013/0402/c40606－20993956. html.

表 5－2　2010 南非世界杯三大门户网站原创视频

	原创视频节目
新浪	巨星面对面、黄加李泡、米卢视点、直击探营、世界杯战报、围观世界杯、球迷狂欢节、豪门盛宴、新浪 BTV 赢在世界杯等
搜狐	每球必映、南非观察站、Goal！大牌、巨星对话等
腾讯	文道伪球迷、宏观世界杯、海泉世界波、李明布阵、明帅解盘、巨星零距离

表 5－3　2012 伦敦奥运会四大商业门户网站网站原创视频

	原创视频节目
新浪	冠军面对面、奥运三健客、健翔读报、奥运大郭饭、老梁说奥运、冠军的心
搜狐	巨星对话、巅峰评论、西游伦敦记、奥运早新闻、奥运背后的故事解码奥运会
网易	伦敦十日谈
腾讯	中国茶馆、品蔚英伦、全球探营、金牌第一时间、杯中话风云、奥运父母汇、挑战冠军帮、冲刺伦敦、金牌第一时间、奥运微电影等

平民化视角视频作品开发。《黄加李泡》《球迷狂欢节》《文道伪球迷》等将体育从专业化、锦标化的神坛请下来，走进体育迷的生活，与体育迷的精神追求相接，采取多元观察的视角寻找体育中的娱乐元素，南非世界杯形成了全民看球的空前关注度，大量“伪球迷”的加入正是体育大众化的表现。腾讯将原创视频节目“中国茶馆”为奥运冠军营造出温馨的家庭氛围，让父母为孩子下厨做饭，将高高在上的金牌主题降低到生活化的关爱视角，叙事视角从向上转向向下，向生活。另外腾讯还通过动员欧洲的当地华人组成拍客团，用他们的视角去观察伦敦奥运会，反馈最鲜活、最现场的视频资料。

5. 大型赛事的主题叙事成为四大商业门户网站运行规律

以大型体育赛事为报道周期。研究网络体育新闻的很多学者进行发展阶段划分的时候都采取了奥运的运行周期，这就反映出奥运对网络媒体发展的推进力度。后来单一的奥运主题又增加了世界杯主题，到2010年左右，世锦赛、亚运会、欧冠、欧洲杯、亚冠等等赛事都成为网络体育新闻重点报道的主题，为了这些报道，网络媒体充分开发其新闻报道资源，动用大量的人力物力来寻求这一赛事中影响力的扩展。经过将近20年重大比赛的报道磨炼，基本形成了比较成熟的赛事报道运营模式。

重大体育赛事人员投入的量级不断加大。2000年，新浪、搜狐等为报道奥运派出了十几人的报道团队，这在当时已经是一个相当大的报道力量，随着重大体育赛事在社会影响力的扩张，各大媒体都在不断扩大人力投入，这里包括了专业编辑记者的投入（另有实习等辅助报道力量的投入）、合作媒体采编力量的投入、网民写手的动员，明星专家投入的力量等等各种内容源。伦敦奥运会期间，腾讯派出了150多人的报道团队，200多名运动员在其提示下第一时间通过微博发表伦敦见闻与比赛信息。

新技术的集中应用。在重大赛事期间，直播技术、视频技术、大数据应用技术、产品矩阵联通等各种技术纷纷投入到传播报道之中，意图在重大历史主题关注中争取到更多网友使用者的注意力，并培养使用习惯，建立用户黏性。

凸显版权资源争夺，原创比例增大。网络媒体从采访权的争夺、视频版权的争取再到博客等应用的传播渠道拓展，巨大的传播影响力给传统的信息资源营销系统带来了巨大的压力。奥运会、世界杯等重大赛事已经为网络媒体打开了大门，网络应用等渠道也在网络发展大势下覆盖了体育社会生活的全部领域，仅有内容版权目前是网络媒体争夺的焦点，从奥运、世界杯的重大赛事版权争夺转移到NBA、CBA、中超等常规赛事的版权内容争夺。网络体育新闻发展环境的壁垒已经延伸到版权资源的争夺，成为争取用户最有效的方法。

版权争夺的后盾是原创新闻产品的开发。2010年世界杯期间，腾讯体育每天都要推出独家策划方案，涵盖全部比赛热点、赛事进程与赛事参与者比赛经历。同时派出15人全球探访32强球队，原创新闻1200多条。世界杯开赛期间有50多人的报道团队实地采访。搜狐在伦敦奥运期间推出原创节目150多期，策划七大系列。

采访方式集中创新。2010年腾讯为了充实南非世界杯报道团队，提前两个月在各大高校招聘了100多名实习生加入报道团队。购买足球巨星梅西和卡卡的博客与采访权，组织320人巨大的新闻报道团队倒班制开发巨大的世界杯新闻资源。报道计划中拓展采访范围，世界杯开幕前组织“五大洲国家独家探营”对出现的32支球队进行了独家探访。对记者的语言能力、体育专业素养、新闻报道能力等各方面都提出了更高的要求。此次报道没有停留在体育赛事本身，而是拓展到更广阔的足球文化，体育生活领域。

6. 产品矩阵与移动矩阵体育新闻叙事模式形成

体育新闻产品矩阵极大生发了多元化的叙事力量。2010南非世界杯腾讯矩阵报道“442阵容”——4后卫：腾讯用户、CNTV、明星资源与独家播报；4中场：QQ. com/QQIM/Q－ZONE/SOSO四平台；2前锋：Prozone数据库和“球迷中心”互动产品。并在报道过程中在约翰内斯堡设演播室，在后方由高洪波、马明宇等足球大家“名家评球”，梅西等发布“巨星博客”，评论名嘴与球迷互动，还发动了文娱明星参与世界杯评球。此外搜狐在2012年伦敦奥运会中推出的产品矩阵，囊括了大量视频产品。

移动客户端社交产品矩阵日渐成熟。腾讯将其运营的新闻客户端、微信公众账号、腾讯视频、腾讯微博、QQ等一系列移动产品都融合起来形成移动化产品矩阵，通过移动应用的使用联通与内容的分享传递，为新闻信息的传递提供了更加便捷的沟通渠道，辅助各平台高效利用内容资源，开发丰富的新闻产品。腾讯网副总编辑王永志说，伦敦奥运会最大的不同在于社交应用影响的观赛体验变革，一方面这种观赛体验更加重视娱乐性、故事性，另一方面也对用户体验提出了更高的便捷要求。2012年伦敦奥运会移动客户端开发的成熟使体育新闻叙事理念与传播平台都发生了巨大的变革。

7. 大数据、云计算等技术革新体育叙事方式

2012年为“大数据元年”，这对以数据新闻报道重点的体育新闻叙事产生着巨大的影响。大数据参与叙事，形成了独特的客观视角，从体育专业主义角度传播

体育信息。从运动员运动数据、运动经历、团队战绩到赛时技术统计，大数据开启了观察体育的另外一层视窗。大数据辅助互动更加便捷。通过大数据统计网民的使用习惯，门户网站开辟了“猜你喜欢”、定制赛事等信息内容。通过大数据和云计算等技术的运用，门户网站直播平台嵌入了时间轴等受众自主控制的数据播放平台。大数据与多媒体技术的结合使网络这一融合平台内容叙事增加了更多的可能性与融合产品开发的可操作性。大数据为体育新闻叙事建立了一个极大丰富的叙事场景库，通过资料的积累为每一次新闻报道提供了巨大的资源支持。

腾讯在 2014 年巴西世界杯中采用了专业的数据分析系统，通过精确的时间轴控制使网民便捷地“控制比赛进程”，并对进球、控球等多个赛事数据进行跟踪、对比提供给观赛网民。通过引进欧洲 Prozone 数据库，腾讯提供了数据技术统计的即时查询，并开发出多媒体数据产品。搜狐则将球员、球队等更多的相关资源统合起来，加上赛事技术统计，赛后数据汇总等使网友对 64 场比赛都有了精准专业的掌握。

腾讯模式的成功与新浪模式的再出发。腾讯公司以即时通讯起家，2003 年正式进军门户网站领域，在 3 年之内便进入到门户网站影响力的前三名，四大商业门户网站也由此定名。在多年来的新闻竞争之中，腾讯始终坚持以用户渠道作为经营发展的中心，以用户为中心开拓内容增值和应用产品的开发，在持续产品与资源竞争中，腾讯逐渐超越新浪等老牌门户，在用户到达率，产品多样性等方面取得了突破性进步。2014 年新浪总编辑陈彤的出走也让世人评价说是“门户”的终结，与其说是门户的终结，不如说是看传统门户新浪如何在移动网络时代重新焕发生机。陈彤出走小米科技之前，新浪内容部门就已经开始了产品化改革，无论如何，体育依旧是新浪重点，同时也在网络媒体产品中居于中心地位。

重大赛事模式转向常规赛事全面开发。腾讯体育和新浪体育都纷纷提出，在后奥运周期乃至未来的赛事报道中会将注意力从重大赛事转向中超、CBA、NBA 等常规性的高水平赛事关注，腾讯体育更提出要成为互联网界的 ESPN。新浪在 2012 年结束了与中国奥委会的合作后也转向了体育新闻报道和职业体育赛事的营销。两大巨头的转身预示着未来体育新闻叙事主题将从宏大赛事主题向日常赛事生活拓展。腾讯更加明确的提出要在大众体育中开发出更多的人文关怀内容，吸引更多大众参与者加入体育传播。

技术发展推动体育新闻叙事模式的发展创新。大数据技术、媒介融合技术以及移动网络技术推动了网络体育新闻叙事模式不断变革。网易移动互联网中心徐诗就提出了目前移动终端开发的瓶颈在于多屏互动尚未实现，定制内容开发尚且不足，公民新闻与专业媒体的新闻生产融合性不足，大数据运用尚处于持续开发阶段等，这些方面既是新技术运用遇到的应用瓶颈，同时也反映出技术与内容人性化开发过程中的衔接难题，进而反映出未来媒体技术发展的方向。

第六章 四大商业门户网站体育新闻文本叙事发展特征

从文本出发考察叙事是经典叙事理论的重要研究对象与方法。文本是新闻叙事话语的具象化，是叙述故事（内容）与叙述的方式，通过这种自下而上的分析逻辑能够从叙事成果中反推出叙事的逻辑与目的，从而更加扎实而深刻地理解叙事背后的意图和规律。

四大商业门户体育新闻文本考察的是自 1996 年—2015 年共 20 年的网络体育新闻文本，鉴于对新闻核心事件的辅助功能与贡献形式，本研究的新闻文本对象不限定为狭义的新闻消息，而将所有页面显示的有关体育新闻的全部内容都作为具体叙事元素加以考察。以自然月为间隔，选取保存历史网页的自 2001 年—2015 年共 15 年的网页文本抽样为对象，分析网络体育新闻的叙事者分布、叙事结构、叙述话语呈现样态与流变特征，具体分析指标如表 6－1。

表 6－1 四大商业门户网站体育新闻叙事文本分析指标分布

一级指标	二级指标	三级指标
叙事者分析	横向内容叙事者角色分布	组织媒体角色、网民参与角色
	历时性叙事者角色分布	组织媒体角色、网民参与角色
叙事结构分析	路径层级分析	导航层级结构、首页层级结构
	文本叙事结构	微内容核心叙事、微内容纵向分析、微内容横向分析

续表

一级指标	二级指标	三级指标
叙事话语分析	叙事符号语言分析	叙事符号结构分析、叙事表现媒介分析
	叙事视角分析	编辑全知视角、人物限知视角
	叙事时空特征分析	叙事时序、叙事速度与叙事频率分析

第一节　多元化的体育新闻叙事者

网络中的叙事者呈现出碎片化，融合化的特征。“编辑功能的凸显是网络新闻叙事区别于其他媒介新闻叙事的典型特征之一”[1]。网络体育新闻与时政新闻略有不同，重大赛事中网媒已经获得了采访资格，因此网络体育新闻的叙事者由记者和编辑共同组成。在网媒中记者和编辑构成专业的新闻叙事者，2005 年网络编辑已经成为新的社会职业，由国家出台了正式的工作标准：《网络编辑原国家职业标准》。网络编辑记者们把控着网络新闻的基本框架结构、叙事逻辑与话语控制。与传统媒体新闻创作不同的是，编辑记者们把控的不再是一个完整的新闻作品，而是共同创作的网络文本、专题乃至频道。

一、四大商业门户网站体育新闻叙事者的横向角色分布

网络体育新闻的叙事者们受到了新闻源的影响，使其网络体育新闻作品带有一定的倾向性（意识形态），网络体育新闻记者编辑与网民之间、网民与网民之间

〔1〕 华进．云之话语，钟之逻辑：叙事学视域下的网络新闻研究［D］：华中科技大学，2013：43.

形成交互参照的共同创作关系，网络体育新闻编辑与网民共同受到计算机网络语言的影响，通过人机交互形成有效叙事，因此网络体育新闻叙事者有着复杂的创作背景和机遇，在各类网络体育新闻产品中体现出不同的叙事者及其融合创作方式。

总体说来四大商业门户网站体育新闻叙事者角色分布包括：

组织媒体角色：本网记者/编辑，合作媒体、合作组织等。

网民参与者角色：运动员、专家、草根网民等。

（一）不同类型网络体育新闻体裁的叙事者分布

消息类新闻的叙事者有本网记者/编辑、合作媒体、体育组织及部分网民。其中本网记者/编辑、合作媒体和体育组织是此类新闻的主要创作者。在官网或官网消息中，体育组织提供通告，网民以“网络写手”的形式或在社交平台上提供非专业性信息。

评论类新闻的叙事者为合作媒体、网民等。鉴于网络新闻生产力量的不足，符合新闻专业要求的评论主要来源于传统媒体培养出来的骨干创作力量。四大商业门户网站等网媒发展壮大的同时也将这些骨干力量通过引进的方式纳入到自家创作队伍中来，但这些人的创作背景始终来源于传统媒体的培养。如黄健翔、董路、李承鹏、颜强等等。这些投入到网络体育新闻中的名嘴名家都有着传统媒体的从业经历并从其中培养出深厚的评论功底。网民参与评论对网络体育新闻评论有着重要的贡献作用，网友老榕的“10.31：大连金州没有眼泪”引起传统媒体对网络体育新闻的重视，创造了24小时内2万人次的阅读量记录。众多网友参与的论坛、评论、博客、微博等集体构成了网络体育新闻评论中最有魅力的交互内容生产。由文体明星和媒体专家组成的评论力量更是网络体育新闻评论中的亮点和招牌。

背景资料的叙事者主要为本网编辑/记者、合作媒体、体育组织等，鉴于新闻报道的结构与服务网友的需求，资料类网络信息成为网络新闻报道中必不可少的叙事元素。网络中相关新闻、专题等延伸内容一般都是具有专业性的新闻作品，由记者、编辑来积累并链接起来。具有严格版权限制的背景资料和数据等则来源于体育组织及其授权软件的使用。

体育产品营销信息：本网编辑/记者与商业组织共同经营，一方面为网媒提供营销利润，另一方面提升网媒品牌质量。如新浪的耐克竞技风暴、搜狐的阿迪达斯赞助、网易的李宁态度以及腾讯的361多一度热爱。

（二）不同体育项目网络新闻的叙事者分布

国内足球、国际足球、综合体育等大项来源主要是媒体合作，四大商业门户网站都有联合媒体如“捷报联盟”等，利用具有采访资质的众多媒体尽量争取采访能力与资源，保障网络新闻的充足与全面。

国际版权的大型赛事主要是媒体与赛事组织叙事，如世界杯、奥运会、英超、德甲、NBA、F1等。赛事新闻来自本网记者/编辑的采访与整合，还有官方组织的通报。如2008年搜狐成为奥运史上第一个网络赞助商，腾讯承办FIFA、FIBA、CBO、CUBA、队报官网等，另外还有中国乒乓球队、举重队、游泳队在腾讯建立出征奥运的站点。

多年来激烈的媒体竞争与同质化泥潭使四大商业门户网站越来越重视原创新闻的生产，通过争取人力、物力、版权资源等扩大原创内容的规模与质量。

（三）不同终端四大商业门户网站体育新闻叙事者的构成

在上文叙述的四大商业门户网站体育新闻传播历史分期中可以明显地看到传统门户时代与移动传播时代的分野。在传统门户网站壮大过程中，以网站内容建设为主要任务，虽然也有网友评论，甚至博客的自媒体工具，但还不足以打乱门户网站新闻生产的内容影响力，占据传播的主体地位依然是由网媒记者/编辑，因此有学者将其形象地称呼为“新媒体时代的传统媒体”。因此，起到决定性作用的叙事者为网媒编辑、记者。

移动传播时代的新媒体真正发挥出了网络的连通性与交互性，微博微信让网友成为真正的信息传播来源，大V动辄几百万的粉丝数量，传播能力惊人。政府、网媒也纷纷开设了微博、微信公众账号等，抢占舆论高点。移动客户端也在打通门户网站内容的同时注重网友评论、内容定制等交互性功能的开发。2015年微博体育相关话题阅读量1380亿，用户覆盖量达1.96亿；体育类相关话题讨论量4157

万，共有1623万人参与了体育话题的讨论[1]。移动互联网时代迎来开放文本写读者们的到来[2]。

二、四大商业门户网站体育新闻叙事者纵向分布特征

网媒经历了从WEB1.0到WEB3.0的时代，技术发展的过程带来了交互能力的不断提升，因此门户网站体育新闻叙事者的分析可以遵循纵向的时间顺序。Web1.0时代是内容浏览时代，因此叙事者以网络新闻记者编辑为主体，Web2.0时代是博客时代，网民有了创作的可能，但就信息发布的参与与到达效率上尚未达到构成新闻传播主体的地步。直到Web3.0的微博时代，人机共同叙事的技术基础已经具备，网民们成为新闻叙事中重要的话语来源。

（一）1996.6—1997.10：热爱体育的技术网民成为最初的叙事者

以“体育沙龙”为主要传播阵地的四通利方体育新闻发布主要是由网友互动，自发传播一些赛事结果和评论，因此叙事者主要为先期投入互联网的技术网民。网民的上网目的主要是获取信息，因此BBS中的留言板仅以信息发布为主要目的。

（二）1997.11.20—2004：门户网站崛起时代流水线般工作的叙事者

1997年11月20日，四通利方正式成立“体育频道”，陈彤任第一任编辑，“BBS”积累了网友和影响力，成立体育频道让他们有了大施拳脚的机会和空间，体育新闻从自发走向了自觉，由陈彤带领的新浪体育开始了对网络体育新闻的领导型指引。

体育赛事直播理念：从“论坛时代”陈彤就一直在追求体育新闻的第一时间传达，为此不惜通过国际长途电话向海外网友询问比赛信息。网友们知道在四通利方的体育沙龙能获得最新的赛况比分，便蜂拥而至，甚至造成了网络的一度崩

---

〔1〕 2015年微博体育白皮书. http：//news. duote. com/38/112484. html.

〔2〕 写读者，又称“合一作者”co－writer。被动的读者由于叙事者传受关系的转变二成为作者的一部分，接收叙事的人与叙事者身份合一。——华进. 云之话语，钟之逻辑：叙事学视域下的网络新闻研究［D］. 华中科技大学，2013：44.

溃。体育频道成立以后，国际部有了专职编辑，陈彤成为中国第一个网络体育编辑，对赛事的直播成为网络体育新闻的首要任务。

24 小时滚动更新理念：“法国 98 足球风暴”首创 24 小时滚动报道模式，每天站点点击率超过 300 万，这种更新模式让新浪比传统媒体消息快 12 到 24 小时，帮助新浪抢到了最初一批网络体育迷。陈彤同时要求所有编辑每天 24 小时录入、上传、更新内容，这种工作方式被戏称为“劳动密集型产业”。

体育新闻采编规范：在陈彤的严格管理下，新浪例行了“快速、全面、准确、客观”的八字编辑方针，并严格规定新闻标题写作要求、新闻上传规范等。“新浪模式”对网络体育新闻乃至整个中国网络新闻生产都起到了先锋规范作用。

（三）2005—2008：联合报道与草根力量的勃兴

四大商业门户网站体育新闻的报道能力与规模已经构成了匹敌之态，激烈的媒介竞争中，联合已经成为必然之选，且博客作为 Web2.0 时代的主要技术引导，成为影响网络体育新闻的重要力量，四大商业门户网站纷纷吸收网民博主们的创作，“拉拢”名人开博成为重要的报道策略。这在 2008 年北京奥运网媒报道中表现得淋漓尽致。

媒体联合报道：2008 年奥运会的版权之争促使三大门户展开了大规模的联盟合作以抵消搜狐的版权之利。2008 年 7 月 19 日新浪、网易、腾讯宣布组成“奥运报道联盟”，网易联合了 70 多家报纸、16 家电视台和 9 家广播电台组成媒体写作阵容，这是首次由互联网新闻媒体牵手并涵盖三大传统媒体的庞大联盟。搜狐与新华社签订独家体育专线合作，并于央视等 12 家卫视、35 家平面媒体、近 80 家华语电台构建奥运媒体联盟。这样的联合力量是四大商业门户网站北京奥运会的报道量与覆盖范围大大提高，成为网络体育新闻报道的一个顶峰。

版权授予之下的网媒与体育组织的联合报道：搜狐正式成为北京 2008 年互联网内容服务赞助商，这是百年奥运历史中的网络媒体的重大突破。这份殊荣使搜狐能够承办 2008 年北京奥运会官网，优先发布官网信息，独家接入奥运官方信息系统——INFO2008，奥运会官方新闻服务系统——ONS，另外还有 CIS 系统（比赛评论员系统），领先其他网媒至少 60 秒的播发速度，特殊的赞助商身份也使其获得了奥组委、北京市政府等重要的合作资源。搜狐在本次奥运会中将网媒和版权之便发挥得淋漓尽致，搜狐体育的影响力大大提升。

体育博客草根参与奥运创作：2002 年博客进入中国，2005 年新浪推出了“博客”应用，以名人开博为契机很快成为中国博客第一品牌。2008 年被誉为草根博客年，国际奥委会历史正式批准运动员和官员在奥运会期间写博客，北京奥运会上草根博创作成为第一代 UGC[1]。

（四）2009 -2015 网媒原创与体育迷的狂欢

从抽样结果来看，四大商业门户网站体育新闻的原创性总体上逐年提高，到 2013 年后绝大多数新闻内容为本网原创。非本网体育新闻来源主要来自于合作报刊、新华社等（表 6 -2）。

表 6 -2　四大商业门户网站首页体育新闻抽样文本来源（原创/非原创）　单位：篇

	01	02	03	04	05	06	07	08	09	10	11	12	13	14	15
新浪	3/1	7/5	3/6	7/5	8/4	12/0	8/4	9/3	11/0	11/1	8/4	8/4	11/1	12/0	10/1
搜狐			4/8	7/5	9/3	9/2	8/4	7/5	11/1	12/0	9/3	11/1	10/2	11/1	11/1
网易					6/1	9/3	11/1	11/1	12/0	10/2	11/1	12/0	12/0	11/1	12/0
腾讯					1/1	10/2	9/2	10/2	9/3	11/1	7/4	12/0	11/0	12/0	12/0

2009 年以后被称为后奥运时期，经历 2008 年内容建设的高潮后，网络体育新闻生产开始寻求新的发展动力，表现在版权资源、移动终端的竞争发展。这段时间腾讯体育异军突起，通过大量版权的购买进行差异化原创内容生产，并借助原有的 QQ 客户资源开发移动客户端，用户新闻生产技术支持日渐成熟，网民狂欢式的体育新闻生产日渐火爆。

2009 年微博诞生开始，自媒体成为体育版权防范的重要对象，“想说就说”的自由无人管制，不得在“组织纪律”方面着手，限制自媒体的“随心所欲”。例

〔1〕 UGC：User Generated Content，用户原创内容，伴随 Web2. 0 时代兴起［N/OL］. 百度百科［2016 -01 -15］http：//baike. baidu. com/link？ url = f0YygCZcG2W1nKqK4QM4uJSVrxoPMelwNNzMUsj5OlW5oFp61s9cH8Hepjo899kKuccVoq6_ wMpGjEJ_ PzDvGPHfbgwTB_ fPHYacuS0MueW.

如，观众可以用智能手机对赛事进行摄录，但内容不允许被上传到公共网站上；奥运会志愿者使用社交媒体时不可以向公众透露其服务的位置及相关图像，也不能披露他们因职务关系而联系上的各国运动员、名流和高官的任何信息。[1]

第二节　四大商业门户网站体育新闻叙事结构发展分析

根据经典叙事学分析结构，通过“故事”（story）”和“话语”（discourse）两个层次来理解叙事作品，即为叙事作品的内容结构和内容的叙述。叙事的意义大体取决于两者的相互作用。“故事是指作品中被叙述的基本素材，它受到时间及各种逻辑的制约”[2]，在网络新闻叙事中，故事即为新闻事件，受到网络传播属性的影响，网络新闻结构天然具有层级路径属性，在层级之间的逻辑结构关联是对新闻核心事件的补充，由此可以看到通过复杂情节不断充实形成的新闻故事。

一、四大商业门户网站体育新闻叙事层级结构演变

导航形式从单一到复合，形成了导航的多层级形式，根据热点赛事的举办时机推出复合导航，根据不同项目群形成集纳式导航，根据服务方式不同提供功能性导航，在四大网站都有所体现。

---

〔1〕 微博成奥运报道新方式 奥组委为其立规矩 | 微博 | 伦敦奥运 | 社交媒体_ 新浪新闻 2012 年 07 月 24 日 11：43　中国新闻出版报

http：//news. sina. com. cn/m/2012 – 07 – 24/114324834247. shtml.

〔2〕 华进．云之话语，钟之逻辑：叙事学视域下的网络新闻研究［D］．华中科技大学，2013：49.

（一）导航首层入口：新闻体裁、项目、重要赛事为中心横向铺开延至重大新闻

具体的网媒新闻页面可以参看图 6 - 1，这是简单的三层超文本新闻结构，首页通过设置导航（目录）——新闻标题目录（专题）——新闻全文（新闻正文页）。以综合性网站为例，简单的三层超文本结构可以设定为首页新闻导航目录（导航）——新闻版块标题目录（标题列表）——新闻正文。根据网页新闻内容复杂性的不同可以增加层次。以新浪体育为例的导航超文本结构模式设置如图 6 - 1。

图 6 - 1　新浪导航层级路径图

从图 6 - 2 的结构模式中基本可以总结出网络体育新闻的基本导航结构为：

新闻体裁分类——内容列表——正文
项目分类——赛事专题——分项列表——正文

图 6 - 2　网络体育新闻的基本导航层级

新闻体裁分类包括滚动新闻、图片、评论等，项目分类包括足球、篮球、排球等，组织官网包括各体育组织官网和商业设置等，重要赛事即指世界杯等重要赛事的导航指引。导航链接层次较为简单，为三级或四级层次。在此之后亚运会、冠军杯、联合会杯、意甲、英超陆续增加到首页导航中来，新闻类型中的专题、访谈出现在导航之中。这个模式基本保持到 2003 年 1 月 1 日，增加了多级导航 NIKE 冠名的俱乐部、球星、运动队以及游戏，并增加 CBA、NBA 赛事关注，球队（明基新浪狮）第一次出现在首页导航中（图 6 - 3）。2003 年增加了互动活动（红

塔激情攀越哈巴雪山、激情足球会等）出现在导航中。2004 年出现重要新闻登录首页导航（例如：国安罢赛等），2005 年 1 月导航出现赛事数据（比分直播、数据库等），2007 年导航出现赛事直播（欧冠直播）。其他三大门户导航与之类似，从单行导航到多层级导航，主要围绕上文四个方面：新闻体裁、项目、组织官网、重要赛事进行分层，有重大突发新闻也可增加简要标题置于导航之上。

图 6-3　NIKE 新浪竞技风暴 2003 年 1 月 1 日 21：00 导航截图

网易体育导航在 2009 年设置摘要导航提示，搜狐、腾讯等在重大赛事导航中设置了网页皮肤的定制，导航入口设置日益丰富之下不仅出现了多级导航，也出现了折叠导航，如将各类国际足球赛事、奥运会项目、金牌等设置成下拉菜单，加大导航的内容导入力度。

（二）超链接贯通路径：以导航主导，内容层上浮，链接入口日益丰富

网络的超文本结构使网络新闻可以与网络结构中的任意层次链接，为了保证首页窗口的吸引力，下层的新闻内容通过超链接的方式嵌入进来，这样，首页就成为网络新闻阅读路径中非常重要的入口。就网络阅读的非线性与交互性来说，首页的路径介入甚至比导航路径更容易引起读者的注意。通过抽样观测了有历史网页存档的 15 年首页，可以分析出首页入口的日渐丰富，链接形式也更加多样。

首页链接是进入内容阅读的重要通道。首页窗口中基本通过摘要列表的形式设定内容阅读入口，主要入口包括焦点新闻（包括新闻、图片、互动热帖等）、赛事项目进程列表、资料列表、组织列表、搜索和调查列表。不同的内容通过不同叙述角度、话语符号等在页面有一定的关联重复，如新浪中的博客内容，既有博客入口，也以热帖的排行，专家观点等方式排列在首页上，增加主推应用的点击率，提高使用黏度，丰富网页内容视角等。

首页内容扁平化入口发展趋势。通过观察四大商业门户网站体育新闻频道的

常规页面，2012 年以前的页面都采取传统门户风格，大量的新闻内容排列，以获取内容的阅读机会。从 2012 年起，腾讯、搜狐、新浪陆续开始采用瀑布流的形式，凸显热点新闻，版面设计上随滚轮滚动垂直分栏，内容设计形式工整流畅，内容显示更加轻盈，扩大图片显示面积，增加栏间距和留白。根据网站内容的推广增加定制窗口，搜索入口以及重点应用推广。

文本层面设置关联阅读、互动参与、推荐链接等内容应用入口。链接方向包括新闻文本、专题、评论、图片、视频、博客、微博、社交应用、移动客户端等，链接内容层次丰富，在关联视角内可以通过新闻正文文本层面链接到网站的任意内容层中去。文本层面超链接也存在重点推荐，即网媒推荐的热点应用与热点新闻等，可以通过关联阅读与推荐阅读的方式多次重复的进行链接。文本末设置返回按钮，如网易体育新闻正文页末端增加了返回网易首页，体育首页和网易彩票的返回链接。在网易和新浪的部分新闻正文中，由于从属于某专题的新闻正文，还在正文上方设置有专题的导航与赛程赛果等链接入口。

关键词资料性增强，渗透到多个层面。关键词链接对象包括相关新闻、明星资料库、相关专题等。关键词主要是新闻中的重要人物、重大赛事等，点击关键词则链接到相关新闻，对网络体育新闻有一定的背景解释作用。搜索功能不断完善后，新浪的关键词不再显示在新闻文本之中，而是以新闻内容的关键词作为相关阅读的关联依据，融进阅读内容层次中。

（三）移动端口叙事路径：热点与优势应用优先，滑动阅读定制内容

入口设计重点需求与优势应用兼顾：以 2012 年四大商业门户网站新闻客户端奥运版为例，普遍涵盖新闻、图片、视频、金牌榜、中国、项目直播。结合门户奥运传播特色，客户端都分别设置了优势应用的入口，如新浪和腾讯客户端首页设微博入口，新浪和搜狐设立运动员资料入口，网易设游戏入口。

水平与垂直阅读滑动顺序：在页面之间选择阅读通过滑动屏幕的↑↓选择阅读内容，并辅以目录快捷菜单。放弃点击的阅读触发方式，互动选择更加便利。通过搜索方式定位。以网易 2012 年新闻客户端奥运版为例，首页呈现新闻、图片、视频、直播四个菜单主项，新闻项中呈现要闻、策划、专栏中国、订阅、项目、金牌榜、赛程赛果。左右滑屏出现定制功能，选择优先定制阅读顺序：可定制内

容体育明星、体育赛事、体育项目等。

疏离化阅读体验：四大商业门户网站体育新闻移动客户端在导航设计上与门户网站导航类似，但项目要少很多，主要是概括性的要闻、专栏、项目、视频、直播等，各板块间隙设计要比门户网站更加松散，便于移动中的手指操作与可视化阅读。互动式阅读。例如网易移动客户端设置“跟帖大楼”，形象化地唤起读者参与热情。

平板电脑版本较手机版本内容更加细致，增加发布时间和新闻源，但缺少订阅功能，所以是突出时效性，相对交互性弱一些（图6－4，图6－5）。

图6－4　网易新闻客户端奥运版手机端截图

图6－5　网易新闻客户端奥运版IPAD版截图

二、四大商业门户网站体育新闻文本叙事结构与逻辑关联分析

（一）四大商业门户网站体育新闻核心微内容叙事分析

根据上文提到的网络超文本结构中微内容的横向层次与纵向层次关联，首页标题是核心中的核心，是网络新闻中的核心叙事，可以依据新闻叙事的分析方法对其进行动词配价分析、词性转化和句式分析，以发现其中隐藏在文字背后的意识逻辑。

1. 核心叙事体育项目偏重依次为足球、篮球、奥运、网球、乒乓球等

从项目分布来看，四大商业门户网站体育新闻的核心报道项目为足球、篮球、奥运、网球、乒乓球等，这些项目在四大商业门户网站分布趋势相对一致，在奥运新闻方面，新浪、搜狐较网易、腾讯关注得多，搜狐在网球项目上较其他三家门户关注得多，其他项目关注上没有显著差别（表6-3）。

表6-3 四大商业门户网站首页体育新闻标题项目分布（2005—2015）

	足球	篮球	奥运	网球	乒乓	羽毛球	排球	冰雪	游泳	田径	围棋	斯诺克	其他
新浪	49	36	14	4	5	0	0	0	0	3	0	0	4
搜狐	51	21	11	10	7	2	5	2	5	3	2	0	6
网易	45	52	1	5	1	0	2	0	2	3	1	0	0
腾讯	51	28	4	6	5	0	2	1	3	4	1	1	2

从项目关注的年份看来，足球、篮球分布较为均匀，始终保持数量上的高位，奥运、乒乓球新闻在奥运年中出现较多，田径、游泳在近几年中略有显现（图6-6）。

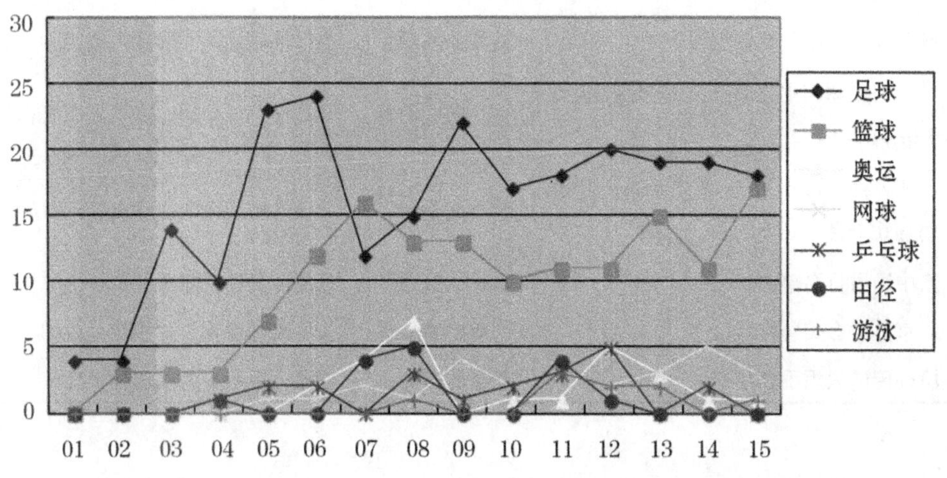

图6-6 四大商业门户网站体育新闻微内容核心叙事体育项目分布

2. 行动元总体较为完整，存在隐藏政府机构、媒体、新闻源等施动者的现象

通过采用动词配价的方法（具体概念在前文“4.2.3 新闻叙事话语”）对四大商业门户网站抽样的核心叙事文本进行分析，发现动词配价相对完整，施动者与受动者较为齐全，但也存在部分文本缺乏政府机构、媒体、新闻源等施动者，表现出隐藏政府行为、媒体意图和弱化新闻源的制作意图。状态元配价不够完整，大部分核心叙事文本都缺乏状态元，表现出对主体叙事状态等描述不足的现象，反映出网络体育新闻以动态、消息为主的特征。

隐藏政府机构的行为，意图遮盖政府机构对体育活动的控制和影响，摆脱责任掩盖事实等。例如表 6－4：

表 6－4　四大商业门户网站体育新闻核心微内容抽样政府机构缺省分析

标题	隐藏内容	目的
海德遭买断　CBA 或是最好出路	买断的施动者	隐藏控制转会的机构
最牛罚单！山东球员被禁赛 10 年	禁赛的施动者	隐藏政府的惩罚施动行为
金球奖揭晓　梅西荣膺创两大历史	揭晓的施动者	凸显金球奖，隐藏评选机构
2016 里约奥运会徽揭晓　抽象人形组成面包山	揭晓的施动者	凸显会徽揭晓，隐藏设计机构
奥运抽签　中国男篮遇西班牙	抽签的施动者	凸显抽签结果，隐藏控制机构
马刺因轮休四主力遭重罚 联盟开 25 万美元罚单	重罚的施动者	凸显马刺的错误，隐藏处罚机构
山西外援马库斯被查 吸食大麻遭篮协禁赛 6 个月	调查的施动者	凸显外援马库斯，隐藏管理机构
新中国男排名单出炉	出炉的施动者	凸显新名单，隐藏名单评选机构
北京奥运会奖牌样式公布	公布的施动者	凸显奖牌样式，隐藏设计机构
境外传递火炬手产生	产生的施动者	凸显火炬手，隐藏选拔机构

续表

标题	隐藏内容	目的
郑洁赛前申请退赛遭拒　郑洁带伤上阵终酿恶果	遭拒的施动者	推脱拒绝的责任
伯明翰预埋球世锦赛推迟	推迟的施动者	隐藏推迟的目的和责任
残奥金牌教练拒交奖金 被停职 4 次催款	拒交的受动者 停职的施动者	回避征收费用的现实 隐藏处罚的责任方
伦敦在居民区设防空导弹保奥运	设、保的施动者	政府对赛事的管理控制

从上面统计中可以看出，隐藏政府或机构的目的一方面是为了凸显新变化，另一方面则是降低政府的管理责任与控制意图，这在体育新闻创作中很常见，但在隐藏之后，读者就不容易注意到或者降低了对这个施动者的注意，由此政府或机构就能够通过控制体育活动来影响关注体育的人们。另外还有减弱施动者关联的如“两名黑哨中间人 被足协严惩”就通过被字句强调受动一方或其他细节，来弱化施动者对其的影响。

隐藏媒体降低新闻主观性，隐藏媒体猎奇的目的也在抽样案例分析中得到显现，通过省略动词的行动元，隐藏媒体关联，实现上述目的（表6－5）。

表6－5　四大商业门户网站体育新闻核心微内容抽样媒体缺省分析

标题	隐藏内容	出发点
足坛太太团豪大 PK 宾利加宝马艳压群芳	PK 的媒体施动者	掩藏猎奇目的
杜兰特手术成功　预计 4～6 个月康复	预计的施动者	防止体现媒体主观性
东京申奥女主播获日本最佳着装奖 曾曝不雅视频	曝光的施动者	隐藏猎奇目的

续表

标题	隐藏内容	出发点
申花董事打夜店女被证实	证实的施动者	强调证实结果，隐藏猎奇目的
新一任足协主席曝光	曝光的施动者	凸显新任足协主席
揭秘中国女子乒乓球队惨败缘由	解密的施动者	防止体现媒体主观性
体育明星评选揭晓	评选、揭晓的施动者	隐藏媒体对体育的引导
四英超球星姓名被公开	公开的施动者	隐藏猎奇目的
国脚调查	调查的施动者	隐藏调查目的
国脚触电 搭档超女何洁	触电的受动者	凸显国脚触电，弱化媒体关联
对话大郅	对话的施动者	凸显平等，隐藏媒体因受众入场
揭秘北京奥运会奖牌“金镶玉”诞生	揭秘的施动者	凸显金镶玉诞生，弱化主观性

新闻源缺失降低新闻真实性，通过“曝”“揭秘”一类词强调内容的突发与反常，弱化新闻来源、新闻真实性（表6－6）。

表6－6 四大商业门户网站体育新闻核心微内容抽样新闻源缺省

标题	隐藏内容
曝火箭参与三方交易追小奥	新闻源
曝中国女排主教练王宝泉下课几成定局	新闻源
曝刘健年薪超300万梅方过百万 恒大中后场将瘦身	新闻源
曝续约因许家印出马	新闻源
曝贝帅铁定告别利物浦 安胖：他将会在尤文成功	新闻源
曝特里被交易至火箭 世界杯－美国胜土耳其21分	新闻源
曝国青男足5主力年龄造假	新闻源

强调运动明星、比赛结果、显著变化、重大意义等显著价值，忽略关联元素。

四大商业门户网站体育新闻中强调媒体认为的价值所在弱化相关行动元实现凸显和对比，具体分析如下表6－7。

表6－7　四大商业门户网站体育新闻核心微内容抽样新闻元素缺省分析

标题	隐藏内容	原因
中国足坛1周3袭裁判 足协不出重拳难有威慑力	袭的施动者	强调行为发生整体，忽略个体
独家：电影院直击国家德比 球迷辱穆帅不如看戏	直击的施动者	强调直击的环境，忽略普遍的施动者
五月体坛饕餮盛宴：刘翔七步上栏 乒羽强势出击	出击的受动者	强调刘翔、乒羽的著名，忽略具体行为
斯特林遭重罚	重罚的施动者	强调斯特林重罚的结果，忽略原因施动
舍甫琴科正式登陆斯坦福桥 定下蓝军双冠目标	定下的施动者	强调前半段新闻显著性及其影响，忽略具体施动者
开拓者13连胜被终结	终结的施动者	强调连胜结束，忽略具体施动者
郑智英冠赛季首秀　查尔顿告负	告负的受动者	强调失败与首秀对比，忽略具体施动者
八一主场五连败　阿的江下课?	败的受动者	强调八一主场连败结果，忽略施动者
姚明静待孩子出生　或入美国国籍	入籍施动者	强调姚明等待孩子，入籍主语混淆
北京五连胜　仍领跑	胜、领跑受动者	强调领跑地位，忽略弱势对象
梅西3球　阿根廷3－1胜	胜的受动者	强调梅西、阿根廷胜利，忽略失败者
大郅最后1秒绝杀遭质疑 网友截图录像摆证据	绝杀的受动者	强调绝杀行为，忽略绝杀的对象
波什准绝杀	绝杀的受动者	强调球星绝杀的行为，忽略对象
斯特恩卸任	卸任的受动者	强调斯特恩与卸任行为，省略受动

续表

标题	隐藏内容	原因
许尔勒诡异破门	破门的受动者	强调破门行为，忽略失败者
曼联天才转会　为董方卓让路	转会的受动者	强调转会行为，为董方卓提供机会
中超－长春 2－2 战平申花继续领跑	领跑的施动者	强调成绩，导致领跑施动者不明
易建联准两双雄鹿惨败	失败的施动者	强调得分与惨败对比
西班牙夺冠　问候四川灾民	夺冠的受动者	强调夺冠结果
易建联 12 分篮　网客场告负	告负的受动者	强调得分与惨败对比
孙悦不打夏季联赛　恐被裁	恐的施动者	强调被裁的结果，造成恐主语混淆
新主席正式上任	上任受动者	强调新主席，忽略上任岗位
英超亚洲杯－国安 0－2 完败垫底	完败的受动者	强调失败垫底结果，忽略原因
曼城爆冷 0－1	比赛对象	强调爆冷输的结果，忽略对手
［独家］伊涅斯塔　宣言必胜	对话对象	强调球星宣言，忽略对手
皇马连续 3 次半决赛出局	出局的场域	强调皇马多次出局结果，忽略具体比赛
“咬人”门后苏神首次公开道歉 保证不会再犯	道歉的对象	强调球星道歉事实，忽略道歉对象
丁俊晖 1 分饮恨	饮恨的场域	强调 1 分惜败，忽略具体比赛
不要迷恋郭	迷恋的施动者	强调迷恋结果，忽略一般施动者
小德横扫晋级	横扫的受动者	强调“横扫”，省略失败的对象
北京国安下周正式改名	改名的受动者	强调改名的事实，省略改名结果
鲁连平分秋色	平分的受动者	强调平分之态，省略了赛事
直通赛刘诗雯遭遇首败 更换球板需比赛进行磨合	首败的施动者	强调刘诗雯失败 忽略普通对手

从上述案例分析中可知，四大商业门户网站体育新闻中都存在着强调重大价值忽略普通价值，强调普遍意义忽略个体存在，强调显著成果忽略过程细节，强调著名人物忽略普通人物的现象。通过弱化行动元，能够看到媒体想要凸显的显著性元素，由此能够看出对新闻价值的追求与体育新闻中对体育明星的显著成果或者失败忽略关联因素，强调比赛结果忽略原因与关联因素等。

3. 词性转化中主要呈现行为概念化和赛事结果动态化两个方向

新闻标题中名词化是经常出现的词性转移，这种转移的结果是造成“钝性”，由此改变施事功能的抑制，以及对应用此方式的人物意志力量的削减[1]。动名词作主语为概念化转化，缺乏施事与受事动态，从特别转化为一般，具有天然的“神秘化”色彩，由此限制读者的深入思考。

名词转换为动词词性，则在原有描述状态的基础上增加动感，强化新闻叙事的主动性。

从表 6 - 8 中提到的动词转化为名词，“诞生”“刘翔卫冕”“阿联三度暴扣”“德比战”“马布里打人门”都有神秘化、概念化的意味，形成完整的概念意义后，网友将其理解成一个固定的含义，而非思考该词背后的产生过程是否具有合理性和其他可能性。名词转化为动词主要表现在比分和竞赛成绩的动态化，用比分、成绩的名词来动用，使其具有动态特征，使叙事具有主动的动态性。

表 6 - 8　四大商业门户网站体育新闻核心微内容动 - 名词转化分析

标题	词性转化	效果
揭秘　北京奥运会奖牌“金镶玉”诞生	动词 - 名词	诞生行为转化诞生的过程
刘翔卫冕几率　接近六成	动词 - 名词	卫冕行为转化为卫冕的事实结果
阿联三度暴扣难压纳什 网队负太阳	动词 - 名词	主谓短语做主语形成完整主语
决赛首现德比战	动词 - 名词	战争行为转化为战争概念

〔1〕 本报评论员：找准问题才能解决问题，人民日报［C］. 2002 年 1 月 11 日 .

续表

标题	词性转化	效果
篮协重罚山西七万 马布里打人门无结论	动词 - 名词	打人行为以门字结构转化为一般事件
国奥 3 - 1 重庆	名词 - 动词	比分结果转化为比分过程
美网 - 小德 3 - 1 费德勒 4 年后再夺冠	名词 - 动词	比分结果转化为比分过程
曼城爆冷 0 - 1	名词 - 动词	比分结果转化为比分过程
世预赛 - 国足谢幕战 3 - 1 约旦	名词 - 动词	比分结果转化为比分过程
历史第一！科比 30000 分 +6000 助攻	名词 - 动词	比分结果转化为比分过程
游泳世锦赛中国第 100 金！孙杨 800 自卫冕	名词 - 动词	比分结果转化为比分过程
德罗巴兰帕德建功 切尔西 3 - 0 布莱克本	名词 - 动词	比分结果转化为比分过程
赵旭日建功　实德 1 - 0 天津 重回榜首	名词 - 动词	比分结果转化为比分过程
麦蒂复出 22 分　难救主	名词 - 动词	比分结果转化为比分过程
姚明 21 分 15 篮板 关键时刻爆发罚球奠定胜局	名词 - 动词	比分结果转化为比分过程
火箭胜活塞　哈登 37 + 12 + 6 + 4	名词 - 动词	比分结果转化为比分过程
NBA2006 年十大风暴 - 科比神奇 81 分	名词 - 动词	比分结果转化为比分过程
易建联准两双 雄鹿惨败	名词 - 动词	比分结果转化为比分过程
NBA 十大最难破纪录：55 板	名词 - 动词	比分结果转化为比分过程
世锦赛 - 中国女排 0 - 3 韩国小组出线堪忧	名词 - 动词	比分结果转化为比分过程
丁俊晖单杆 138 分　15 - 17 无缘世锦赛决赛	名词 - 动词	比分结果转化为比分过程
莎拉波娃短裙秀美腿	名词 - 动词	穿短裙，特征性名词表示动作状态
郭晶晶红长裙出席活动	名词 - 动词	穿红长裙，特征性名词表示动作状态
杨雨自由泳铜牌	名词 - 动词	获自由泳通牌，以成绩隐含获取过程
姚明麦蒂最高分	名词 - 动词	获得最高分，以分数隐含获取的过程

4. 以主动型叙事句式为主，强调赛事名称、比分、明星等叙事元素

主动型句式的突出应用。依据曾庆香对新闻叙事中句式分析的方法，从谓语角度考量新闻事件分为行动、状态、精神过程和言语过程，由此显示出施动者观点立场的主动性（表6－9）。

表6－9　新闻叙事句式分析方法[1]

谓语词性成分	句式类型	叙事意图
动词	行动	主动
形容词、既表示动作也表示状态的动词	状态	被动
心理活动动词	精神	主动
言语动词：说、宣称、指出……	言语过程	主动

从抽样调研结果来看，主动叙事占绝大多数，以行动化的实意动词为谓语的行动句式是出现最多的句型，其次是言语过程型叙事，状态型句式最少，反映出四大商业门户网站体育新闻的主动叙事与动态叙事的强势（表6－10）。

表6－10　四大商业门户网站体育新闻核心叙事主被动比例分布

	行动型句式	状态型句式	精神型叙事	言语过程型叙事	总数
新浪	92	1	4	31	128
搜狐	112	4	1	36	153
网易	98	0	2	15	115
腾讯	94	0	3	11	108

除利用句式进行主动叙事之外，四大商业门户网站核心叙事的首页标题还出

〔1〕 曾庆香．新闻叙事学［M］．北京：中国广播电视出版社，2005.1.

现了连动句式92个，占总数的近20%，另有名词动用的情况，以加强动势，增强叙事主动性。

通过句式倒装强调赛事、比分、运动明星、比赛结果等。提前作为比赛结果的赛事状语，强调重点赛事，如“男篮世锦赛 中国65－84负美国 小组出线”“澳网男单费德勒胜萨芬　夺冠”等，谓语前置的方式凸显重点赛事。“发福克林遭媒体偷拍”“小贝辣妹遭同胞唾骂”“麦蒂秘密苦训 原地干拔 暴扣视频曝光”等等，有的句式中带有“被”“遭”等表示被动的标志动词，而有的句式则是通过及物动词宾语的前置来表示被动含义，通过被动语句可以达到强调的目的。在抽样统计案例中，一般是将比赛、比赛结果、明星、比分等前置来达到凸显的目的。

（二）四大商业门户网站体育新闻微内容纵向层次逻辑关联紧密，解释作用大

1. 新闻正文标题是对首页标题的扩充、解释、多媒体传达

版面所限，新闻正文（目标页）标题要比首页标题要长，要更加细致。在正文标题中我们能够看到更多的细节、解释、趋势、直接引语等等。在四大商业门户网站体育新闻的抽样案例中，除少量重大体育新闻的首页标题和正文标题完全一样外，绝大多数标题都是详细扩充型，少数两层标题字数一样，但首页偏重结果和宏观的事件叙事，正文则体现更多细节。根据新闻价值的不同，首页新闻可以是一个关键细节，由正文来扩充；首页标题可以是对新闻事件的整体性结论性叙事，由正文标题来进行细节点睛。首页新闻可以是新闻事件一方面的叙事，正文标题增加另一部分的描述等关系类型，以下是具体案例：

增加细节：首页标题叙述核心事实，正文标题增加更多细节。

首页标题：四大证据力指布拉特操控比赛

正文标题：4大证据力指布拉特操控比赛 偏袒阿根廷以权谋私

详细解析：首页标题叙述核心事实，正文标题对其详细解释。

首页标题：波什准绝杀

正文标题：准绝杀！波什 23 +9 独挑大梁 无詹韦他找回大哥风范

时间推进：首页标题追述当下新闻，正文标题延伸发展

首页标题：美网 - 李娜爆冷不敌黑马无缘 16 强

正文标题：李娜透露退役后打算：要当有职业操守的体育记者

增加消息源：首页标题叙述核心事实，正文标题增加新闻源，提升真实性，丰富细节。

首页标题：马库斯诚恳道歉望再给机会

正文标题：山西声明：接受篮协处罚 马库斯道歉望 CBA 再给机会

引出重大意义：首页标题提示核心事实，正文标题引申出事件重大历史意义。

首页标题：叶诗文夺 200 米混合泳金牌

正文标题：28 年第 1 人诞生！个人第 2 金 叶诗文一战超传奇

添加直接引语首页叙述核心事实，正文增加直接引语增强现场感。

首页标题：科比有望 12 月 7 日复出

正文标题：科比加练 3 分复出最后冲刺 德帅：7 号打国王有戏

提醒传播符号：首页标题提示核心事实，正文标题提示文本的传播符号，增加可读性。

首页标题：国奥 3 - 1 重庆

正文标题：视频集锦 - 十分钟内三连击 国奥热身赛 3 比 1 逆转重庆

……

根据个案不同，根据新闻价值、新闻资料等首页标题与正文标题的关联有所不同，但首页新闻一般都是最核心最有价值的新闻叙事，正文是对其某方面的细节解析。上述的逻辑关系根据新闻价值的不同，也是可逆的。在抽样中还有几个逻辑关系略显不同的纵向标题层级关系：

抓住受众关系：首页标题抓住与网友关系，正文标题则提示新闻核心内容。
首页标题：新浪 2001 十大体育明星评选揭晓 网友获奖名单公布
正文标题：新浪体育 2001 十大体育明星评选揭晓 国足倍受青睐

胜负逻辑：首页标题采取胜利一方逻辑，正文标题采取落败逻辑。
首页标题：辽小虎主场吃掉领头羊 甲 A 补赛辽宁 3－2 胜实德
正文标题：孙继海头球建功仍难挽败局 实德客场 2－3 惜败辽宁

中外逻辑：首页采取中国媒体叙事视角，正文标题采取外媒视角叙事。
首页标题：大决战周鹤洋不敌李昌镐 三国擂台赛韩国八连霸
正文标题：韩媒体：李昌镐是韩国顶梁柱 中国棋手令人后怕

问答逻辑：首页采取设问语句，正文标题采取回答句式。
首页标题：黑哨最高可判死刑?
正文标题：人大通过刑法渎职罪解释“黑哨”处罚最高判死刑

新浪从 2009 年开始注意在页面标题中提示文本形式（传播符号），搜狐 2008—2013 年首页标题字数与页面字数基本相同，2008 年以前和 2013 年以后首页的新闻提示信息更加浓缩。这与缩小页面与增加图片区有关。

2. 体育新闻正文附加材料整体上呈现逐年递增的趋势

从统计案例中看到共有 294 篇新闻中配有附加图片、视频、资料等，占总抽样新闻总数的 45%，呈现出随时间递增的表象，在新闻叙事结构研究中占有重要的地位。附加新闻内容与正文关系紧密，共有 220 个新闻细节在附加新闻中得以体现，37 个不同传播符号的同步新闻附加在正文之上，80 多个资料图标、图片为新闻作出相关解析。背景资料中涉及相关新闻人物的资料、比赛排名、历史资料等，对新闻叙事有一定的解释作用（表 6－11）。另外还有 15 篇相关新闻对新闻内容的前因后果进行解析。四大商业门户网站体育新闻正文附加材料整体上呈现逐年递增的趋势，说明附加材料的辅助叙事力量在加强。

表 6－11　四大商业门户网站体育新闻具有正文附加材料的新闻数量分布

年份	03	04	05	06	07	08	09	10	11	12	13	14	15
新浪				3	4	1	5	5	4	4	7	7	11
搜狐	2	1	2	3	8	4	5	1	6	5	5	5	7
网易			4	10	10	7	8	6	10	9	12	10	12
腾讯				2	3	6	9	10	6	12	11	11	12

（三）四大商业门户网站体育新闻微内容横向层次逻辑关联较差，以资料罗列为主

1. 正文与明星、赛事关联为并列关系，逻辑关联紧密度差

从列表数量来看（表 6－12，表 6－13），四大商业门户网站体育新闻相关阅读新闻的数量随年份呈递减趋势，新浪和搜狐在相关阅读上数量占优。但就逻辑关联来看，新浪、搜狐的相关阅读中并列关系占总数比例较大，说明正文与相关阅读间逻辑关联较弱。四大商业门户网站仅网易有新闻背景与延伸阅读，但数量调查仅有 10 篇。

表 6－12　四大商业门户网站体育新闻相关阅读数量（新闻篇数/相关阅读数量）　单位：篇

年份	01	02	03	04	05	06	07	08	09	10	11	12	13	14	15
新浪	4/33	10/86	10/94	10/86	12/109	11/103	11/71	11/69	10/63	7/29	11/68	11/64	10/35	9/39	10/55
搜狐	—	—	12/90	12/44	12/52	12/20	12/80	12/61	12/86	12/77	12/88	12/58	12/40	12/47	12/43
网易	—	—	—	—	7/11	12/15	12/10	12/5	12/0	12/0	12/0	12/0	12/3	12/3	12/2
腾讯	—	—	—	—	2/2	12/17	12/15	12/15	12/14	12/21	11/18	12/16	11/15	12/14	12/15

表 6－13　四大商业门户网站体育新闻相关阅读逻辑关系统计

门户网站	因果	并列	递进	解释关系	时间关系
新浪体育	35	959	18	16	3
搜狐体育	10	561	31	32	183
网易体育	3	22	13	12	2
腾讯体育	25	57	28	34	8

上述表格 6－12 和 6－13 统计中由于相关阅读与其逻辑关系可能存在一对多现象，因此统计数量略多于相关阅读链接数量。传统新闻中存在最多且关系密切的因果关系较少，而缺乏紧密联系的并列关系新闻关联较多，催化作用多表现为背景场域的营造，缺乏直接关系的结构联系。

2. 关键词、链接多以明星资料、赛事相关新闻为主，逻辑关联度较差

四大商业门户网站体育新闻关键词链接为相关新闻与资料库链接，逻辑关联不够紧密，以资料罗列为主，逻辑关联一般表现为相关新闻，能反映出一定的新闻背景和场域特征，与正文没有紧密的逻辑关联（表 6－14）。

表 6－14　四大商业门户网站体育新闻关键词链接与核心叙事关联性

门户网站	关键词与正文有逻辑关联	关键词与正文无逻辑关联
新浪体育	15	42
搜狐体育	18	42
网易体育	12	51
腾讯体育	3	25

3. 四大商业门户网站体育新闻目标页互动设置丰富，入口繁多

四大商业门户网站体育新闻目标页中网友互动应用较多，都配有网友评论互动内容，新浪、腾讯、搜狐、网易均设有评论框与评论意见浏览，网易还将评论按地域归类。新浪评论设有评论数、阅读数、论坛类型有：国际足球评论、体育

聊天室、篮球论坛、乒羽世界、足球论坛、姚明之家等。搜狐、网易设有阅后感想，网易还增加了相关调查。分享方面，新浪开放性较大，能够分享到133个信息平台，搜狐可分享54个，腾讯以本网应用为主，网易则要登录后分享（表6-15）。

表6-15　四大商业门户网站体育新闻互动应用链接

	评论	阅后感想	调查	阅读数	分享	论坛	短信 E-MAIL	留言板
新浪	√	√	×	√	√	√	√	√
搜狐	√	√	√	×	√	×	×	×
网易	√	×	√	×	√	×	×	×
腾讯	√	×	√	×	×	√	×	×

三、四大商业门户网站体育新闻叙事话语分析

上文研究的是网络体育新闻叙事结构，分析的是故事的形式层面，即网络新闻怎样结构新闻故事，下面要分析的部分则为“内容的表达”，即话语层面，即新闻如何讲述故事。故事的形式和故事内容的表达共同构成了叙事的形式，叙事学正是一门研究形式的学科。四大商业门户网站体育新闻话语的发展中具有一定的同步、同质性，这些源于经济社会发展的大背景，信息技术的进步、新闻专业主义的推行以及媒体竞争。

（一）四大商业门户网站体育新闻话语符号表意

1. 四大商业门户网站体育新闻超文本语言中漂浮的能指与所指

网络新闻传播中的表现媒介是超文本语言，即网络新闻的符号语言。由于超文本具有非线性、自由交互的特性，因此超文本语言是一种不够稳定的叙事符号语言。通过构建多种叙事结构，超文本语言往往能传达多种叙事信息。在网络新闻叙事中有学者借用了法国精神分析学家雅克·拉康提出的“漂浮的能指”与

“漂移的所指”[1]。

在语言学家的研究中，能指与所指都是在一定的社会具体环境中得到一致性的认同，在语境发生变化时能指与所指并不是固定相连，而是发生了一定的漂移，这就是语义的不稳定性。在网络新闻中的超文本语言可以自由地进行链接，网友在阅读时也体现出了选择的自主性，吸收了哪些内容，认同了哪些观点造成了网络新闻复杂层级结构的所指漂移。

以新浪 2009 年 8 月 31 日的一篇文章为例：“不要迷恋郭　他只是个传说　八月闹剧一切皆是命中注定”[2] 中对郭士强的国家队执教过程予以了“传说”和“闹剧”的结论，并在消息中通过对郭士强指挥比赛的不利与竞聘国家队主教练时的种种不合理等论据评论郭士强“传说”的结论。相关新闻中列举了：

中国男篮迷失在黑色八月　郭士强是不是“替罪羊”?
主帅不能承担所有责任　郭士强是否下课不好说
中国篮协忍耐已到了极限　少帅郭士强下课没有悬念
范博祥：郭士强冤比窦娥?
成都金强正式接受四川男篮　选帅：盯上郭士强

相关新闻分解了郭士强“传说”的结论和对“闹剧”的否定，将中国国家篮球队的失利以及郭士强指挥的力不从心分解到了球员、篮协等方面，通过预述性的提及四川男篮选帅稀释了评论的力度。这条新闻吸引了 797 人参与评论，相关帖子 3 266 241 条，应该说引起了网友的巨大反响，总结网友评论可以看出集中观点：1. 郭士强没有实力，必然下课；2. 需要给郭士强和队员们磨合的时间，郭士强还需要强硬管理球队；3. 冷静分析男篮输球原因，各家都有责任等等。

---

〔1〕 索绪尔《普通语言学教程》将语言符号分成两个部分：“音响形象”（能指）和概念（所指），即符号表示和符号指涉的意义，能指和所指的结合形成社会中共同约定的语言意义。在不同的场景时空中，能指的所指以及所指的所指内涵有所不同，因此所指与能指并不固定在某一符号或意义上，而是在不同场景、时空、文化中有所转移 . http：//baike. baidu. com/link？ url = d_ Q03_ lX - vd_ ZGAaEe6TiQybjh_ 0xR_ s_ wgpnr74VGQO3JHgzdyulu9QfGZDXllORRiWqk9TY_ p6VQ7IeiO3vq.

〔2〕 不要迷恋郭他只是个传说八月闹剧一切解释命注定［DB/OL］. http：//sports. sina. com. cn/cba/2009 - 08 - 31/20074564687. shtml. 2009 - 08 - 31/2016 - 05 - 23.

对于整个网络新闻文本中，新闻正文部分相对于互动部分是核心微内容；在新闻正文中，标题、摘要、新闻主体等又是核心微内容，附加部分、相关阅读等属催化为内容。从这篇新闻的链接内容中核心事实是对郭士强的否定，但相关新闻却对郭士强乃至篮协和中国男篮有不同的叙事倾向，网友评论中也表现出对不同观点的选择认同，因此，网络体育新闻中的超文本链接引起了消解核心的催化作用。

上述案例是典型的超文本链接对新闻叙事的引导和消解作用，通过相关新闻、关键词、超链接、网友评论等都能够引起这种能指的漂浮与所指的漂移。在网络体育新闻的叙事结构提到了对四大商业门户网站体育新闻的抽样文本中微内容横向和纵向层级关系。从横向关联看来，很多体育新闻文本目标页中核心微内容（正文标题、摘要、正文）与链接、相关阅读之间并没有紧密的逻辑关联，更多是以并列、横向和关键词关联等方式链接到所在网页之上，因此促进了体育新闻碎片化阅读的趋势，且关联内容多以体育明星、热点赛事、花边新闻作为链接对象，类型化的链接引导与碎片化的逻辑关系造就了超文本阅读引导之下的网络体育新闻娱乐化的趋势，新闻与体育的专业主义引导在此作用不大。

2. 四大商业门户网站体育新闻以文字为定调媒介，增加动态媒介表现

不同类型的新闻会呈现出不同的定调媒介，它是文本中的“优势媒介”，在不同类型的网络新闻文本中定调媒介都有所不同，即新闻专题一般以文字为定调媒介，视频直播以电视画面为定调媒介等，定调媒介呈现出的新闻事实为事实的核心要素。多媒介叙事中一般会有统领叙事逻辑的定调媒介，以保证读者能够在此媒介的叙述中清晰地了解故事的进展，多媒介成为这种定调媒介叙事的补充。

四大商业门户网站体育新闻的多媒介叙事是建立在多媒体语言与多平台融合的基础之上，多媒体技术的成熟让其播放平台更加融合化，且成为网络融合叙事中的重要的表达手段。网络新闻中定调媒体一般是文字，一方面文字明确的指向性和相对经济的表达渠道能够给缺乏中心的网络带来基本的逻辑引导与限定，在多媒体技术的发展成熟之下，文字与影像联合起来形成综合叙事，不同特色的传播符号带来了立体而富有张力的叙事作品。

从新浪体育的抽样统计来看，2001 年到 2005 年体育新闻主要以文字叙事为主，逐年增加图片叙事。从2009年开始明显增加了视频叙事，并且所有新闻都是以复合叙事形式呈现。正文中以文字为定调媒介，附加部分以图片和视频为主，2015年GIF动画开始穿插到新闻正文之中。图片在多媒体复合叙事中多为现场照片，表现关键细节，另外还有部分是为说明新闻中关键人物等配发的资料图。视频应用较为多样化，如同步新闻视频、关键时刻视频、视频集锦资料等。表6－16是从新浪体育新闻中抽出的部分新闻案例。

表6－16　新浪体育新闻正文多媒体叙事分布（抽选2009—2015）

新闻标题	符号	附加1	符号	展示内容	附加2	符号	表现内容
拉齐奥宣布签国米神奇替补 超级杯鸟巢对阵老东家	文字	超级替补挥别梅阿查 潘帕斯雄鹰曾数次救主	视频	细节与集锦	曾经蓝黑杀手攻破拉齐奥城门	图片	新闻背景
不要迷恋郭他只是个传说 八月闹剧一切皆是命注定	文字	郭士强	图片	资料图	最后赌局输掉所有筹码 天意谱写郭士强的传说	视频	背景资料
新浪体育推出国米米兰微博 提前点燃米兰德比激情	文字	萨内蒂再踢10年	图片	资料图	莫拉蒂骑自行车上班	图片	资料图
内马尔当选2011南美足球先生 塔巴雷斯获年度教练	文字	内马尔	图片	资料图	视频－2011年度内马尔15大进球 魔幻脚法过人如麻	视频	背景资料
残奥金牌教练拒交奖金被停职 连发4次通知催交钱	文字	金牌教练汪成荣因为奖金分配问题，被青海体工一大队停职	图片	新闻图片	汪成荣家里的墙上挂着他在北京残奥会上和弟子的合影。	图片	新闻图片

续表

新闻标题	符号	附加1	符号	展示内容	附加2	符号	表现内容
科比21中3却投制胜三分 湖人绝地大反击逆转黄蜂	文字	现场	图片	新闻图片	科比打铁却中制胜三分 湖人惊险逆转黄蜂	视频	同步新闻
伊布队友加盟阿森纳	文字	伊布队友加盟阿森纳	视频	同步新闻	阿森纳官网截图	图片	图片资料
莫里斯：阿联防我压力最大　大郅是技术最好的球员	文字	莫里斯访谈录播	视频	同步新闻	未命名	图片	新闻图片
德赫亚转会皇马暂失败！曼联文件晚交了1分钟	文字	德赫亚曼联生涯回顾	视频	背景资料	德赫亚暂时还未完成转会	图片	新闻图片
亚锦赛－哈达迪18＋14伊朗大胜韩国挺进半决赛	文字	伊朗男篮内线优势明显	图片	新闻图片	哈达迪头顶韩国球员	GIF	精彩细节

从抽样距离中可以看到，新闻核心叙事中图片起到了展示关键细节、提示核心人物的作用，视频以同步新闻、集锦、关键片段的方式对核心叙事进行补充叙事，提供直观的新闻现场或者丰富的资料细节。从举例中也能看出多媒体新闻发展过程中，也经历了文字→文图→文图视频→文视频图，这样的发展过程，反映出视频在体育新闻叙事中日益重要的表达地位。

四大商业门户网站体育新闻表现媒介发展进程大体相似，多媒体使用上还是以图文为主，2015年开始各大网站增加了视频辅助报道。鉴于视频线性播出会占用较长的页面阅读时间，因此出现了GIF动画表现动态精彩瞬间。

（二）四大商业门户网站体育新闻叙事话语视角与时空特征

1. 媒体编辑视角为主，但具有多层级人物视角的插播

所谓叙事视角即“一部作品，一个文本，看世界的特殊眼光和角度”[1]。从经典叙事学理论的研究中可以看到，托多罗夫与热奈特对叙事视角的分类是以叙述者与人物视角的比较作为参照，叙述视角大于人物视角为零聚焦，等于人物视角为内聚焦，小于人物视角为外聚焦，以及三者的混合变音视角。国内学者曾庆香基于热奈特叙事理论的分析将新闻叙事视角分为全知视角和限知视角、外视角和内视角、单一视角和多元视角、第一人称叙事和第三人称叙事这四种。网络新闻的叙事视角一般为复合形式的，主要为编辑式全知视角和人物限制视角，实现了媒体叙事者大于人物视角的零聚焦和等于视角的内聚焦，而小于人物视角的外聚焦或者说媒体的限知型视角的客观描述则少之又少，这种纯客观视角在新闻叙事中受到单一视点的限制很难对宏大复杂的新闻事件全面客观的顾及，且在研究分析中不容易辨别。鉴于以上，本文对新闻视角的分析研究主要体现在编辑全知视角和人物视角两个视角之下。

四大商业门户网站体育新闻以编辑全知视角为主。具体体现在新闻正文、附加文本、相关阅读等多个微内容层级之中。从统计文本中可知正文文本、附加文本中以编辑全知视角为绝对多数，相关阅读中增加了人物视角的比例，可以看出四大商业门户网站体育新闻是以编辑全知视角来进行新闻叙事。在四家门户网站中正文人物视角使用相对比例较高的是搜狐（18%），附加文本中使用人物视角较多的为腾讯（20%），相关阅读中人物视角使用最多的也为腾讯（25%），反映出腾讯在人物视角方面使用较多，新闻叙事采用多元视角（表6－17）。

〔1〕 杨义．杨义文存（第一卷）·中国叙事学［M］．北京：人民出版社，1997：191.

表6－17　四大商业门户网站体育新闻抽样文本叙事视角分布　单位：篇

	新闻正文		附加文本		相关阅读	
	编辑视角	人物视角	编辑视角	人物视角	编辑视角	人物视角
新浪	144	22	95	1	921	102
搜狐	128	28	167	2	660	145
网易	111	4	90	8	35	11
腾讯	99	11	63	16	109	36

从历时角度考察视角数据发现，从有抽样文本的2001年开始，正文、附加文本、相关阅读中编辑视角与人物视角的起伏不大，叙事视角以编辑视角为主，宏观多角度叙述新闻事件。

四大商业门户网站体育新闻正文文本叙事中也以编辑全知视角为主，在行文中出现视角转换比例较大，其中新浪占33%，搜狐39%，网易38%，腾讯34%，最高为搜狐，但与其他门户网站相差不大，因此从正文叙事角度考察，四大商业门户网站特点较为一致（表6－18）。

表6－18　四大商业门户网站体育新闻抽样正文视角转变情况统计

	出现视角转变	视角无转变	总数
新浪	54	112	166
搜狐	61	95	156
网易	43	72	115
腾讯	37	73	110

从人物限制视角人物角色来看，以运动员、教练员为主，运动员占绝大多数，多元视角在主题新闻叙事中体现不够明显。相关阅读中一般都会出现1～2条人物限制视角来增强现实感。

2. 网络体育新闻中叙事话语的复合时空特征

（1）非线性组合的网络体育新闻时序特征

根据时序的概念和叙事实用功能，网络体育新闻中的讲述时序使用是较为多样的。在叙事时间点定位上，不同题材的新闻时间定位不同，总体上可分为及时性以新闻发生最近的点位起始，还有以重要性来决定新闻故事时间的起点等。在体育新闻报道中，赛事作为报道重点和主体，则有天然的时序起点，那就是赛事时间。网络体育新闻中对体育比赛的关注报道分成直播和新闻报道两个重要部分，赛事直播我们可将其大体归为顺叙式时序叙述，而新闻报道则是以逆时序的方式进行叙述的。

多时序并发的体育赛事直播顺叙叙述。依据上文分析，严格意义上的顺序并不存在，如同严格意义上的客观也不存在一样，我们仅从体育赛事进行的角度，将体育赛事的直播归为顺叙的方式予以分析。顺叙是按照时间的发展对故事予以讲述，赛事直播完全与比赛同步，将赛事进程进行严格记录，是生动的叙事过程，但与此同时也会在视频叙事的模糊性、体育比赛的专业性以及故事发生的阶段性中缺少了故事中关键信息的攫取与故事发展的完整逻辑，因此赛事直播中需要对其进行解说、技术统计与评论等辅助叙事。这些叙事的时序则呈现出逆时序和非时序的特征。通过逆时序为顺叙式的直播提供新闻背景，通过技术统计资料等非时序资料扩充顺叙故事的厚度。

网络体育新闻报道以追叙为主要时间逻辑，结合网络属性特征，逆时序可以通过多种逻辑结构得以实现。网络新闻叙事以追叙为主，追述是对新闻事实进行深入探究的一种叙事方式，在叙事过程中能够将背景信息与故事信息综合起来，由此再现一个具有一定时空观的新闻事实，防止脱离历史环境与背景信息成为孤立的事实元素，与此同时网络新闻中也包含了一定的预述信息，与传统媒体不同，预述来自于丰富的网络应用与表述形式，如对赛事当天天气的预报、对赛事结果进行预判的各类资料，以及来自社交媒体的各方人物的判断等，从严格意义来讲这些信息不能构成完整的叙事，却能够影响和预判事件的发展，因此具有一定的预述属性。

根据抽样新闻样本，绝大多数体育新闻文本都是追述式完成对新闻的事实的

叙述，叙述过程中插入了相关新闻背景，如球员经历、比赛细节，生活背景等方面内容辅助追述的核心事实。相关阅读也呈现出背景、场景渲染的辅助功能。新浪体育新闻抽样统计中平均每条新闻约有五条左右相关阅读，相关阅读的主要内容反映了核心叙事相关的情节，如“龚建平招供受贿金额超百万”一条新闻中，相关新闻道出了龚建平案中公安部门的调查过程、律师分析的犯罪情节、龚建平案的纵深发展以及检察院、人大代表等层次对此案的判断等，这些背景辅助读者对龚建平案的前因后果，了解到其犯罪的严重性。涉及 NBA 新闻报道中，叙事背景中搭配了相当多的花边新闻，或者是相关球星的近况，反映出 NBA 报道的娱乐倾向引导。与此同时抽样文本中还显现出相关阅读中一般有 1－2 条的预述文章，相对核心叙事的新闻正文作出一定的预判，这是追述过程中背景资料与追述新闻事实一起形成的阅读内容准备，自然能够衔接到对未来发生事情的判断。因此说新闻的追述叙事不仅是对已经发生的新闻事实的重复，更是有选择地通过相关背景对新闻阅读进行有意识的引导。

以新浪体育新闻“阿森纳官方宣布签约伊布队友 前法甲悍将租借加盟”[1]（2014 年 2 月 1 日新闻）为例，新闻标题已经反映出了追叙的叙述特征，对签约事实予以报道。文章首段首先对最新发生的核心事实予以复述，接着对球员的过往经历一一历数：“1982 年 8 月出生……身高 185……瑞典国家队绝对主力……里昂主力成员……”，并追述引进该球员的球队现实需求：“技术与身体都不错……后腰位置人手紧缺”等，这些追述与租借伊布队友的故事进行事件并不吻合，但通过逻辑的联系，逆序构成了故事的因果联系，新闻最后一段提到，如果没有在本周五中午前完成转会程序，卡尔斯特伦可能无法参加最近一场的比赛。这又是一段预叙，为接下来的故事进程提出了预判，另外在目标页中还有相关新闻的提示：

阿森纳签下的是何方神圣?

巴黎官方宣布签下阿森纳曼联猎物 2300 万夺法国脚

……

这些相关新闻为阿森纳签约伊布队友的新闻提供了新闻背景，也体现出追叙

〔1〕 柏亚舟．阿森纳官方宣布签约伊布队友前法甲悍将租借加盟［N/OL］．新浪体育，2014－02－01［2016－01－20］．http：//sports. sina. com. cn/g/pl/2014－02－01/03577003655. shtml.

报道的历史语境叙事。

网络体育新闻的叙事时序并不是仅仅遵照新闻价值逻辑等进行的非线性组合，他还表现出与传统新闻叙事不同的特征，非线性与多媒体属性给了网络新闻追叙以更丰富的历史语境。曾庆香在其《新媒体语境下的新闻叙事模式》中提出了“蜂巢体”“菱形体”和“钻石体”等新媒体报道方式，总体说来是对新媒体改变了传统媒体新闻追叙中的倒金字塔结构，将各种叙事元素打碎，重新放置在报道的时序之中，不同内容的追叙对报道效果有着巨大的影响。

“蜂巢体”适应于时间复杂而历时较长的新闻叙事之中，在网络新闻中的典型表现为赛事的文字直播，通过不断发现新闻要件来丰富新闻叙事，这种追叙完全以新闻事件发生的逻辑进行排序，虽然也体现出一定的逆时序，但基本遵照故事的发生顺序排列新闻要素。社交媒体的新闻传递中也呈现出了蜂巢化的叙事特征，但其很难成为影响社会的叙事主体，这是由于网络社交媒体的新闻信息缺乏整合，曾庆香用BBC新闻报道模式说明了这个问题，记者不能先发微博再发消息，BBC必须确保第一时间得到重要信息，并由它进行信息传递。

另外在“菱形体”和“钻石体”的新媒体叙事模式（图6－7，图6－8），呈现出网络新闻叙事过程与成果结构。在“菱形”结构中新闻报道秩序是新闻事件——社交媒体反映——记者报道反馈——相关资料——深入评论——延伸事件——搭建互动平台。在非线性新闻报道平台上，网络体育新闻的追叙性报道如何采纳各方面信息来形成完整报道，菱形结构给予了解答。另外在“钻石结构中”可以看到数据、多媒体传播符号在新闻中的叙事作用，“多媒体传播符号改变了叙述的节奏、重现了场景，增加了读者对故事的体验。”[1] 其“各段文字、各个图片、各段视频、各种音效、各个动画就像钻石的一个个刻面，其精美程度则反映出了钻石新闻的抛光度，何处安放多媒体叙事元素则反映出新闻钻石的比例”[2]。

---

〔1〕曾庆香．新媒体语境下的新闻叙事模式［J］．新闻与传播研究，2014（11）：57．

〔2〕同上．

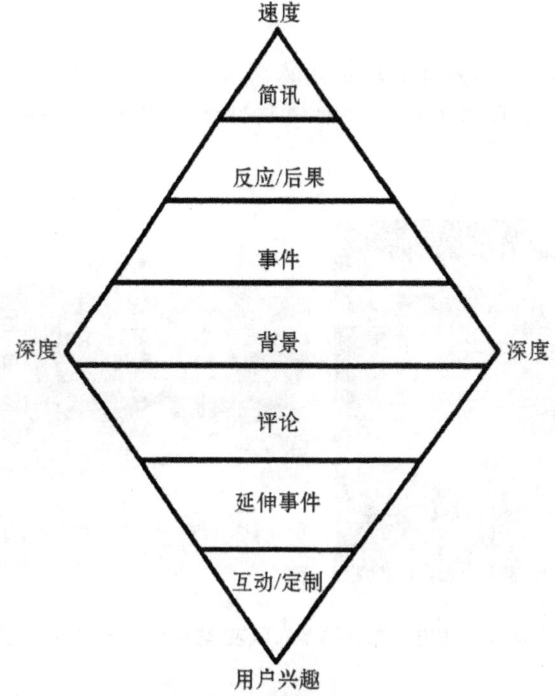

图6－7　菱形新闻叙事模式[1]

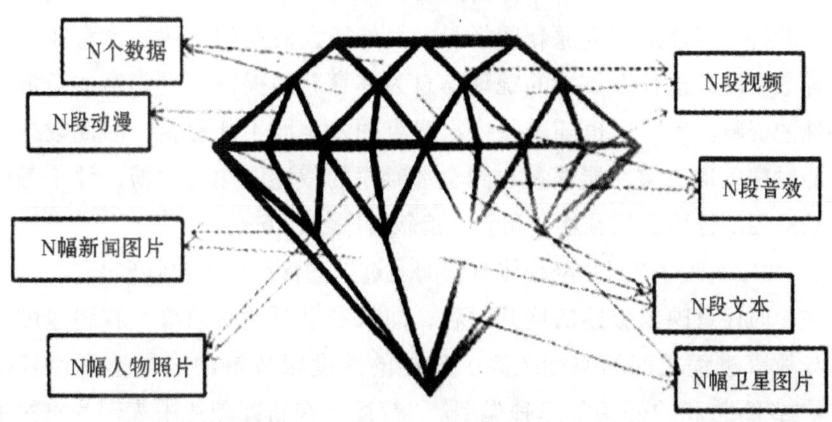

图6－8　钻石型新闻叙事模式[2]

〔1〕 曾庆香．新媒体语境下的新闻叙事模式［J］．新闻与传播研究，2014（11）：58.
〔2〕 同上.

在上述“阿森纳官方宣布签约伊布队友 前法甲悍将租借加盟”中文章开头便以视频和图片的形式追述了签约的对象与环境，将体育新闻的追叙过程场景化（图6－9）。

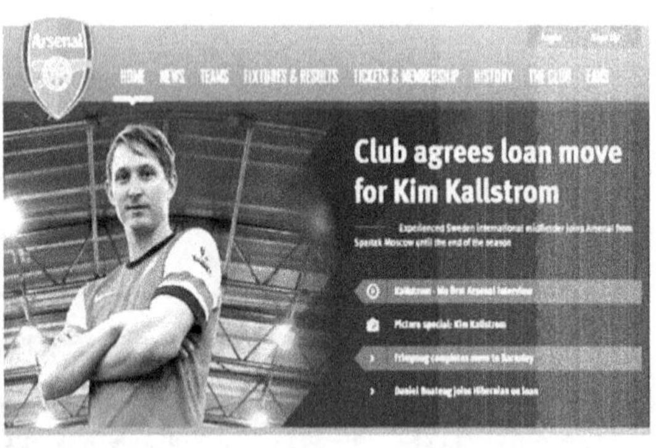

图6－9　“阿森纳官方宣布签约伊布队友 前法甲悍将租借加盟”截图[1]

近年来四大商业门户网站体育新闻的目标页中都呈现了多媒体化的特征，通过多媒体的符号特征追叙复原新闻场景。另外四大商业门户网站体育频道中都接入了各种数据库，这种大数据的统计信息为体育新闻提供了更丰富的资源，属于非时序性的资料内容，但也随着每一次赛事的发生而不断更新，因此数据库资源成为万能时序叙事法宝，能够参与到全部时序的叙述之中。微博、评论等受众参与的活动应用同样可运用预述、顺叙、追叙时序叙述方式。

（2）四大商业门户网站网络体育新闻通过扩述营造场景化叙事

上文中时序反映出叙述的展开过程，即从哪里开始讲故事。叙述速度则是叙述进度与故事进程之间的空间关系。叙述的速度跟故事的进行速度比较可分为“等述”“省略”和“停顿”三种类型。“等述”在新闻叙述中表现为直接引语或者直播。如果故事时间在叙述中得不到文本的对应，即省略，也可称为概述。概

〔1〕 柏亚舟．阿森纳官方宣布签约伊布队友前法甲悍将租借加盟［N/OL］．新浪体育，2014－02－01［2016－01－20］．http：//sports. sina. com. cn/g/pl/2014－02－01/03577003655. shtml.

述是对故事时间的加速，让其能在较短的文本行进之内完成较大跨度的故事发展。“停顿”则是出现在新闻叙事中的独立片段，抽离于故事时间，同时对故事的发展有辅助（图6-10）。

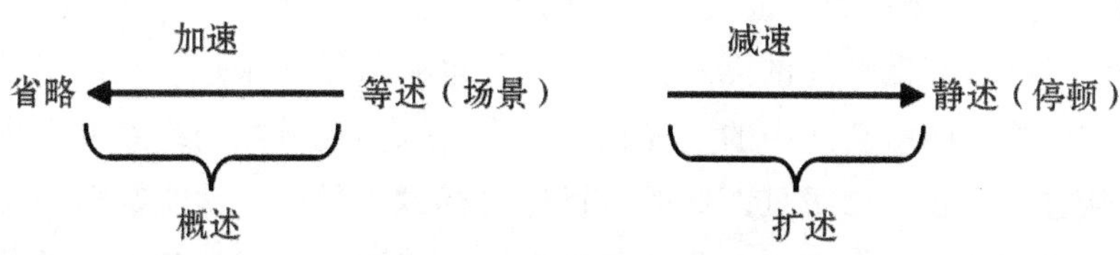

图6-10　叙述的速度示意图[1]

网络新闻信息存储的空间可以用来换取新闻叙述速度中的时间，在线性传播的传统媒体中表现新闻的是时空相对受限，因此需要大量的概述省略故事时间，结构故事时间，不得不用版面来截取叙述的长度。网络存储能力扩大让叙述得以脱离故事进行时间，而在故事各节点上停顿，停下来进行静述，不用担心版面放不下，时段不够用。因此网络版面中驻停了大量的资料性的信息，这些信息逃离于故事时间之外，对故事起到了非常好的场域营造效果。如2014年巴西世界杯中，腾讯提供了多款国家队及球星的网页皮肤，链接欧洲著名数据库，组织各类线上活动等构成了生动的比赛场景氛围，这些资源也是意义场中叙事元素，在赛事新闻报道中以静述的形式存在。

四大商业门户网站体育新闻统计案例中，约有45%以上核心文本具有大段评论或场景描述，另外在正文目标页中通过视频、图片、相关阅读等都产生了一定的阅读停顿效果，页面的赛程、赛果、对阵情况、互动评论等在了解新闻核心叙事的同时起到了辅助阅读、了解细节与相关情况的停顿影响，四大商业门户网站体育新闻都通过层级方式为体育新闻插入丰富的阅读资料，增强了停顿效果，在阅读（叙述）时间内不断地插入新的叙述增加对原有故事的了解，这样一来，阅读空间增大了，但在众多停顿中也容易丧失方向感，从停顿转向了停止，使读者改变原有的阅读方向。

〔1〕 云之话语，钟之逻辑，叙事学视域下网络新闻研究［D］.111.

(3) 四大商业门户网站体育新闻叙述话语频率的表现

热奈特最早将频率这一物理名词放到叙事研究中，具体是指“故事中事件发生的次数与叙述次数之间的关系”[1]。在传统新闻叙事中一般存在着“三度反复”，这是倒金字塔新闻叙事模式中常见的反复现象，不断提示和扩充核心叙事。上文中提到了网络存储空间的无限大，因此其也有重复的余地。在网络信息层级存储特点的影响，网络新闻中的重复在层级中得以体现，如网络新闻微内容的纵向层级，从首页标题、二级页面标题、目标页标题、导语、正文甚至正文中的附加内容都在进行重复。另外在多元视角对新闻的表述、新闻故事中相关信息的延伸等也构成了叙事的多角度关注。网络新闻中可以采用多次出现的频率能够帮助叙事的多维度展开，同时也能够体现出叙事的节奏和密度。

从宏观上来看，四大商业门户网站体育新闻叙述的频率受到媒体技术发展、专业主义看法等各种因素的影响。同时在其层级路径的不断演变过程中，通过导航路径的不断扩张，首页链接互动便捷度都有所体现。

从网页调查与文本抽样中可以看到，四大商业门户网站在足球（国内足球、五大联赛）、篮球（NBA、CBA）、大型赛事（奥运会、世界杯、世锦赛等）方面从导航、首页、体育首页、多层级页面进行了多次重复。

第三节　四大商业门户网站移动终端核心叙事分析

四大商业门户网站体育新闻均具有官方微博：新浪体育、搜狐体育、网易体育和腾讯体育，据中国互联网络信息中心统计结果，2013 年起，微博业务主要集中在新浪微博应用之上，因此本研究也以新浪微博应用下的四大商业门户网站官方微博为研究对象，微信公众号以腾讯微信应用平台下的四大商业门户网站官方

---

[1] 华进．云之话语，钟之逻辑：叙事学视域下网络新闻研究［D］．华中科技大学，2013：115.

微信为研究对象。

微博微信具有典型的个人叙事特征。微博和微信应用都具有强烈的主场（主我）的叙事主体特征。虽然官方微信中叙事者代表着媒体立场，但在新闻叙事过程中还是以“媒体限知”的视角，以拟人化的口吻进行叙事，处处体现出个人叙事的鲜明特征。

微博、微信叙事结构采取对话循环模式：微博、微信叙事文本相对简单，但可以通过超链接、@、评论等方式形成对话式叙述结构，新闻客户端则与门户网站层级点击模式类似，不再赘述。

以下以四大商业门户网站体育官方微博、微信公众号2014年亚洲杯抽样9天文本作为研究对象，分析其核心叙事以及话语叙述方式。

一、微博、微信公众账号以事实性文本为主，赛事主题凸显

从1528条抽样样本中分析得出有56%的样本为事实性样本，44%为评论性样本（表6－19），说明微博与微信样本具有很强的新闻叙事功能，但评论类型比例相差不多，说明这两个移动应用以新闻公告为主，评论亦是重要结构内容。

表6－19　四大商业门户网站体育新闻官微、微信公众号核心叙事体裁

类别	数量	占总样本数量
事实性文本	856	56%
评论性文本	672	44%
合计	1528	100%

抽样调查样本中核心叙事主题56%为体育赛事主题（表6－20），国家主题主要表现为赛事主办国、主办地的各项新闻，个人主题表现为运动员的个人生活，比例为36%，反映出微博、微信中对运动员个人生活领域非常关注。

表 6-20　四大商业门户网站体育新闻官微、微信公众号核心叙事类型

类别	数量	占样本总体
国家主题	121	8%
体育赛事主题	850	56%
个人主题	557	36%
合计	1528	100%

微信公众号的相关功能设置的应用主要有互动活动、重点赛事播报、直播等（图 6-12，图 6-13），与每日推出的叙事文本关联不大，容易造成核心叙事阅读的偏差。

图 6-12　新浪体育微博截图

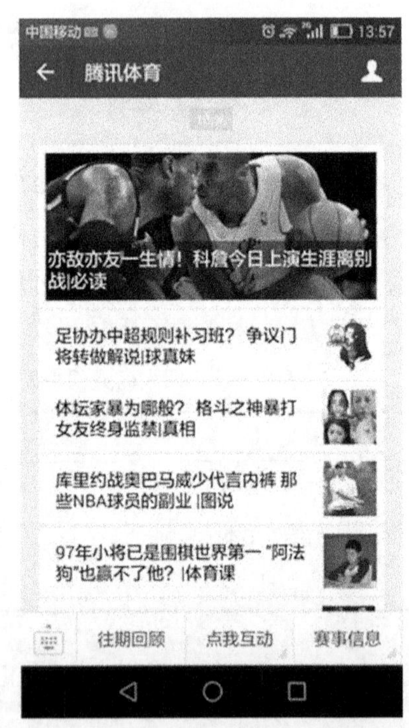

图 6-13　腾讯体育微信公众账号

二、微博、微信公众号以“视频+文字”为定调媒介，关注细节

从表现符号来看，四大商业门户网站在微博、微信公众号内的定调媒体为“视频+文字”，说明该应用主要以现场复原为主。叙事视角以媒体视角为主，人物限制视角次之，纯客观视角以外媒视角观察赛事进程。在叙事时间的把控上，等述和扩述旗鼓相当，由于以视频为定调媒介符号，因此有等述的生动叙述，扩述占40%的比例反映出叙事关注于新闻事件的细节（表6－21）。

表6－20　四大商业门户网站体育新闻官微、微信公众号叙述话语分析

类别		数量	占样本总数
表现符号	文字	290	19%
	图文	534	35%
	视频+文字	658	43%
	动画	46	3%
叙事视角	媒体视角	916	60%
	人物限知视角	543	36%
	纯客观视角	67	4%
叙事时间	概述	320	21%
	等述	596	39%
	扩述	613	40%

第四节　四大商业门户网站体育新闻叙事发展特征

一、网络体育新闻“论坛叙事”阶段特征

（一）技术网民的自由讨论反映出热烈的参与度与赛事关注特征

从四大商业门户网站体育新闻叙事历史梳理中，在其发展的不同阶段，我们看到了代表不同意识形态的叙事者们加入到体育新闻的叙事之中。在网络体育新闻开发初期是技术网民们利用网络开始了体育话题的讨论，尤其是体育比赛方面的话题探讨，在相对自由的 BBS 讨论版上，网民们随心所欲地发言，300 条的展示空间限制，留不住灌水也留不住精华，但让真实的叙事者们能够真实地发表自己的看法。这个发言现象反映出体育在互动性极强的网络传播中具有巨大的沟通活力，且人们的视线从网络体育新闻诞生初期就为体育比赛吸引，成为体育新闻中最热门的叙事话题。

（二）网民全天参与活跃了单一的叙事结构与话语符号

“论坛叙事”阶段，网络体育新闻的叙事结构相对简单，仅以留言板方式较为“机械”地传达网友发言，仅以文字为定调符号，网络体育新闻叙事相对单一。但网络传播属性带来多元化的参与者，且全天候更新 BBS 中的信息，因此，打破了传统媒体叙事者与叙事话语的呆板枯燥，随心所欲的发言弥补了新媒介初创时期使用上限制与内容上的苍白。

门户初始，新闻多以文字作为传播符号，新闻之间联系较弱，新闻报道处于单一的历史时空之内，具有传统新闻追叙的特征。

二、四大商业门户网站体育新闻“主动叙事”阶段特征

（一）四大商业网站媒体新闻叙事主体与理念形成

四大商业门户网站以独立网媒角色争取新闻发布主动权。此阶段是网络媒体的蓬勃建设阶段，四大门户建设理念逐渐形成，作为新闻报道主题，以独立网媒主体出现，并凭借强大的内容承载能力，积极吸取内容资源，以期在传统媒体占主流的媒体竞争中博得话语权。

四大商业门户网站体育新闻报道理念得以树立并完善。从四大商业门户网站的宏观发展来看，以网媒为主体的叙事主体刚刚成立，尤其以新浪作为网络体育新闻叙事的绝对领袖，其他三门户都视其为学习和竞争对象。新浪“快速、全面、准确、客观”的“八字方针”成为网络新闻从业者的工作准则。

四大商业门户网站体育新闻叙事领域不断拓宽。网络体育新闻采访权限上对体育等领域的管理松动，奥运会网络新闻报道权限的破冰，造成了新浪等网媒在体育新闻领域中的蓬勃发展，各家门户网站在重大体育赛事中积极推进媒体的内容完善，新闻报道量空前高涨。

四大商业门户网站建成路径造成新闻叙事特征的发展性差异。新浪开网络体育新闻报道的先河，倡导客观的报道立场以及专业严谨的报道理念，力图走ICP之路，通过快速、全面的内容建设引领了中国网媒内容建设的最初十年。网易以技术起家，强调“互动”和“移动”，因此在门户网站的新闻报道方面更加强调叙事结构的人性化与移动新闻平台的发展建设。“超越门户”令搜狐始终是新浪最强劲的竞争对手，但其在门户发展理念中更加强调虚拟空间的联通作用与商务平台功能，因此搜狐意图超越媒体角色限制，成为网络应用与电子商务的核心平台。这种角色的突破为网络体育新闻叙事主体带来更加多面的角色特征，同时也争取了更广泛的叙事题材。腾讯1998年成立，但真正涉足门户网站建设是从2003年底开始，其采编团队来自于其他几个门户网站，并以雅典奥运会为契机，通过即时通讯端口赢得客户群。从腾讯门户的创立发展中更加重视客户资源的经营，更加重

视内容渠道的开发与到达。

四大商业门户网站叙事者角色构成多元化构成初步显现。具体网络体育新闻叙事者构成中，新浪在“法国98足球风暴”中团结了论坛时期各地球迷为新浪贡献世界杯报道，并由汪延力促媒体联合报道，联合对象为有较大影响的国内外传统媒体。这是四通利方体育频道成立以来的第一次大型赛事报道，集合了广泛的新闻创作力量。2000年悉尼奥运会中门户网站开始经营中国奥运之队的官方网站，并成立了独立的报道团队完成采写工作。

（二）门户理念的形成促成了网络体育新闻层级叙事的基本结构

1. 网络叙事的层级结构从单一的导航索引向超链接内容导航过渡

1998年8月，四通利方新闻频道提供新闻以后，认识到首页没有内容显示极大影响了内容使用流量，因此将新闻页面放置于首页，此举极大地促进流量增长，同时也开始了网络新闻报道中首页链接的层级叙事模式。

新浪从论坛到体育、新闻频道的改版过程中发现了层级叙事中内容上浮的重要作用，开启了国内网站首页内容叙事的先河。在四大商业门户网站体育新闻的网络层级路径关注中，导航逻辑较为清晰，并在网民需求的关注中不断增加了导航入口，增加阅读入口，缩短网络体育新闻与用户之间的路径距离。在这个路径设置中，以足球、篮球为最主要的主题设置，在这两个大项中分化成若干重大赛事，这是导航路径的第一层分裂。

简单层级链接逻辑具有简单纵向逻辑，缺乏横向逻辑排列。如图6－14，新浪的前身利方在线早期的新闻中仅存在纵向层级的链接，通过标题超链接进入目标正文页，页面设置相对简单，缺乏横向的微内容联系，读者的阅读方式与传统媒体相仿，以获得新闻为主要诉求。

SRSNET 综和体育 SPORTS 竞技风暴　网站简介　广告服务　网站导航　中文阅读　本站查询　联系方式

SRSNet Ads.

国内足坛　评　论　国际足坛　综合体育　网刊首页　利方在线

女垒亚运志在必得

http://www.srsnet.com 1998年11月25日 09:29　人民日报海外版

中国女垒是在1996年亚特兰大奥运会上一举成名的。至于1990年和1994年两届亚运会冠军的名号，也是在成为奥运会亚军后才为人所知的。今年第九届世锦赛，中国女垒名列第四，获得了2000年奥运会入场券。既然中国女垒[illegible]至于1990年和1994年两届亚运会冠军的名号，也是在成为奥运会亚军后才为人所知的。今年第九届世锦赛，中国女垒名列第四，获得了2000年奥运会入场券。既然中国女垒的实力如此之强，那么本届曼谷亚运会的金牌自然不能旁落了。

"应该不会出问题，如果发挥正常的话，我们要三连冠。"主教练刘雅明说。他是在奥运会后接过李敏宽的教鞭的。不过在他接手的同时，王丽红、柳絮青、阎芳、王颖、张春芳、安仲欣等一批猛将或出国打球，或上学深造。

刘雅明说得如此肯定，那是在5 名老将重新归队之后。在广州黄村训练基地，人们又看到了王丽红、安仲欣、张春芳、王颖的身影，她们正挥汗如雨，阎芳则晚些时候归队。

此前，着力培养新人的刘雅明军队在一系列比赛中，不断告负。去年6月到8月，中国队出访美国、新西兰，期间中美9次交手，中国队9次失利。之后，在今年世锦赛上，又重演"96奥运会循环赛的一幕，两次0：3负于日本。其后的7 国邀请赛，中国队排名落在美国、澳大利亚、日本、加拿大之后。原来中国队与美国、澳大利亚和日本队同在一个水平线上，现在却处于下滑趋势，这不免令人担忧。

刘雅明说："这并不是我召回五员老将的原因，因为我根本不用担心2000年奥运会入场券，那不久我们已经拿到了。目前世界女垒处于这样一种状态中：老将基本上没有离开队伍，仍在备战奥运会。像美国、澳大利亚队，几名三十七八岁的老将仍在效力，日本的亚特兰大奥运会主力现在也有三十四五了，她们也将会出现在悉尼。在这种情况下，我们没法选择，只能用老将，因为老将的经验是无可替代的。再说垒球对体力的要求相对并不高，而我们球员的体质在亚洲可以说是数一数二的。"

刘雅明介绍说，亚运会上中国队的对手主要是日本。日本这两年将中国、澳大利亚和美国最好的球员引进去打联赛，因而日本球员的进攻能力获得提高！但我们有信心战胜它，因为队员多次输给日本后复仇心切。

在离开女垒营房时，记者看到墙上有3 条字体娟秀的句子："斗智斗勇，应变应急。""接受失败，但绝不丧失对新目标挑战的信心。""拿拼搏收复失地，亚运冠军志在必得。"（李燿辉、薛原）

图：曾获第二十六届奥运会亚军和第十一届、十二届亚运会冠军的中国女子垒球队，本届亚运会的目标是冲击金牌，争取"三连冠"。目前，女垒姑娘们正在北京、广州进行赛前集训，力争以娴熟的技术和饱满的精神再打一场胜仗。图为中国垒球队主教练（右一）刘雅明在指导队员训练。新华社记者李俊东摄

图6－14　利方在线1998年11月25日新闻截图

2. 叙事主题以国内足球、国际足球向广泛的体育项目扩展

四通利方体育频道成立之初仅有国内足球、国际足球两个频道，在体育新闻叙事题材相对狭窄，报道内容也指向了中国甲 A 联赛、国际联赛以及世界杯等高水平足球比赛。两届奥运会报道极大拓展了体育新闻报道项目范围，搜狐与足协、NBA、亚运等各类赛事组织开展合作，这反映出体育新闻报道从足球赛事向综合性赛事领域发展，从重大国际赛事向高水平职业联赛拓展。

3. 叙事话语中多媒体符号得以开发，媒体视角为主，比赛时空构架形成

新浪“法国 98 足球风暴”内容分类总已经出现了新闻图文、录像资料、技术数据统计等多媒体信息，显示出网络的多媒体话语属性。在传统媒体的围绕之下，四大商业门户网站更加注重自身传播能力与影响力的拓展，以媒体视角更广泛地关注体育竞赛领域。此阶段体育新闻报道中增加了极具吸引力的顺序直播。直播概念在其他类型新闻中都没有像在体育新闻中具有如此凸显的地位。在网络中非线性的时序空间中，可以做到的是传统新闻中很少见的预叙、顺序和追叙相得益彰，即通过赛前预述、赛中顺序、赛后追述的方式全方位考量体育比赛。四大商业门户网站体育新闻中预述的形式曾经以赛前天气、场馆准备等资料性场景预热为主，网络中相关阅读的增加也为真正的人物叙事预述提供了空间，即在赛前的各方准备行为成为预述的主要内容。赛中顺序中也配合了各项数据的静述（叙述速度概念，表现文本中即为无关故事时间的插叙）。追述作为常见的新闻叙事时序在故事时间结束后从历史视角和整体性把握上重新组织逻辑复述新闻故事，就体育赛事来说一般比赛结果都作为最重要的新闻元素首现予以通报，其他内容则可以参照网络新闻中出现的菱形体、钻石体等方式安排各方面反映，故事进展或打磨新闻钻石的亮面形式予以追述。

三、四大商业门户网络体育新闻“综合叙事”阶段特征

（一）网媒属性影响下的体育新闻多元化叙事主体形成

重大体育赛事主题的生成以及采编权限的放开使赛事成为体育新闻报道的又

一起点。一时间庞大的采编团队、大量的新闻内容、大量运动员教练员的介入成为网络体育新闻的“报道奇观”。编辑记者角色被联合媒体、体育写手、身处各地的体育迷、实习生不断分化。这些分化使专业标准的新闻写作模式与相对统一的编辑方针难以实现。不同信息源，不同时空的新闻内容通过编辑整合录入，甚至不经编辑而直接传播出去，媒体意识在这种新闻发布灌输减弱。除了叙事者身份的变化之外，多元叙事者还被套上了博客、微博等社交媒体的新闻发布模式，短篇幅、人际化的传播模式削弱了媒体立场，媒体编辑记者同样成为赛事的旁观者、片段化的经历者而非强大的现场观察者和统筹者。

受众影响之下主体间性的创作模式显现出来。网络新闻叙事改变了传统媒体权威发布的传者意识，网络新闻是在作者与读者的对话中形成了叙事的框架与逻辑，因此对话式的叙事形成了对叙事作品作者的再次确认，即“主体间性”。作者与读者之间的交流内容与意见交汇形成了具有意义的网络新闻叙事内容。随着网络发展的成熟，个人话语越来越多地参与到公共议题中，2005 年博客中国年开始，网民开始影响到了网络的主流叙事，尤其在 2008 年的北京奥运会之中，新浪以博客为主打亮点，推出了大量运动员、教练员、文娱明星等博客与网友一同观赛评论，形成对奥运的大围观。网络体育新闻的叙事者从媒体、赛事转向了“游牧式的参与者”。

（二）叙事主题生发，网络应用矩阵增强了叙事结构的连通性

叙事主题向线下活动蔓延。2006 年网易的世界杯“官方站”是较为成功的网络线上活动。2008 年奥运会期间，四大商业门户网站有组织了大量的线上与线下活动，调动网民参与热情，创造赛事新闻话题之外的网友互动主题，丰富叙事内容。

博客、播客等网络应用开拓了网络体育新闻创作入口，窗口叙事增加了新的主题与内容组织形式。博客出现后，新浪、搜狐、腾讯纷纷加入到了博客应用的组织构建，这种新应用让网友能够更加便捷地进行信息创作与发布，新浪与腾讯在 2008 年期间都积极鼓励体育名人、媒体名人等投入博客内容的创作之中，

矩阵联通模式初见雏形。四大商业门户网站在内容开发过程中开始注重应用之间的联通，通过内容创作、转发和内容资源共享等方式，增加网络体育新闻展

示机会与空间。搜狐开发众多网络技术应用并在北京奥运会中将各类型新闻信息与应用平台联通起来，形成赛前、赛中、赛后、线下活动等内容融通的体育营销平台，并构筑奥运主题系列报道，形成群体化效应。网易则是打通频道之间的壁垒，让奥运新闻在网民使用过程中不受此壁垒的限制，为体育新闻的传播取得更多的呈现机会。腾讯则通过各类即时通信应用组成信息推送系统，促成了用户交流矩阵的形成。这些矩阵式叙事方式形成了网络体育新闻诞生以来的媒体内部综合力量，有利于加大网络体育新闻的研究深度与展示广度。

（三）能指更加丰富，叙事视角更加多样，营造赛事叙事时空

通过内容矩阵、产品矩阵等策划开发，能指的漂浮能够限定在矩阵之内，形成对一定范围主题的关注与阅读范畴的限定。例如在四大商业门户网站体育新闻中体现出来的博客圈、数据库资料的罗列、原创系列节目等从更高的层次上使网友在一类的阅读素材中获得能指信息，一定程度上限制了所指的发散性理解与判断。定调媒介以图文为主，视频在 2008 年奥运会网络转播权放开后得到了空前发展，但限于视频技术的不够成熟，网络体育视频直播与新闻开发还不够完善。

从统计案例来看，媒体全知视角始终是四大商业门户网站体育新闻中最主要的叙事视角，说明四大商业门户网站始终都以媒体视角来审视新闻事件。与此同时复合视角也出现在新闻正文中的人物限知视角转换，和相关阅读的视角转换中。限知视角主要来自于运动员等比赛相关人员的观察视角。

多层场域是非线性时空观的高级表征，即利用网络多层级属性增强话语叙述的张力与厚度。在网络的不同层级中采取静述的方式，增大对体育的诠释空间。静述是传统媒体很难大篇幅存在的一种叙述速度，能够扩张新闻事件的表意张度，从事新闻事件内容，激发更多想象空间。四大商业门户网站体育新闻的叙事中都呈现出数据库、赛程服务、比分榜（奖牌榜）等与故事时间链接不甚紧密的资料性积累，形成了赛事场域氛围，为比赛进行提供全方位的信息场景，增强了顺述直播的历史逻辑感。另外在各种超链接中对重要人物、赛事的链接也是静述的表现，博客、论坛等评论的提炼也称为顺叙中的“静述”营造观赛场域。传统文学叙事中的时间、地点、人物、过程等都在网络体育新闻中被打散重建，形成多层级的场域环境，因此有学者将网络新闻称为场域构建。

四、四大商业门户网站体育新闻“移动叙事”阶段特征

（一）叙事平台多样性带来“个体叙事”的突飞猛进

移动平台与社交媒体的蓬勃发展使网民个体叙事蓬勃发展。2009 年开始微博的强势发展、2010 年后移动新闻客户端的大范围启动带来了整个互联网新闻移动化的变革发展。平台的改变带来新闻叙事主体角色和创作方式的巨大改变。微博、微信的对话循环模式使网民们的个体叙事进入到了网络新闻叙事渠道之内。

“我”强势入主体新闻叙事。个人叙事参与到网络新闻传播之后，“我”的个体视角代表了亲历，代表了平民化的观察，在互联网开放的叙述场之中，个人意见被新闻传播接受，自下而上的逻辑改变了上传下达的权威传播逻辑。通过个人的私语，个人化内容记录传播，围观之下的公共私人发言空间扰乱了公共空间与私人空间，情感、意见、观点、视角都在私语化的个人叙事中得到释放，记者编辑的叙述视角也下放到日常生活中来。从抽样文本的观察中可以看到对退役运动员的关注，在新浪的相关阅读中也能够看到人物限知视角的频繁运用，个人叙事影响的不仅仅是发言，同时也影响了网络媒体怎样发言。

以网民为中心的叙事模式在大数据等技术支撑下得以实现。2013 年新浪进行了成立 15 年来最大的一次变革，将交互活动提升到首页，根据网民使用习惯设置网页内容，提升内容产出效率将体育归入商业频道。在此之前的 2010 年世界杯中高度重视时间轴等交互控制应用，打通门户网站与移动端各种存储和控制功能。从 2009 年开始的原创视频制作中，从网民、体育迷视角进行节目开发与制作，平民化视角产品开发更加反映出个体化叙事的发展趋势。

（二）“瀑布流”式内容层级提升与赛事主题丰富化改变叙事结构

从移动互联网及应用产品的推出后，采取了适应手机阅读的纵向内容展示，这一阅读模式甚至影响了门户网站新闻的内容呈现，尤其在 2013 年四大商业门户网站都进行了改版。通过增加栏间距，提升图片符号，内容层次提升到频道首页，

进行了“瀑布流”式的叙事层次改革。

叙事主题开发出更丰富的赛事主题。延续重大赛事新闻报道力度的同时，四大商业门户网站在报道对象上有了更多的选择，世界杯、亚运会、欧锦赛、欧冠联赛、在四大商业门户网站体育微博、微信等新闻叙事文本调研中可知，体育赛事主题占到事实性新闻文本的近 60% 。

（三）影像符号与顺述直播凸显，个体化视角比例有所提升

2008 年后，网络视频开始突飞猛进的发展，一方面在重大赛事期间推出了赛事视频直播、点播以及大量原创视频新闻产品，另一方面在移动网络平台上成立了专门的视频应用，加强移动客户端中的视频内容建设，如腾讯视频，2012 腾讯奥运版新闻客户端“在腾讯，在现场”等对影像叙事都给予了极大的重视。

四大商业门户网站的客户端保留“图片标题 + 小图预览”模式，图片应用一般以新闻中的关键瞬间，如比赛中的得分瞬间、事故瞬间、违规瞬间或新闻中的情绪场面、证实性画面等内容出现，片段性还原新闻现场。2015 年以来视频成为新闻文本中的附加“标配”。一般视频会以集锦、关键细节、同步新闻的形式出现在正文页中，反映出四大商业门户网站在体育视频领域技术上和叙事意识上的双重提高，更加重视体育赛事或新闻事件现场感的营造。在文本多媒体搭配中以“文 - 视 - 图”的形式出现，反映出视频在体育新闻中的地位提升，相对图片则起到画龙点睛的作用。通过抽样观察，四大商业门户网站体育新闻的表现媒介除图片、视频专辑外，始终都是以文字为定调符号，说明了文字在网络新闻中的的严谨明确的表意功能。

“用户模式”与“两微一端”体现出网络体育新闻个体化视角的突出。腾讯“用户模式”通过占领到达用户的即时通讯渠道，开发出大量网络新闻内容，成功打开了用户市场。四大商业门户网站“两微一端”中的人物限知视角比例占事实性新闻的 36% ，腾讯 PC 端中体现出延伸阅读和相关阅读中个人视角比例的增加。由此观察，随着移动网络的发展网络体育新闻中个体化视角比例逐渐提高，更加重视从用户视角观察体育社会生活的发展变化。

根据叙事学时空基本概念对应关系，图 6 - 15 反映出四大商业门户网站体育新闻叙事的基本时空关系，最上层的预述、顺述、追述呈现出基本时序切入方式。

位于核心叙事下方的静述、等述、省略/扩述形成了围绕新闻核心叙事的不同叙述速度，究其本质是对核心叙事张力的控制。在网络体育新闻中形成了以体育赛事直播为核心的扩张或省略式叙事时序、速度的时空营造。

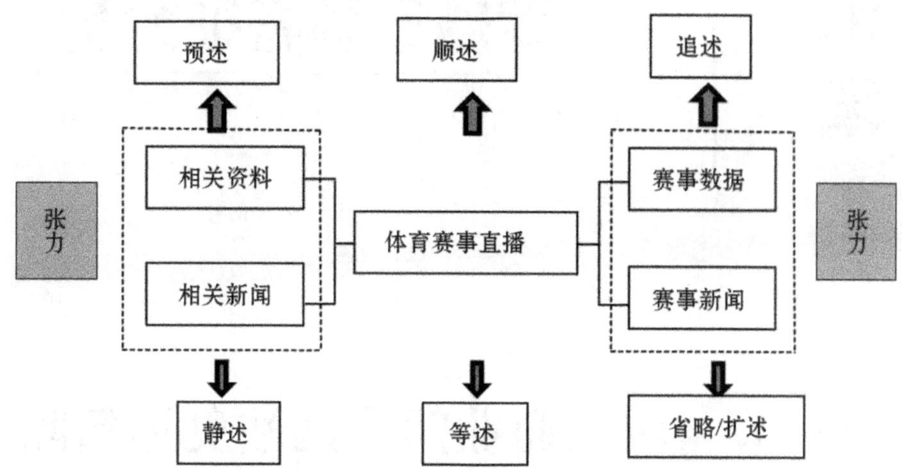

图6－15　四大商业门户网站体育新闻话语叙述时空示意图

第七章 四大商业门户网站奥运专题叙事特征分析

第一节 四大商业门户网站奥运新闻叙事结构特征分析

一、四大商业门户网站奥运专题导航层级结构特征分析

由于网络特殊的超链接层级阅读特征，网页导航一般能够反映出该网页的信息提供与阅读顺序与内容，规定了浏览者的阅读起点与方向，是网络阅读中明显突出的结构顺序。从新浪开始，尝试将新闻频道导航放置于首页，开启了标题引导阅读的网页设计新局面，之后各大网站对网页导航的设计更加重视，其互动功能与内容设计都体现出网页的内容能力与互动功能设计（表7－1）。

表 7－1　四大商业门户奥运网页导航设置统计

奥运年	网站	首页导航栏目
雅典奥运会 2004	新浪	赛程赛果、专题、动画、直播室、冠军视频、冠军聊天、明星、论坛、竞猜、手机看奥运、无线奥运、华奥星空、奥运首页、快讯、图片、奖牌榜、金牌战报、分项新闻、中国、诸强、评选、奥运资料库、加油中国、竞技风暴
	搜狐	新闻奥运、中国军团、国际纵队、奥运首页、网站地图、思想奥运、搜狐特评、十面埋伏、搜狐聚焦、烽火 16 日、明星奥运、金牌英雄、姚明部落、22 种锋芒、明星在线、视听奥运、奥运视频、闪客奥运、酷图幻灯、图行雅典、数字奥运、奥运宝典、TV 转播表、赛程、金牌榜、明星库、互动无线、奥运论坛、金牌快递、中国加油、WAP、直播
	网易	金牌报道、赛事传真、中国旋风、图文中心、图文报道、热评、诸侯、赛程、金牌时刻、奖牌时刻、无线奥运、滚动、夺金历程、大名单、往届冠军、图集汇总、奥运专题、论坛、评论、项目、三星奥运奖、图片精选
	腾讯	腾讯体育、奥运首页、中国军团、图片中心、五洲热报、沃特篮球、中华健儿、金牌榜、奖牌榜、直播中心、文字直播、比分直播、快讯中心、评论中心、奥运赛程、冠军名录、奥运纪录、世界纪录、QQ 据点、经典重现、雅典风情、奥运实话、无线奥运、奥运旋律奥运论坛、金牌竞猜、收听奥运、乒乓球、羽毛球、体操、跳水、射击、田径、排球、网球、举重
北京奥运会 2008	新浪	奥运首页、新闻奥运、闭幕式、图片、中国、分项、专题、视频、直播、数据、奖牌榜、赛事查询、互动、博客、评论、信息、天气、场馆、olympics、体育首页、快讯、高清图、排行、花絮、明星、金牌快报、访谈、热播榜、图文直播、资料、赛程、看点、竞猜、播客、专家、搜索、路况、转播表、无障碍、耐克中国军团专题——刘翔因伤退赛、中国军团盘点、闭幕式、视频完全盘点、梦八时隔八年重夺金、邹市明第 50 金、张小平第 51 金

续表

奥运年	网站	首页导航栏目
	搜狐	新闻、首页、滚动、快讯、评论、项目、中国军团、世界诸强、新闻排行、金牌英雄、闭幕式、开幕式、每日看点、奥运村、火炬、特别策划、各界、体育频道、手机奥运、视频、央视直播、体育播报、北京播报、冠军面对面、奥运紫微星、互动、博客、社区、图说、彩票、金牌竞猜、壁纸、官网、08 奥运官网、中国之队、代表团、奥运中国、最新图片、花边、夺金时刻、明星、表情、数据、赛程、直播中心、金牌榜、资料、转播表、指南、观赛指南、奥运场馆、城市路况、门票、活动、热词、网站地图、奥运赛事信息系统、中国金牌榜、中国队赛果、金牌赛事赛果、世界纪录、赛事赛程、金牌榜、直播中心、资料库、金牌榜、破纪录榜、中国军团、男篮、足球、乒乓球、女排、姚明、刘翔、郭晶晶、美国梦八队、奥运项目（折叠目录）
	网易	滚动、直播、中国、视频、访谈、闭幕式、奖牌榜、官方站、贴吧、社区、设为首页、奖牌榜、排行、赛程、时政、花絮、图片、评论、刘翔退赛、资料库、大名单、场馆、明星、项目、男足、女足、男篮、女篮、跳水、羽毛球、乒乓球、游泳、举重、体操、射击、田径、网球、110 米栏、排球、金牌导航
	腾讯	新闻、滚动、图片、博客、评论、专题、金牌榜、赛程、数据、直播、运动员、中国、视频、腾讯独家访谈、建宏一点谈、金牌时间、奥运星猜想、主编论坛、美女运动汇、龙门阵、街拍、动感拉拉、服务、实时路况、公交换乘、历史资料、天气城市、场馆、欧洲体育、放胆做中国、互动、金牌竞猜、flash 运动、搜吧、Q 吧、涂鸦日记、冠军拼图、问答、奥运项目、田径、游泳、中国金牌
伦敦奥运会 2012	新浪	奥运首页、新闻、赛程赛果、中国军团、花絮动态、诸强、项目、直播大厅、高清图库、金牌专题、滚动、快讯、体育首页、微博、中国健儿、运动会、加油榜、前线记者、博客、IPAD、WAP、视频、中国金牌榜、黄健翔、金牌播报、冠军访谈、郭德纲、体育评书、数据、彩票、电视、明星、项目、flash、场馆

续表

奥运年	网站	首页导航栏目
	搜狐	首页、滚动、快讯、中国军团、诸强、项目、金牌英雄、开幕式、前方、评论、花絮、手机、视频、赛事、夺金瞬间、感动、场外花絮、长视频、热点、电台、赛程、金牌榜、直播、历史资料、场馆、转播表、微博、社区博客、活动、游戏、大赢家、竞猜、图片、赛表、图标、夺金、盘点、美女、策划、前哨战、看点、指南、伦敦眼、伦敦范、人物、晨报
	网易	新闻、滚动、专题、中国军团、图片、秀色、说图、世界诸强、视频、中国、夺金时刻、世界、赛事精华、数据、资料库、赛程、奖牌榜、场馆、互动、微博、博客、奥运竞猜活动、奥运榜样评选、明星、奥运微电影、潮拍、体育首页、中超官网、全部项目、乒乓球、羽毛球、刘翔、田径、男篮、排球、游泳、跳水、体操、举重、射击、刘翔退赛专题、往期回顾、骑车去伦敦、加多宝伦敦游、伦敦行动、飞度带你游伦敦
	腾讯	新闻、图片、高清图、专题、直播、评论、中国、奖牌榜、赛程、赛果、项目、省市诸强、运动员、前线直击、视频、中国茶馆、金牌第一时间、奥运父母汇、杯中话风云、名将播报、伦敦眼、品蔚英伦、微博、奥运官博、微频道、中国军团、思享奥运、星动奥运、微日志、微茶馆、体坛圈、捷报圈、日历、我的奥运、竞猜、3D 指尖奥运、应用、微信、百科、中国金牌、金牌榜、奖牌榜、历届
里约、奥运会 2016	新浪	新闻、中国军团、最前线、花絮、诸强、金牌页、闭幕式、高清、滚动视频、金牌访谈、大冒险、GIF 动图、早晚报项目、游泳、足球、乒乓球、举重、排球、篮球、羽毛球、田径资料、场馆、明星、历史、查询、手机版、微博赛事新闻：全部、田径、游泳、足球、篮球、排球、射击、举重、更多、兴趣设置

续表

奥运年	网站	首页导航栏目
	搜狐	首页、滚动、中国军团、诸强、项目、金牌英雄、闭幕式、快讯、前方、评论视频、奥运早新闻、全景里约、独家对话、明说奥运、极速前进赛程、奖牌榜、资料、直播室、金牌时刻、中国赛程、历史图片、赛事精选、图表、直击、花絮、美女、体育策划锐体育、每日看点、人物志、预测、教授报道团、手机看奥运奥运项目：足球、男篮、女篮、排球、乒乓球、羽毛球、体操、田径、射击、跳水、网球、击剑、举重
	网易	奥运首页：中国军团、世界诸强、田径、跳水、羽毛球、游泳、更多
	腾讯	新闻、图片、中国军团、前线直击、项目、此刻是金、数据库、赛程、奖牌榜、评论、企鹅直播、社区、视频、下一个我、里约家味道、金牌驾到、第一时间、冠军直通车、冠军星探、专业看奥运、精选视频、玩转奥运、跑向里约、奥运精彩、精选视频：原创节目（下一个我、第一时间、冠军直通车、金牌驾到、里约家味道、冠军星探）、精品栏目（冠军时刻、国家荣耀、奥运传奇、巅峰记录、奥运英雄、奥运时尚）、奥运项目（乒乓球、羽毛球、跳水、射击、举重、体操、游泳、足球、篮球、排球、田径、网球）

四大商业门户网站对体育的关注在一次一次的奥运会战役中体现得淋漓尽致（表7-1），从四大商业门户网站夏季奥运会首页导航层次来看，四大商业门户网站奥运网页中导航数量在北京奥运会达到顶峰，即表7-2。

表7-2　四大商业门户网站奥运网页导航栏目数量统计（2004—2016）

	四大商业门户网站导航栏目数量			
	新浪	搜狐	网易	腾讯
雅典奥运会	24	31	22	36
北京奥运会	47	76	41	43
伦敦奥运会	35	46	46	45
里约奥运会	31	38	8	25

从四大商业门户网站奥运网页导航栏目的分布来看（图 7－2），北京奥运期间是导航内容与引导方式最详实的一届，足以反映出四大商业网站在本次奥运会的重视程度与投入力度。其中搜狐在 2008 年北京奥运会期间导航栏目设置最多，佐证了 2008 年搜狐获得奥运会合作伙伴的强势表现。从折线的整体分布趋势中还能够得出 2008 年后新浪和搜狐都呈现出导航数目下降的趋势，而网易和腾讯则在 2012 年后呈现出下降趋势。这一变化反映出栏目导航在网媒发展进程中受重视程度逐渐下降。从统计观察中可以得到，四大商业门户网站的首页第一屏主导航设置数量下降的同时，首页呈现的各栏目分导航数量在增加，即导航功能从主通道的形式向分通道发展，功能分化到内容之中，以内容吸引网民阅读增强了网络内容的阅读吸引力。

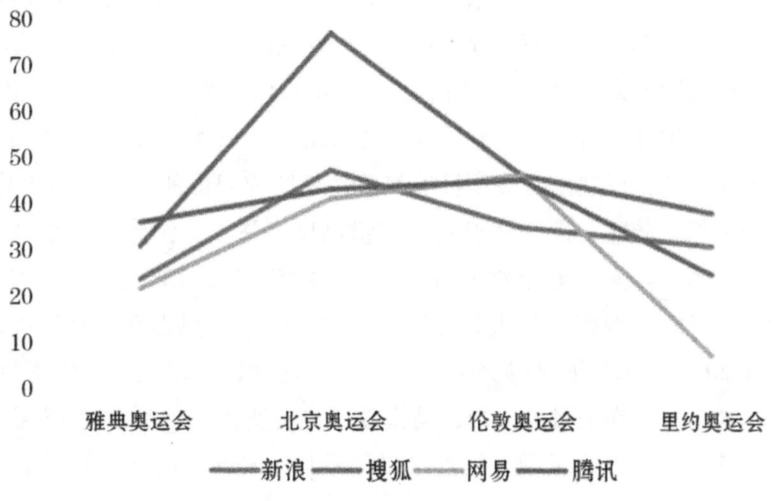

图 7－1　四大商业门户网站奥运网页导航栏目数量分布

从四大商业门户网站各自的表现来看（图 7－1），搜狐在 2008 年奥运会中导航数量达到了最高点，其次是腾讯在 2012 年达到了 53 个，新浪和网易最高点为 45 个和 46 个，表现出在导航方面，新浪和网易相对较为保守。新浪和搜狐具有较强的相似性，发展趋势大致相同。腾讯和网易的奥运网页导航栏目数量较少，伦敦奥运会中网易与腾讯较新浪与搜狐更加注重内容分解，详细内容设置见下文。

2008 年以后搜狐与新浪显示出的导航数量下降反映出两者在体育新闻中的竞争关系，同时也呈现出网络体育新闻报道阶段性高峰。在统计观察中也能够发现，虽然主导航数量在下降，但首页栏目内容中的附加导航数量增多，即对首页栏目的导航功能加强，主导航路径功能下降。导航数量的下降也源于内容传播的重视，尤其体现在网易体育频道之中。从网易的发展历史来看，其更加重视网络技术的运用，注重对网络互动性的开发，页面设计相对简洁。在网易体育中采取了内容的垂直设计，在阅读过程中降低了对导航的依赖。

从各媒体分布来看，腾讯、搜狐、网易、新浪都在导航栏目上呈现出赛事项目，在没有项目分列的导航中也有“项目”的主导航或者折叠导航，赛事项目对于综合性赛事具有很强的引导作用（表 7－3）。

从项目出现频率来看，主导航中项目出现的频率并不多，反映出赛事项目导航在内容呈现、阅读便捷方面表现不够突出，对网民的吸引力较弱，采用率较低。

从项目合计数量来看（图 7－2），出现的项目包括举重、乒乓球、羽毛球等中国的优势项目。田径项目较为凸显，且主要出现在 2008 和 2012 年，主要集中在刘翔的田径赛场表现，反映出对该项目的突破性成绩的期待和关注。在优势项目中，乒乓球、羽毛球、篮球、排球处于同一数量高度，举重、游泳、跳水处于关注同一水平线，射击、体操、足球处于同一水平，跆拳道和网球处于同一水平线。这些细微的差别反映出网媒及其服务的网民们关注的最大热点在于有突破成绩出现的项目，在 2008、2012 年取得突破的篮球与排球项目，以及中国绝对优势项目，如乒乓球、羽毛球。在项目关注中，马太效应也有所体现，除以上 13 项体育项目之外，没有其他赛事项目呈现，报道项目并不均匀分布，有些冷门项目甚至无迹可寻。

表7－3　四大商业门户网站奥运专题首页导航项目分布

		四大商业门户网站奥运专题导航项目分布													
		综合	举重	乒乓球	羽毛球	篮球	排球	射击	跆拳道	游泳	体操	跳水	田径	网球	足球
雅典奥运	新浪	24	—	—	—	—	—	—	—	—	—	—	—	—	—
	搜狐	31	—	—	—	—	—	—	—	—	—	—	—	—	—
	网易	22	—	—	—	—	—	—	—	—	—	—	—	—	—
	腾讯	27	1	1	1	—	1	1	—	—	1	1	1	1	—
北京奥运	新浪	47	—	—	—	—	—	—	—	—	—	—	—	—	—
	搜狐	73	—	1	—	1	1	—	—	—	—	—	—	—	—
	网易	25	1	1	1	2	1	1	1	1	1	1	2	1	2
	腾讯	41	—	—	—	—	—	—	—	1	—	—	1	—	—
伦敦奥运	新浪	35	—	—	—	—	—	—	—	—	—	—	—	—	—
	搜狐	46	—	—	—	—	—	—	—	—	—	—	—	—	—
	网易	36	1	1	1	1	1	1	1	—	1	—	2	—	—
	腾讯	45	—	—	—	—	—	—	—	—	—	—	—	—	—
里约奥运	新浪	23	1	1	1	1	1	—	—	1	—	1	—	—	1
	搜狐	38	—	—	—	—	—	—	—	—	—	—	—	—	—
	网易	4	—	—	1	—	—	—	—	1	—	1	1	—	—
	腾讯	25	—	—	—	—	—	—	—	—	—	—	—	—	—
总计	542	4	5	5	5	5	3	2	4	3	4	7	2	3	

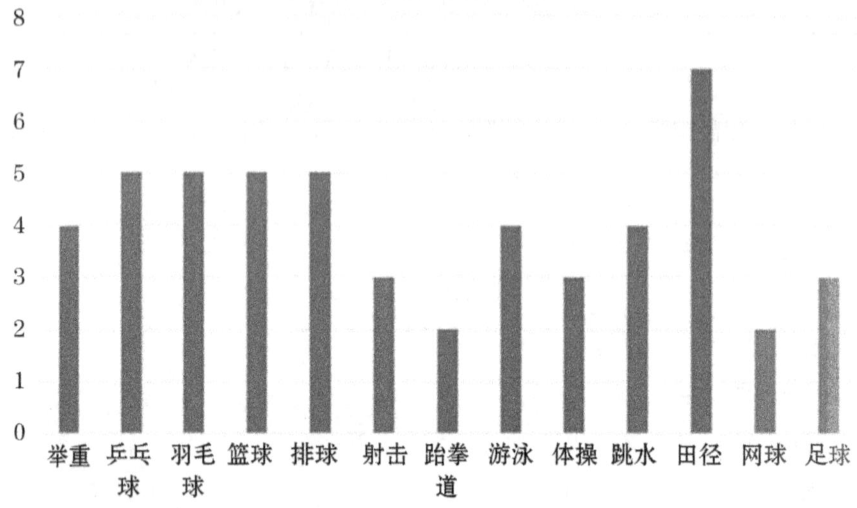

图7-2　四大商业门户网站奥运专题导航栏目赛事项目分布

二、四大商业门户网站奥运专题首页栏目链接结构特征分析

对比导航栏目数量，除2008年搜狐和腾讯奥运专题、2012年网易奥运专题、2016年新浪奥运专题外，首页栏目数量都要比导航栏目数量多（表7-4）。因此首页栏目内容要比导航内容要丰富得多。

表7-4　四大商业门户网站奥运专题首页栏目数量统计

	四大商业门户网站奥运首页栏目数量统计			
	新浪	搜狐	网易	腾讯
雅典奥运会	55	61	25	40
北京奥运会	57	55	61	23
伦敦奥运会	46	50	26	34
里约奥运会	24	44	28	42

四大商业门户中网易奥运首页中栏目数量变化最显著，即从2004年最少的25个急剧增长到2008年的61个，伦敦奥运会又极具的下降到26个（图7－4）。这个极具变化过程表现出网易对新闻叙事内容呈现的探索，从栏目通道的首页设置到内容的垂直呈现发展。与此形成鲜明对比的是腾讯的首页栏目数量变化，北京奥运会期间腾讯奥运首页数量与其他三个门户网站形成极强烈的对比，从统计观察中能够看出腾讯的原创栏目数量对比其他三个门户网站要少得多。而在之后的两届奥运会中，腾讯迎头赶上，与腾讯体育发展的事实特征有所印证。

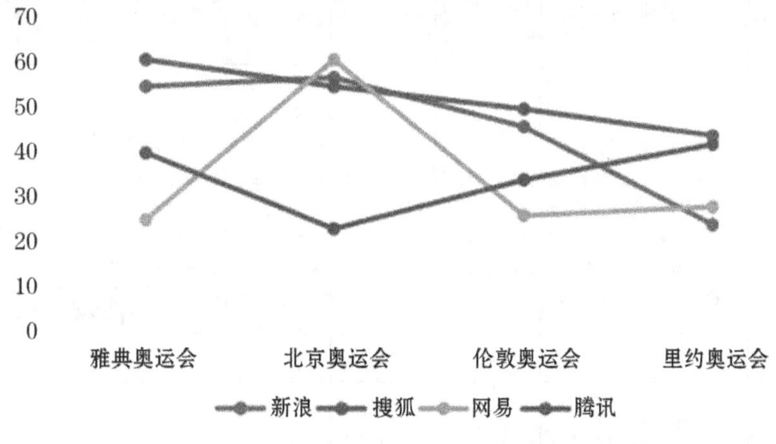

图7－3　四大商业门户网站奥运专题首页栏目数量历届变化

四大商业门户网站奥运专题首页中的栏目链接具有屏幕顺序之间的递变规律，从统计调研数据可知，每屏的信息传递功能主要表现为第一屏：新闻传递功能；第二屏：新闻分类分解；第三屏：新闻整合与延展；第四屏：深度解读页；第五屏：图片集与互动栏目；第六屏：提供检索资料非常丰富，为查看赛事相关信息提供互动便捷；第七屏以后的栏目内容时效性较低，提供赛事周边内容，增强服务属性，并进一步延展新闻列表，提供更加丰富充实的新闻信息（表7－5）。

表 7-5 四大商业门户网站奥运专题首页栏目位置分布

		四大商业门户网站奥运专题首页栏目位置分布								
		第一屏	第二屏	第三屏	第四屏	第五屏	第六屏	第七屏	第八屏	第九屏
雅典奥运会	新浪	焦点图、冠军聊天、焦点新闻、金牌榜、完赛赛果日历、精彩专题、中国军团（女排、男篮、女篮）、专家热评	焦点新闻、视频新闻、文涛侃奥运、世界诸强、精彩图集、新闻明星赛程搜索、性感奥运	循环图片浏览、中国军团、金牌之路、精彩图片、商城推荐	排球（中国女排）、昨日回眸、华奥相关、每日妙语、每日漫画、媒体伙伴、中国奥运历史大全、游泳（中国跳水、中国游泳）	田径（中国田径）、NIKE 社区、媒体互动	视频专区、跆拳道（中国跆拳道）、拇指奥运、电视奥运、皮划艇（中国皮划艇）、体操（中国体操）、专家专栏	网友互动、足彩专区、篮球（中国男篮、中国女篮）、奥运祝语、世界诸强、每日项目、比赛场馆	项目介绍、火炬传递、篮球、其他、相关链接、中国军团完全赛果、雅典风情、残奥之窗	雅典动态、热门评论
	搜狐	图片集、焦点新闻、金牌榜、中国奖牌榜、奥运赛程、中国军团单项总结、TOP10 评选、中国军团、每日特评、专题汇总	金牌英雄专区、奥运烽火16日、国际纵队、项目专题、中国军团、项目、代表团	竞猜、每日回顾搜索、奥运调查、聆听雅典、中国女排夺冠、香艳奥运、22 种锋芒	精彩组图、男篮、跆拳道、嘉宾在线、酷图幻灯、跳水	评论阵容、田径、其他	奥运明星库、国际纵队、篮球、足球、专题回顾、纪录大全、项目介绍、奥运备忘、媒体合作、合作企业、网友互动区、搜狐奥运论坛	视听奥运、酷图幻灯、网闻联播、图行雅典、奥运宝贝、其他、闭幕式、报刊合作伙伴、雅典奥运网刊、闭幕式	占星直击奥运冠军、特约漫画精选、十面埋伏、官方消息、狐说奥运、奥运大家庭、奥运联动网站	
	网易	焦点新闻、今日头条、网易前线采风图片库	中国旋风、其他、奥运日志、至 in 评论、精彩十分、精彩图片集、调查投票	动感奥运、图文中国、项目时间表、精彩写真、图文雅典	北京场馆介绍、明星壁纸下载、诸侯、精彩写真	第二届网易文化论坛奥运会、精彩欣赏、热点新闻、奥运资料馆、热门评论、精彩回顾				
	腾讯	头条图片、联合报道、金牌榜、奖牌榜、明星奥运访谈	奥运直播中心、奥运最新战报、奥运赛程、奥运分项目	订阅彩信、快讯、中国军团、特点调查、QQ 网友即时评论、中国奥运代表团名单	国际诸强、奥运图片传真、聆听奥运激情、中国军团、中国奥运冠军、跳水、百年奥运史话	奥运项目介绍、田径、跆拳道、篮球	乒乓球、港澳台、其他、赛场花絮	雅典风情、五洲热报、雅典奥运物品、雅典奥运场馆	经典回眸、世界纪录、雅典动态、奥运会纪录、即时评论、奥运花絮	

续表

		四大商业门户网站奥运专题首页栏目位置分布								
		第一屏	第二屏	第三屏	第四屏	第五屏	第六屏	第七屏	第八屏	第九屏
北京奥运会	新浪	焦点图片、焦点新闻、奖牌榜、精选视频、精彩视频	中国军团、专家专栏、典藏特刊、花絮、走进冠军家、焦点赛事热点专栏	北京奥运会圆满闭幕、美国男篮重夺奥运金牌、奥运成绩查询、奥运新闻搜索、访谈聊天、分项新闻、奥运图集、播客、评论、邹市明第50金、张小平第51金	中国军团其他、奥运聚焦、奥运加油团互动、奥运花絮、中国军团（乒乓球、田径、排球、男篮、女篮、体操、游泳、网球、女足、男足、羽毛球、设计、水上项目、击剑、举重、其他、手曲棒垒、柔道）、排行榜	图集、中国金牌专题	特约调查	奥运特刊	奥运名人堂、加油中国专区	诸强鏖战、国际及地区介绍、焦点明星、赛场内外、视频点播、北京指南、背景奥运场馆体验、奥运地图、往日回顾、博客评论、奥运博文、名人有话说、媒体面面观、奥运草根谭、奥运博客圈、奥运人气吧、热点体育论坛、奥运报道联盟、合作媒体、名人博客、每日话题、明星日志、论坛热图、热门活动
	搜狐	奥运赛事信息系统（中国金牌榜、中国队赛果、金牌赛事赛果、世界纪录、赛事进程、金牌榜、直播中心、资料库）金牌榜、金牌专题、聚焦奥运、焦点新闻、冠军面对面	奥运视频、央视直播、搜狐体育播报、搜狐北京播报、独家评论、奥运快讯、各省奖牌分布图、特别策划、独家评论	独家评论、视觉盛宴、中国奥运英雄做客冠军面对面、中国军团、诸强动态、评论、搜狐制造、搜狐联盟、SO奥杂志、武建军漫画专栏、奥运晨报每日回归	奥运图库	奥运项目（闭幕式、男篮、拳击、女排、田径、乒乓球、跳水、艺术体操、女篮、跆拳道、男足）	冠军（金牌竞猜、金牌专题、明星说事）、独家（搜狐报道团、奥运村、官方公告）、奥运博客（明星、专家、草根言论）、奥运活动、往日回顾、夺金瞬间	奥运社区（狐说08）、图说、活动、奥运场馆、明星、场馆搜索、实时路况、圣火传递、诸强动态、精彩图库	视频盛宴、性感花边、明星动态、专家评论、奥运城市、奥运官方、新闻排行、图片排行	战略合作电视台、奥运媒体联盟、奥运战略合作媒体、奥运合作网站、2012伦敦奥运会

续表

		四大商业门户网站奥运专题首页栏目位置分布								
		第一屏	第二屏	第三屏	第四屏	第五屏	第六屏	第七屏	第八屏	第九屏
	网易	金牌视听专题、焦点新闻、视频头条、奥运完全奖牌榜、奥运表情完全记录、奥运十大激情突破、奥运完全影像记录、奥运百大明星回顾、奥运十大新闻事件、奥运绝世美女、奥运十大绝对帅哥、奥运十大精彩逆转、中国奥运十大突破、奥运十大悲情时刻、奥运十大感动英雄、奥运十大美女主播、盘点中国军团51金	图片精选、奥运搜索、赛事新闻、论坛精选、网易酷屏、奥运封神榜、精美幻灯、360行看奥运、热点调查	赛事要闻、列强要闻、奥运访谈、视频策划、奥运明星脸、奥运地图	奥运时政、奥运花絮、奥运博客、奥运杂谈、奥运资料库、奥运日志、独家策划、互动中心	互动中心、全国高校奥运观方站、奥运猜星、奥运吧、他来看他的奥运会、热门帖吧、视频中心	图片中心（比赛瞬间、幻灯大片）、中国军团、精彩视频、赛程表、图片、各省奖牌榜、中国大名单、项目新闻、项目明星榜	项目新闻（曲棍球、田径、男篮、女排、男足、女足、设计、体操、跳水、游泳、乒乓球、鱼买球、皮划艇、跆拳道）	列强争霸（美国、俄罗斯、日本、韩国、中国香港、中华台北）、列强明星榜	资料库（奥运场馆、奥运历史、奥运名人堂、中国冠军录）、项目库、合作媒体
	腾讯	焦点图、焦点新闻、金牌榜、重点赛事、赛事日历	独家访谈、焦点新闻、特别策划、eurosport专栏、数据查询、奥运博客	热点评论、中国军团、精彩互动、诸强争战、奥运活动、赛场内外、图片	精彩图库、中国（篮球、排球、田径、跳水）、运动员	中国（游泳、体操、举重、射击、足球、综合）、专题	诸强（美国、其他、运动员、俄罗斯、运动员）	视频、播客	资料、奥运联盟、社区	

续表

		四大商业门户网站奥运专题首页栏目位置分布								
		第一屏	第二屏	第三屏	第四屏	第五屏	第六屏	第七屏	第八屏	第九屏
伦敦奥运会	新浪	焦点图、焦点新闻、金牌榜、中国金牌专题	中国金牌专题、焦点新闻、王牌栏目、花絮播报	微博奥运、精彩视频、中国军团、奥运三健客、MINI奥运独家观点	花絮播报、开幕式、官方纪录片、中国军团新闻、金牌播报、奥运大郭饭、健翔读报	花絮图片、中国军团新闻、体育评述、奥运广角、奥运英雄榜	焦点新闻、奥运万花筒、金牌全记录	奥运彩票、新闻排行、搜索、新闻回顾、动态花絮、专家点评、中外媒体头条、诸强新闻、奥运副刊	新浪在前方、新华前线	高清图集、中国军团(分项项目其他、拳击)、热点调查、中国军团(田径、游泳、跳水、乒乓球)、他们在微博、中国军团(羽毛球、体操、篮球、排球)、诸强烽火(韩国、日本、诸强明星)、诸强烽火(美国、其他、英国、俄罗斯)、诸强扫描、赛场内外(花絮报道、最新动态、奥运场馆)、播客评论(评论、播客、他们在微博、合作媒体)、活动推荐、伦敦风情、奥运历史

续表

		四大商业门户网站奥运专题首页栏目位置分布								
		第一屏	第二屏	第三屏	第四屏	第五屏	第六屏	第七屏	第八屏	第九屏
	搜狐	赛事中心（赛事回顾、赛事中心、直播中心、资料库、金牌榜）、奖牌榜、焦点图、焦点新闻、中国奖牌榜	奥运视频、中国金牌、焦点新闻、金牌英雄、中国奖牌地图、奥运微博	视频盘点、中国军团、闭幕式、关注刘翔、跳水、伦敦眼、伦敦饭、奥运晨报、西游伦敦记	奥运背后的故事、奥运精品节目、网友视角、焦点新闻（跳水、田径、拳击、足球、男篮、女篮、）名将 AB 面、奥运观察、特别策划	奥运美女、焦点新闻（乒乓球、女排）、体育大视野（图集）	闭幕式图片、夺金时刻、中国军团、美女花絮	图片策划、图表漫画、奥运项目（足球、篮球）、每日看点、每日回顾	奥运项目（乒乓球、羽毛球、排球、体操、游泳、跳水）、奥运景观、奥运场馆	奥运项目（田径、射击、剧中、击剑）、项目介绍、网友调查、微博社区（奥运社区、奥运微博、微博热议）、前方报道团（搜狐前方报道、奥云南日报联盟前方报道、搜狐前方报道团专家）、中国军团（中国军团、美国军团、俄罗斯军团、中国代表团、中国名将、项目名单、奥运诸强、日韩军团中国历届成绩）、奥运新闻（视频报道、场外花絮、历届回顾）、奥运新闻（精彩图片、官方公告、各界评论、奥运其他、闭幕式动态、火炬传递）、历史资料、热门专题相关链接合作媒体

续表

		四大商业门户网站奥运专题首页栏目位置分布								
		第一屏	第二屏	第三屏	第四屏	第五屏	第六屏	第七屏	第八屏	第九屏
里约奥运会	网易	焦点图、头条新闻、奖牌榜、伦敦奥运赛程	精彩赛事、网易制造、实力榜、中国军团(焦点新闻)、数据库、运动无极限互动、奥运数据库、备战伦敦	奥运记忆、名家评论、微博、诸强争霸、分项新闻(乒乓球、羽毛球、跳水、射击、举重、排球、网球、游泳、体操)、实用信息、投票调查、赛场内外	互动中心(运动无时限、361伦敦行动、单车去伦敦)、天天看奥运(焦点图、精品推荐)	伦敦眼、图片故事、视频中心(头条视频、视频精选、英雄志、伦敦时事)	独家策划(伦敦十日谈、伦敦眼、奥运零度角)			
	腾讯	焦点图、焦点新闻、金牌第一时间、独家微博冠军访问	精彩视频、中国茶馆、重点赛事、中国军团	微茶馆、诸强征战、奥运项目(乒乓球、羽毛球、体操、射击、游泳、田径、举重、跳水)、赛程查询、赛场内外、玩转伦敦	各方评论、主题活动、精彩图片、热点专题、微话题、微博	微博(中国军团、特别关注、)图片(焦点图、热图排行、美图精选)	视频、热门视频、热点专题	前线直击、腾讯地方站奥运报道大联盟	QQ 会员奥运专题、体坛媒体、花絮	社区、篮球队、羽毛球队、乒乓球队、体操队、跳水队、射击队、合作伙伴
	新浪	焦点新闻、焦点图、GIF 集锦、奖牌榜	焦点新闻、最新资讯(视频)、中国金牌	焦点新闻、最新资讯(视频)、赛事中心、人物、里约最前线	热点调查、排球、乒乓球	田径、羽毛球、篮球、击剑、奥运王中王、世界诸强(大咖盘点、经典回顾)	视频、图集	赛事新闻、中国明星、热点赛事	赛事新闻、新浪前方	赛事新闻
	搜狐	独家对话、奥运速递、赛事中心、直播中心、资料库、奖牌榜、奥运项目(足球、男篮、女篮、排球、乒乓球、羽毛球、体操、田径、射击、游泳、跳水、击剑、举重)、中国奖牌榜、焦点图	独家对话、奥运视频、焦点新闻、人物志、奥运锐体育、金牌人物、奥运早新闻	独家对话、焦点新闻、每日看点、中国奖牌地图、自媒体、网友调查、前方	教授报道团、焦点新闻、赛事日历、中国军团、独家对话、体育大视野	独家对话、直击里约(图集)、中国军团(图集)、独家对话	中国军团、诸强新闻、男篮女篮、男足女足、热点策划、历届回顾	乒乓球、羽毛球、排球、体操、游泳、跳水、田径、射击、奥运项目、相关链接	举重、精彩图片、击剑、各界评论、独家对话	

续表

	四大商业门户网站奥运专题首页栏目位置分布								
	第一屏	第二屏	第三屏	第四屏	第五屏	第六屏	第七屏	第八屏	第九屏
网易	焦点图、奖牌榜、经典回顾、焦点新闻、合作方官网	经典回顾、焦点新闻、冠军之家（视频专访）、中国荣耀、中国军团、零度角、投票调查	焦点新闻、名家说奥运	经典回顾、焦点新闻、人物志、数读	经典回顾、焦点新闻、中国军团、世界诸强、中国明星、世界明星	经典回顾、焦点新闻、日韩明星、其他国家、奥运项目（田径、游泳、跳水、体操、花样游泳、射箭、射击、击剑、乒乓球、高尔夫球、七人橄榄球、篮球、足球、手球、水球、曲棍球、举重、拳击、赛艇、帆船帆板、皮划艇、自行车、马术、现代五项、铁人三项）	经典回顾、焦点新闻、奥运场馆、奥运历史	经典回顾、焦点新闻	经典回顾、焦点新闻、冠军之家（视频访谈）、奥运公开课（10～22）经典回顾、焦点新闻、图集
腾讯	焦点图、精彩赛事、奥运之计、奖牌榜、中国金牌、冠军直通车、头条新闻（视频、滚动、图片、机器人播报奥运）、重点赛事、第一时间、奥运快报漂浮	头条新闻、原创栏目	劲霸奥运时刻、三星奥运专区不一样的看法不一样的奥运、奥运社区（活动、热帖）、奥运项目	诸强征战、奥运项目（足球、篮球、排球、田径、游泳、乒乓球、跳水、羽毛球、举重、击剑、马术、拳击、设计、体操、跆拳道）、奥运视频	精选视频（原创节目、精品栏目、奥运项目）	前线直击、全景直播里约奥运、中国军团、第一现场	精彩图片	此刻是金、跑向里约、玩转奥运	奥运专题，10奥运社区（神贴、热帖、其他、社区活动、名家专栏），11奥运自媒体联盟，12捷报论坛，13足球、篮球、排球、游泳（视频、滚动新闻），14举重、跳水、射击、田径，15乒乓球、羽毛球、奥运场馆，16合作伙伴

从网络的层级阅读特征入手，首页的第一屏是网络新闻中最重要的页面，能够反映出网络媒体新闻的选择立场和价值判断（表7－5）。在四大商业门户网站奥运专题首页中第一屏的栏目频率最高的依次是金牌榜、焦点新闻、专题、焦点图、赛程、冠军对话、视频、中国队、直播、资料、评论、赛事中心、赛事回顾、项目新闻、赛事系统、比赛记录、GIF 动画、合作官网。从调研结论来看，四大商业门户网站在奥运新闻报道中最注重的内容为金牌（奖牌），虽然“体育强国”口号已经提出多年，体育产业、群众体育等成为近年来体育发展的热词，但就网络媒体体育新闻的报道核心来说，还没有脱离“金牌核心”，成为网络体育新闻叙事中的核心词汇。

从第一屏出现的内容来看具有新闻性质的包括焦点新闻、焦点图、视频、中国队、直播、项目新闻共六个栏目，策划类包括专题、冠军对话、资料、评论、赛事中心、赛事回顾、赛事系统、记录、GIF 动画共九个栏目。由此可以判断第一屏内容中以新闻信息传递为主。

表7－6　四大商业门户网站奥运专题首页第一屏栏目出现频率

	四大商业门户网站奥运专题首页第一屏栏目出现频率																
	金牌榜	焦点新闻	专题	焦点图	赛程	冠军对话	视频	中国队	直播	资料	评论	赛事中心	赛事回顾	项目新闻	赛事系统	记录	GIF 动画
出现频率	20	18	17	15	8	6	4	3	3	3	2	2	2	2	1	1	1

新浪在四届奥运专题中首页栏目排名前三的依次为“金牌榜、焦点图、焦点新闻”，这三个栏目在四届奥运会专题首页上都有所体现，可见新浪在奥运报道中的核心价值始终锁定在奖牌榜与新闻两个关键点上（表7－7）。

表7-7　新浪奥运专题首页第一屏栏目出现频率

	新浪奥运专题首页第一屏栏目出现频率									
	奖（金）牌榜	焦点图	焦点新闻	专题	冠军聊天	赛程	中国	评论	访谈	GIF
出现频率	5	4	4	1	1	1	1	1	1	1

搜狐在四届奥运专题中首页栏目排名前三依次为“金牌榜、专题汇总、焦点新闻”，且奖（金）排榜还在奥运信息系统、直播中心等栏目中予以重复出现，是搜狐首页中出现频率最高的栏目（表7-8）。其次为专题汇总和焦点新闻，专题汇总还可通过单项总结、TOP评选等形式深度策划分析。另外搜狐在首页中还非常重视统计系统的开发，如奥运信息系统、赛事中心和直播中心在后三届奥运会中都有所显现，其中奥运信息系统内容设置最全面，包括了中国金牌榜、中国队赛果、金牌赛事赛果、世界纪录、赛事进程、金牌榜、直播中心和资料库八项子栏目。2012和2016的“赛事中心”中则包括了赛事回顾、赛事中心、直播中心、资料库和金牌榜5个子栏目。到2015年的奥运首页中，赛程、直播中心、资料库等开始脱离赛事中心，成为独立栏目，突出赛事信息的集中性，并开拓了赛程、资料等内容的阅读资料源。

表7-8　搜狐奥运专题首页第一屏栏目出现频率

	搜狐奥运专题首页第一屏栏目出现频率												
	奖（金）牌榜	专题汇总	焦点新闻	焦点图	赛事中心	访谈	评论	奥运信息系统	中国军团	直播中心	赛程	资料库	项目新闻
出现频率	7	1	4	3	2	2	1	1	1	1	1	1	1

从网易奥运专题第一屏栏目出现频率来看（表7-9），最凸显的是专题设置，2008年，网易奥运首页呈现了“金牌视听专题、奥运表情完全记录、奥运十大激情突破、奥运完全影像记录、奥运百大明星回顾、奥运十大新闻事件、奥运绝世美女、奥运十大绝对帅哥、奥运十大精彩逆转、中国奥运十大突破、奥运十大悲

情时刻、奥运十大感动英雄、奥运十大美女主播、盘点中国军团51金”14个专题，体现出网易在自创栏目上下的功夫。而与此形成强烈对比的是在其他三届奥运会中，网易均没有在奥运首页中设置策划专题，取而代之的则是焦点新闻、焦点图、奖牌榜等，自创专题的凸显仿佛昙花一现。与其他三个网站相比，网易首页中出现的栏目是最少的（除2008），其历年都出现的栏目仅有焦点新闻和焦点图片，奖牌榜并没有居于绝对位置，首页栏目链接清晰简洁。

表7-9　网易奥运专题首页第一屏栏目出现频率

	网易奥运专题首页第一屏栏目出现频率						
	专题	焦点新闻	焦点图	奖牌榜	赛程	经典回顾	合作官网
出现频率	14	6	4	3	1	1	1

从腾讯奥运专题来看（表7-10），“奖（金）牌、头条图片、焦点新闻和赛程”是出现频率前四名的栏目。前三届腾讯奥运第一屏设计较为简洁，2016年开始栏目较为丰富。

表7-10　腾讯奥运专题首页第一屏栏目出现总计

	腾讯奥运专题首页第一屏栏目出现频率					
	奖（金）牌榜	头条图片	焦点新闻	赛程	访谈	专题
出现频率	5	4	4	4	2	1

从以上的四大商业门户网站奥运专题的首页第一屏的分析，可以看出，金牌榜、焦点新闻和焦点图是出现频率最高的栏目，赛程也成为四大商业门户体育新闻较为凸显的信息内容，访谈、专题、评论、中国新闻等也出现在第一屏中。四大商业门户网站奥运专题首页第一屏栏目内容相差不多，仅搜狐凸显了赛事信息搜索功能，并延续使用了这一栏目，其他子栏目相差不大，反映出较强的相似性。

表 7－11　四大商业门户网站奥运专题首页栏目第二屏出现频率总计

	四大商业门户网站奥运专题首页第二屏栏目																
	原创专题	焦点新闻	中国队	视频	评论	图集	互动	数据	花絮	各国新闻	项目新闻	直播	赛程	金牌榜	赛事回顾	播客	搜索
出现频率	30	13	8	5	6	6	3	3	2	2	2	2	2	1	1	1	1

第二屏以“原创主题”出现频率最高（表 7－11），其次是焦点新闻、中国队、视频、评论、图集、互动、数据、花絮、各国新闻、项目新闻、赛事直播、赛程、金牌榜、赛事回顾、播客、搜索。其中新闻类的栏目包括焦点新闻、中国队新闻、视频、花絮新闻、各国新闻、项目新闻、赛事直播共 7 个子栏目，是内容最丰富的入口。

第一屏和第二屏比较中可以有所结论，第一屏呈现出最多的是最新赛事结果，例如前两位是金牌榜和焦点新闻，对赛事的索引功能也较强，例如赛程、资料、赛事中心、赛事回顾、赛事系统共五个栏目，第二屏则兼顾新闻和深度报道，如原创作品和专题，在排序后面还出现了其他 10 个策划产品，对新闻事件的解读功能能有所提升。并且较第一屏出现了更多的互动应用，出现了三个调查互动应用，并且具有赛事回顾、播客、搜索等互动性较强的栏目。

表 7－12　四大商业门户网站奥运专题首页第二屏栏目出现频率

	四大商业门户网站奥运专题首页第二屏栏目（频率）
新浪	原创策划（7）、焦点新闻（3）、赛程（3）、图集（2）、中国军团（2）、花絮新闻（2）、访谈（1）、视频新闻（1）
搜狐	专题（10）、焦点新闻（3）、视频新闻（3）中国军团（2）、评论（2）、奖牌地图（2）、赛程（1）、国际纵队（1）、项目新闻（1）、直播（1）、微博（1）、访谈（1）

续表

四大商业门户网站奥运专题首页第二屏栏目（频率）	
网易	专题（9）、焦点新闻（4）、图片集（4）、调查（3）、中国军团（3）、数据库（2）、评论（2）、搜索（1）、活动（1）、赛事回顾（1）、访谈（1）
腾讯	原创策划（4）、焦点新闻（3）、赛程（2）、直播中心（1）、分项新闻（1）、访谈（1）、数据（1）、博客（1）、视频（1）、中国军团（1）

第二屏的解释功能在第三屏中体现得更加突出明显，如表7－13：

表7－13　四大商业门户网站奥运专题首页栏目第三屏出现频率统计

	四大商业门户网站奥运专题首页第三屏栏目														
	专题	互动	图片	评论	焦点新闻	中国军团	诸强新闻	项目新闻	访谈	视频	自媒体	赛程	资料	地图	音频新闻
出现频率	30	11	9	8	8	5	5	4	4	4	4	2	2	2	1

第三屏出现频率最多的是专题、互动、图片、评论、焦点新闻、中国军团、诸强新闻、项目新闻、访谈、视频新闻、自媒体、赛程、资料、地图、音频新闻。这其中排名前三的是专题、互动、图片，均为具有深度解读功能的应用栏目。图片新闻、焦点新闻、中国军团、诸强新闻、视频新闻、花絮新闻等为类型化新闻解读，即通过对新闻类型的整理归类增强新闻的传播力量。第三屏中互动应用数量明显增多，如调查、微博、搜索、商业、精彩、播客、媒体联盟，可以得出结论：第三屏对网民互动需求与自媒体信息进行了挖掘。在四大商业门户网站奥运专题首页第三屏栏目中可以看出新浪和搜狐是以新闻深度解读为主，网易更加重视新闻内容拓展，而腾讯则呈现了极强的互动功能。（表7－14）

表7－14　四大商业门户网站奥运专题首页第三屏栏目出现频率

	四大商业门户网站奥运专题首页第三屏栏目（频率）
新浪	专题（8）、图片（3）、焦点新闻（2）、中国军团（2）、互动（2）、视频新闻（2）、自媒体（2）、赛事中心（1）、访谈（2）、商业（1）、分项新闻（1）、评论（1）
搜狐	专题（13）、互动（3）、图集（2）评论（2）、访谈（2）、中国军团（2）、焦点新闻（2）、音频（1）、诸强新闻（1）、视频新闻（1）、跳水（1）、赛程（1）、奖牌地图（1）、自媒体（1）
网易	焦点新闻（4）、图集（3）、诸强新闻（2）、专题（2）、评论（3）、赛程（1）、访谈（1）、视频新闻（1）、奥运地图（1）、自媒体（1）、分项新闻（1）、资料（1）、互动（1）
腾讯	互动（5）、专题（3）、快讯（2）、中国军团（2）、评论（2）、诸强新闻（2）、项目新闻（2）、资料（1）、图集（1）

第四屏的原创作品数量最为突出（表7－15），共有23个栏目，与前几屏不同的是，首页栏目中增加了赛事项目新闻，如排球、跳水、游泳、男篮、跆拳道、乒乓球、项目新闻，反映出对奥运赛事新闻的归类转向项目索引。

表7－15　四大商业门户网站奥运专题首页栏目第四屏出现频率总计

	四大商业门户网站奥运专题首页第四屏栏目																						
	专题	图片集	中国军团	互动	焦点新闻	自媒体	诸强新闻	资料	排球	奥运历史	访谈	媒体合作	花絮新闻	游泳	男篮	跆拳道	赛事回顾	跳水	新闻排行	乒乓球	数读	项目新闻	视频
出现频率	22	7	6	4	4	3	3	3	2	2	2	2	2	1	1	1	1	1	1	1	1	1	1

第五屏中专栏数量出现最多的是图片集、视频以及互动专区，这三个栏目的数量要远远高于其他栏目出现的次数，说明这三者是四大门户网站的第五屏都比

较重视和凸显的栏目内容，反映出视听媒体在首页中的宣传位置，其接入入口具有典型的必要性，但就吸引阅读来说，信息量稍小，且在前几屏大量的内容阅读过程后起到了视觉调节的作用。从阅读符号的效率和阅读的舒适节奏来说，在第五屏显示出一定的合理性。（表 7 – 16）

表 7 – 16　四大商业门户网站奥运专题首页栏目第五屏出现频率总计

栏目	四大商业门户网站奥运专题首页第五屏栏目出现频率																		
	图片集	互动	中国军团	视频	田径	焦点新闻	诸强新闻	资料	新闻回顾	评论	专题	排球	篮球	跆拳道	击剑	羽毛球	乒乓球	跆拳道	访谈
出现频率	8	7	4	8	4	3	3	2	2	2	2	1	1	1	1	1	1	1	1

从四个商业门户网站奥运专题的各自第五屏横向比较来看，新浪对于单项新闻更加重视、搜狐、网易和腾讯则纷纷开辟了视听栏目，腾讯对互动功能和内容的开发更加活跃。（表 7 – 17）

表 7 – 17　四大商业门户网站奥运专题首页第五屏栏目出现频率

	四大商业门户网站奥运专题首页第五屏栏目（频率）
新浪	田径（2）、单项介绍（2）、互动（2）、专题（1）、跆拳道（1）、篮球（1）、微博（1）、图片（1）
搜狐	图集（2）、田径（2）评论（1）、中国金牌专题（1）、中国新闻（1）、世界诸强（1）、视频（1）、羽毛球（1）、篮球（1）、击剑（1）
网易	图集（3）、热点新闻（2）、项目新闻（1）、新闻回顾（1）、热门评论（1）、访谈（1）、互动（1）
腾讯	视频（7）、互动（5）、图集（2）、中国军团（2）、世界诸强（2）、焦点新闻（1）、经典回顾（1）

第六屏的统计列表显示视频、资料、图片是最具代表性的栏目内容，视频片段开发数量最多，资料也是第一次出现在首页分屏排名的前三，且数量众多，因此可以判断四大商业门户网站奥运专题首页第六屏中以视听媒体符号为主，开发了大量的视听专题内容与片段展示，且在赛事相关资料的提供方面予以了极大便利，是“专题的资料查询屏”。（表7－18）

表7－18　四大商业门户网站奥运专题首页栏目第六屏出现频率统计

	四大商业门户网站奥运专题首页第六屏栏目																						
	专题	图片集	中国军团	互动	焦点新闻	自媒体	诸强新闻	资料	排球	奥运历史	访谈	媒体合作	花絮新闻	游泳	男篮	跆拳道	赛事回顾	跳水	新闻排行	乒乓球	数读	项目新闻	视频
出现频率	22	7	6	4	4	3	3	3	2	2	2	2	2	1	1	1	1	1	1	1	1	1	1

2004年雅典奥运会中，网易奥运内容第六屏已经没有内容设置，2008年以后内容更加丰富起来。在这几大门户之中新浪主要呈现的是分享新闻，搜狐、网易以资料性查询为主、腾讯还是凸显视频新闻的开发整理。（表7－19）

表7－19　四大商业门户网站奥运专题首页第六屏栏目出现频率

	四大商业门户网站奥运专题首页第六屏栏目（频率）
新浪	专题（4）、田径（2）、图集（2）、互动（1）、媒体互动（1）、中国军团（1）、评述（1）、羽毛球（1）、篮球（1）、击剑（1）、诸强新闻（1）
搜狐	图集（4）、项目新闻（3）、访谈（2）、评论（1）、田径（1）、其他（1）
网易	活动（4）、专题（4）、活动（3）、图集（2）、焦点新闻（2）、视频新闻（2）、资料（1）、评论（1）、新闻回顾（1）、中国军团（1）、诸强新闻（1）
腾讯	专题（1）、田径（1）、跆拳道（1）、篮球（1）、项目新闻（1）、专题（1）、自媒体（1）、图集（1）、视频（1）

从第七屏出现的子栏目数量分布来看，各类分项新闻、前方新闻、诸强新闻等分类新闻数量增多，周边服务类信息明显增强，版面更加“秀色可餐”。（表7－20）

表7－20 四大商业门户网站奥运专题首页栏目第七屏出现频率统计

	四大商业门户网站奥运专题首页第七屏栏目																					
	专题	图片集	中国军团	互动	焦点新闻	自媒体	诸强新闻	资料	排球	奥运历史	访谈	媒体合作	花絮新闻	游泳	男篮	跆拳道	赛事回顾	跳水	新闻排行	乒乓球	数读	项目新闻	视频
出现频率	22	7	6	4	4	3	3	3	2	2	2	2	2	1	1	1	1	1	1	1	1	1	1

网媒各自奥运专题的首页第七屏内容呈现来看，搜狐周边服务信息量最大，而其他几个门户网站在第七屏中主要是内容的分列，没有特色内容呈现（表7－21）

表7－21 四大商业门户网站奥运专题首页第七屏栏目出现频率

	四大商业门户网站奥运专题首页第七屏栏目（频率）
新浪	专题（4）、田径（2）、图集（2）、互动（1）、媒体互动（1）、中国军团（1）、评述（1）、羽毛球（1）、篮球（1）、击剑（1）、诸强新闻（1）
搜狐	图集（4）、项目新闻（3）、访谈（2）、评论（1）、田径（1）、其他（1）
网易	活动（4）、专题（4）、活动（3）、图集（2）、焦点新闻（2）、视频新闻（2）、资料（1）、评论（1）、新闻回顾（1）、中国军团（1）、诸强新闻（1）
腾讯	专题（1）、田径（1）、跆拳道（1）、篮球（1）、项目新闻（1）、专题（1）、自媒体（1）、图集（1）、视频（1）

在第八屏中有明显的原创专题数量增多的趋势，就观察统计而言，原创专题多为总结、花边类的边沿性专题策划，时效性较弱，选题较奥运赛事来说较为边缘。且在栏目属性来看，评论的内容有所增多，分布在原创专题和评论栏目中，这有赖于自媒体力量的增强，在论坛、博客、微博中通过评论内容的提炼，生发出更丰富的评论资源。（表7－22）

表7－22　四大商业门户网站奥运专题首页栏目第八屏出现频率统计

	四大商业门户网站奥运专题首页第八屏栏目																						
	专题	图片集	中国军团	互动	焦点新闻	自媒体	诸强新闻	资料	排球	奥运历史	访谈	媒体合作	花絮新闻	游泳	男篮	跆拳道	赛事回顾	跳水	新闻排行	乒乓球	数读	项目新闻	视频
出现频率	22	7	6	4	4	3	3	3	2	2	2	2	2	1	1	1	1	1	1	1	1	1	1

第九屏为图表统计的末端，从屏幕滑动数量来看，2016年腾讯奥运首页一共有16屏的内容，首页呈现出纵向的大量内容排列，从第九屏之后主要呈现的是分类新闻，即完成网媒的新闻传播功能，分列最具影响力的新闻信息，并以赛事中的项目逻辑予以排列，而这种类型的版面分布也体现在其他三个门户网站之上。

首页栏目排列内容权重上能够看到四大商业门户网站在奥运题材报道之中，新闻时效性是最重要的传播价值，这在首页入口中显示出了规模和题材效应。在首屏中，新闻内容、赛事时效查询等是网媒进行传播和提供搜索第一手赛事信息的重要平台与入口。我国大国体育中传统对“金牌”的追逐则是通过奖牌榜、金牌榜等榜单的形式呈现。总结首屏栏目入口与阅读内容引导来看，金牌是影响赛事进程与传播的重要逻辑线索。

从第一屏到第三屏，是焦点新闻向专题新闻再到策划新闻过渡的一个过程，即新闻的点式发布到分列式呈现再到深度挖掘，新闻展示呈现出点—面—线式的呈现，其中点是最具实效性的焦点新闻播报，面是分类式新闻呈现，线是在某一线索上的持续性开发，由此来进行新闻线索的深挖掘，形成网络原创作品。这样的逻辑体现在第一屏的焦点新闻－第二屏分类新闻－第三屏的专题新闻栏目之中。第四屏中新浪和搜狐还是对新闻有所陈列，而在互动特色突出的腾讯则凸显了互动功能入口。第五屏则更多出现了视听内容，第六屏除了延续视听内容之外增添了大量的资料集纳，能够为网友提供便利的赛事信息检索。第七屏中“周边服务”内容增多，第八屏的软新闻比例加大，第九屏中的分类新闻回顾与展示属常态。总结以上，首页阅读逻辑基本可以总结为新闻解读逻辑—媒体特色逻辑—互动服务逻辑，这几大线索在首页的超链接栏目中得到了较为清晰的呈现。

从网媒特色来看，对于金牌和新闻最关注的无疑为新浪体育，作为老牌的体育媒体，更加注重金牌锦标的获取过程，关注核心价值的呈现，而搜狐在信息系统开发方面则下了很大的功夫，从赛事信息系统到周边服务信息检索调用，都体现出了从量到面的优势，结合搜狐自身发展的特色能够看出搜狐在网络信息枢纽与工具特征方面下了实在功夫。另外腾讯在互动功能与视频策划制作能力上展现出了卓越的能力。腾讯通过开发受众资源，在互动与受众内容开发方面都较为突出，这点也反映在奥运专题的首页入口中，是最具互动活力的奥运专题。

三、四大商业门户网站奥运专题网页栏目核心微内容分析

为探求四大商业门户网站体育新闻的叙事意图与结构特征，本文选取了其奥运网页中原创专题作为研究对象，一方面节约统计样本，计量做到较为准确，完整；另一方面策划专题作为网站的原创信息具有较强的立场呈现，能够反映出该网站新闻制作与传播的着力点与特色；最后奥运专题可以采用较丰富的叙事语言，具有丰富而完整的叙事话语，具有较为典型的分析意义与价值。

以下分析选出专题为对象，通过专题的核心内容——栏目名称、单个专题名称以及专题采用的话语符号等对四大商业门户网站奥运报道进行叙事学分析，以期对奥运这一最具代表的体育盛会加以深入洞察，发掘网络体育叙事中隐藏在新闻之下的传播意图与社会内涵。

（一）原创专题数量高点在 2008 和 2012，里约奥运呈现整体下降趋势

四大商业门户网站奥运专题网页的栏目分布与数量变化见图 7－4，我们可以从中分析到数量与内容上的具体变化。

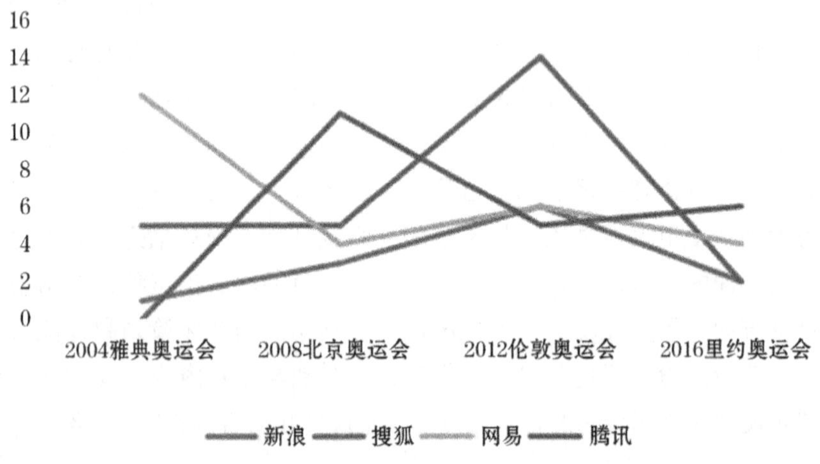

图 7－4　四大商业门户网站奥运专题网页栏目数量分布（2004—2016）

首先从数量趋势上，2004 年，网易奥运专题设置的策划专题数量最多，达到了 12 个，而同时期的腾讯为零。从历史发展来看，这符合腾讯公司发展的轨迹，体育并非腾讯公司设立之初着力发展的核心，而网易的数量突起与其专题设置方法相关，在图 7－4 中我们可以看出，其对奥运项目的汇总形成了新闻专题，而非真正意义上的重新策划选题，此时新浪和搜狐也处于专题制作的上升时期。2008 年北京奥运会中腾讯异军突起，达到了专题制作数量上的顶峰，搜狐在 2012 年伦敦奥运会中出现了峰值，此后里约奥运会是四大商业门户网站奥运专题策划栏目数量最接近的一次，搜狐和新浪甚至仅有 2 个，网易和腾讯也都控制在个位数字。从门户网站奥运专题网页的发展来看，新浪、搜狐、网易都在专题策划中都投入了较大的人力物力，并在 2012 年达到了网媒原创高潮，2016 年的奥运会中四大商业门户网站的奥运专题同时体现出原创内容数量的下滑。这样数量上的变化与网媒的发展重心密切相关，同时也反映出网络媒体新闻生产在不同时期的特色与趋

势，具体的变化趋势将结合四门户历史发展在后文进行详细分析。

（二）冠军金牌题材突出，选题内容日渐丰富且生活化

从策划题材来看，2004 年雅典奥运会四大商业门户网站奥运专题策划主要集中在金牌、赛程、项目三个类型；2008 年北京奥运会四大商业门户网站奥运专题都增强了关键新闻事件策划，如新浪的“重要专题”、网易的“策划”、腾讯的“翔系列”“蓝精灵”等；2012 年伦敦奥运会中策划专题更加丰富，对赛场内外都有所兼顾，例如搜狐奥运的“西游伦敦记”“奥运背后的故事”“解码奥运会”“前方背后”等，网易的“伦敦眼”、腾讯的“伦敦梦”“体育茶馆”“奥运父母汇”等，一定程度上减弱了对金牌、赛果的集中关注，拓展了奥运关注点与话题性；2016 年里约奥运会出现了数据策划专题，如网易的“数读”等，数据成为体育新闻新的关注点与策划点（表 7 －23）。

表 7 －23　四大商业门户网站奥运专题栏目标题统计（2004—2016）

	新浪奥运专题	搜狐奥运专题	网易奥运专题	腾讯奥运专题
2004 雅典奥运	专题	搜狐聚焦、金牌英雄、烽火 16 日、姚明部落、22 种锋芒	足球专题、篮球专题、田径专题、举重专题、乒乓球专题、体操专题、羽毛球专题、排球专题、游泳专题、跳水专题、热门精品专题、精彩图片专题	无
2008 北京奥运	金牌专题、重要专题、其他专题、刘翔因伤退出北京奥运会 110 米栏比赛、中国军团盘点、闭幕式、梦八时隔八年重夺金	光荣与梦想专题、中国金牌英雄、开幕式、闭幕式、冠军面对面	策划、奥运易说、五色中国、鸟巢三部曲	专题、中国金牌英雄、翔系列、蓝精灵、我的奥运心、侠客行、Q 视角、FAN 奥运、深锐视角、项目盘点

续表

	新浪奥运专题	搜狐奥运专题	网易奥运专题	腾讯奥运专题
2012 伦敦奥运	金牌专题	中国军团金牌英雄、深度策划、西游伦敦及奥运背后的故事、微观解码奥运会、前方背后、奥运风云会、奥运董董锵、伦敦前哨战、伦敦眼、伦敦范、名将 AB 面、奥运备忘录、奥运晨报	最终策划、零度角、伦敦眼、奥运印记、十日谈、实力榜	金牌英雄、伦敦梦、应运而生、体育茶馆、奥运父母汇
2016 里约奥运	金牌专题、奥运王中王	金牌英雄、闭幕式专题	零度角、人物志、熟读、读瘾	里约，家奥运、第一时间、男神女神、冠军直通车、金牌驾到

从新浪表现来看，连续四届奥运会中，金牌专题和重点新闻事件专题是重中之重，而对其他体育内容关注几乎为零。搜狐四届奥运会专题的策划点涵盖了重点新闻、冠军金牌、赛事评论、赛程策划和奥运周边题材策划等，策划题材丰富，尤其在2012 年伦敦奥运会体现尤为突出。网易奥运专题与其他三个商业门户呈现出较为特别的一项，这就是策划选题中并未集中突出冠军与金牌话题，而是剑走偏锋地凸显了图片专题、评论专题、赛事相关策划、人物专题、数据解读专题等，这体现出网易体育在新闻策划方面解读性更强，观察视角较为客观的“理性”特征。腾讯从即时通讯软件起家，特别注重受众关注的相关话题的开发，在奥运专题策划中体现在了“翔系列”“蓝精灵”“我的奥运心”“父母汇”“家奥运”“男神女神”等生活化的题材，表现出腾讯体育中个性化、年轻化的特征。

在子专题的选取过程中，本研究样本选择包含了图文专题、视频专题、GIF 动画专题、综合专题等多种类型网媒原创专题。近年来网媒制作能力的增强使得新闻开始专题化，这些专题的制作有很强的时效性，内容详实，制作生动，本研究没有选取时事类专题，是为了更好地研究网媒新闻制作的立场及特色。在网络海量信息传播的背景下，这既是无奈之举，也是明智之举。

从表 7－24 中可得，2004 年三大商业网站的奥运专题中子专题策划数量还较少，从 2008 北京奥运会开始，网媒在奥运契机下策划制作了大量原创内容，这一趋势一直保持到里约奥运，策划自传体数量居高不下。就单一门户来说，腾讯在缺少了 2004 年雅典奥运会的数据情况下，专题数量依旧保持总数最高，达到 757 个，尤其是在 2008 年和 2012 年两届奥运会中都是四大商业门户网站中子专题制作数量最多的。

表 7－24　四大商业门户网站奥运专题子专题数量统计（2004—2016）（单位：个）

	新浪奥运专题	搜狐奥运专题	网易奥运专题	腾讯奥运专题	总计
2004 雅典奥运	64	51	49	0	164
2008 北京奥运	140	116	164	380	662
2012 伦敦奥运	38	188	79	267	572
2016 里约奥运	261	401	132	110	904
总计	503	756	286	757	2302

从图 7－5 中可看到四大商业门户在 2004 年奥运子专题制作数量上起点较低，到 2008 年都呈现出上升趋势，其中腾讯达到了制作数量上的顶峰，新浪、搜狐都呈现了逐渐上升之势。目前搜狐在 2016 年里约奥运会上专题制作数量达到了最高，401 个原创策划子专题。2016 年除腾讯以外子专题策划数量其他三个商业网站都达到了历史最高，说明奥运契机下网媒原创内容不断丰富。

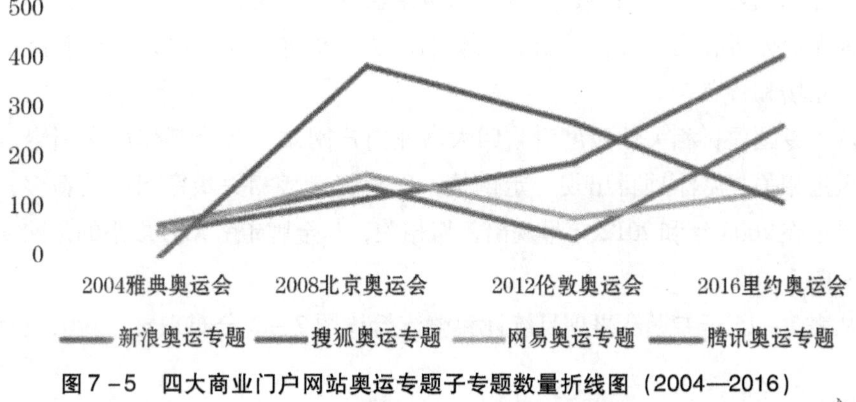

图 7－5　四大商业门户网站奥运专题子专题数量折线图（2004—2016）

从四大商业门户网站四届奥运会各自策划内容主题数量来看，新浪、搜狐、网易都在2016年中策划内容数量最多，腾讯的内容数量峰值则在2008年，策划内容数量变化最小的是网易。这些峰值和变化一方面体现了网媒在奥运年中投入的策划和制作力量，另一方面也反映出其新闻传播的重点。通过样本观察，网易体育、腾讯体育均在凸显内容、瀑布流阅读方式上着力改革，这种编辑思想与改革措施一定程度上影响了子专题制作数量上的变化（图7－6）。

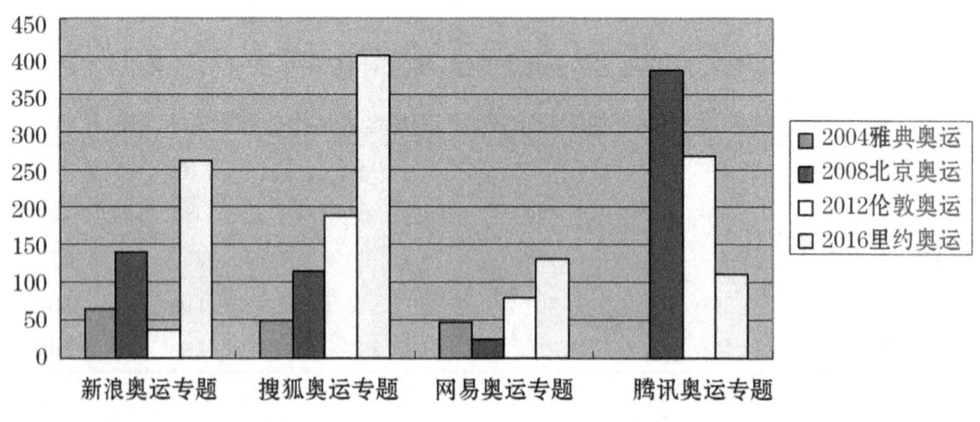

图7－6　四大商业门户网站四届奥运会策划内容主题数量分布（2004—2016）

（三）子专题与中国金牌数量分布呈正相关，游泳项目出现倒挂

根据网络新闻叙事中核心微内容的定义，本文将四大商业门户网站四届奥运专题中各标题列为核心内容，并根据叙事语法对其结构进行分析，包括标题语句的动词配价分析、词性转换分析、主被动语法分析等，反映出该网站新闻的创作方法、立场和特点。

从子专题项目相关性角度看，四大商业门户网站子专题制作以中国金牌数量分布呈正相关，游泳项目出现一定倒挂，与金牌走势相关最密切的是新浪，搜狐和腾讯也在2008年和2012年呈现出密切相关，与金牌走势贴合最小的是网易（图7－7～图7－9）。

从表7－25子专题赛事项目统计和整体折线图7－7分布来看，新浪奥运专题

子专题对于体育项目非常注重报道中国的奥运优势项目上，其中举重和跳水是获得报道最多的两个项目。搜狐报道的高点是田径赛事，网易对排球、游泳、体操和篮球项目上报道较多。从数量分布和金牌走势比较来看，搜狐、网易更加注重对社会热点的捕捉关注，新浪则反映出较强的“金牌期待”。

表 7－25　三大商业门户网站 2004 雅典奥运专题子专题赛事项目分布

	跆拳道拳击	排球	跳水	帆板划艇	田径	摔跤柔道	体操	网球	乒乓	射击	举重	羽球	自行车	游泳	曲棍球	射箭	击剑	篮球	足球
新浪	3	2	6	2	3	2	2	2	4	4	6	3	1	2	1	1	1	1	1
搜狐	—	3	—	—	6	—	—	—	1	—	1	1	—	2	1	—	—	1	—
网易	—	3	2	—	1	—	3	1	1	—	1	1	—	3	—	1	1	3	1
总计	3	8	8	2	10	2	5	3	6	4	8	5	1	7	2	2	2	5	2

从分布折线图 7－7 来看，以 2004 年雅典中国金牌数为参照，与之最接近的折线分布为新浪，一方面反映出新浪对于金牌项目的关注，另一方面也反映出以金牌项目为热点的“奥运新闻逻辑”。从折线分布中，可以对照网易奥运专题基本与金牌数折线走势相同，但整体上略低于金牌数据点位分布，因此在奥运赛事报道中并未有加大力度进行深度播报。搜狐在田径项目上予以了异常的关注，创造出属于搜狐独有的关注热点，这是在三大商业网站中比较突出的专题表现。

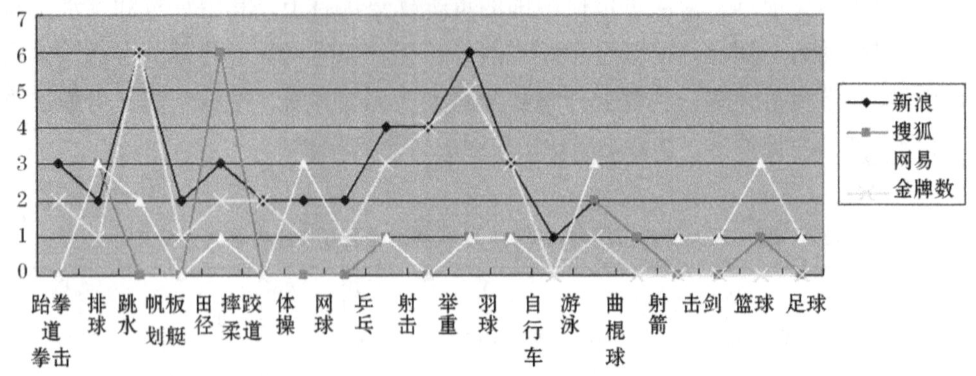

图7－7　三大商业门户2004雅典奥运专题子专题赛事项目分布折线图

2008年北京奥运会中，腾讯专题报道涉及的赛事项目数量突飞猛进，是新浪、搜狐、网易涉及赛事项目数量的总和。在如此多项目之中，新浪奥运子专题中项目前三名是体操、举重和跳水，搜狐奥运前三名是举重、跳水、羽毛球和游泳，网易是射击、田径，腾讯是篮球、足球、田径以及羽毛球，综合四大商业门户网站，2008年北京奥运会专题报道子专题涉及赛事项目数量最多的依次是体操、篮球、举重、田径、羽毛球、足球、游泳和跳水（表7－26，图7－8）。

表7－26　四大商业门户网站2008北京奥运专题子专题赛事项目数量分布

	跆拳道拳击	排球	跳水	帆板划艇	田径	摔跤柔道	体操	网球	乒乓	射击	举重	羽球	自行车	游泳	曲棍球	射箭	击剑	篮球	足球	马术	总计
新浪	4	3	8	3	6	5	12	1	5	6	9	4	1	7	1	2	2	2	3	1	85
搜狐	4	3	10	3	4	6	15	1	5	7	18	7	1	7	1	1	5	2	1	—	101
网易	—	—	—	—	1	—	—	—	—	1	—	—	—	—	—	—	—	—	—	—	2
腾讯	4	10	9	5	19	2	16	8	13	3	7	18	—	13	1	1	3	31	25	—	188
总计	12	16	27	11	30	13	43	10	23	17	34	29	2	27	3	4	10	35	29	1	376

从四大门户奥运专题子专题标题涵盖的项目数量分布来看，腾讯代替了新浪，成为报道数量水平最高的网站。单个网站、单个项目中腾讯篮球项目制作专题数量最多，联合四个商业门户网站，专题策划涉及体操的数量最多，其他依次是篮球、举重、田径、足球、羽毛球、排球、游泳等（图 7－8）。

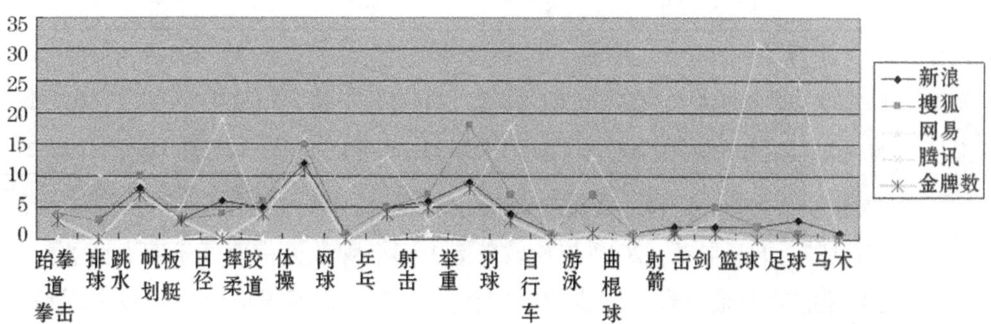

图 7－8　2008 北京奥运四大商业门户网站奥运专题子专题各赛事项目数量分布折线图

2012 年伦敦奥运会中，四大商业门户网站奥运专题子专题涉及最多的项目依次是体操、田径、游泳、举重、乒乓球、跳水、射击、排球等（表 7－27）。排在新浪奥运专题网页中前几名的是羽毛球、游泳、跳水、乒乓球、举重和骑术，排在搜狐奥运子专题赛事项目前列的是田径、游泳、举重、体操等，排在网易奥运前几名的是田径、游泳、体操等，排在腾讯奥运前几名的依次是体操、跳水、举重、羽毛球、乒乓球等，从排列秩序上基本与总体数量持平，能够反映出四大商业门户网站对热点项目、夺金项目的追捧。

表 7－27　四大商业门户网站 2012 伦敦奥运会专题子专题个赛事项目数量分布

	跆拳道拳击	排球	跳水	帆板划艇	田径	摔跤柔道	体操	网球	乒乓	射击	举重	羽球	自行车	游泳	曲棍球	射箭	击剑	篮球	足球	骑术	手球	水球
新浪	1	0	5	1	1	0	5	0	4	3	4	5	0	5	0	0	2	0	0	4	2	1
搜狐	6	8	6	4	19	5	10	3	10	6	11	7	2	12	1	1	6	6	3	0	0	0

续表

	跆拳道拳击	排球	跳水	帆板划艇	田径	摔跤柔道	体操	网球	乒乓	射击	举重	羽球	自行车	游泳	曲棍球	射箭	击剑	篮球	足球	骑术	手球	水球
网易	1	3	0	4	19	5	6	0	2	5	3	3	2	7	1	1	1	2	4	0	0	0
腾讯	12	9	21	3	14	4	33	5	21	13	21	21	3	22	0	3	3	4	4	1	0	1
总计	20	20	32	12	53	14	54	8	37	27	39	36	7	46	2	5	12	12	11	5	2	2

从折线图7－9上来看，2012年伦敦奥运中国金牌数量都要低于四大商业门户网站奥运专题的单项报道数量，说明金牌作为重要的赛事报道内容，被全面地网罗到报道内容之中。这其中腾讯在金牌走势相似度与报道数量的充实度方面都遥遥领先，其次是搜狐、然后是网易，最后是新浪，说明新浪对金牌项目上的充实度不够丰富。金牌数量上中国夺金最高的项目中体操在腾讯奥运的子专题数量最多，反映出腾讯体育对体操项目的关注与其背后的合作密切程度。

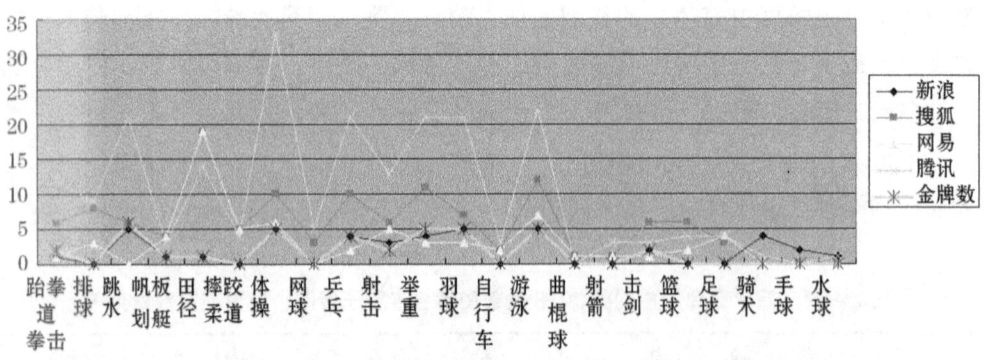

图7－9　四大商业门户网站2012伦敦奥运专题子专题各赛事项目数量分布折线图

2016年里约奥运会集中反映出了中国的社会环境、体育行业环境、媒体环境等变化，中国夺金成绩，突出项目、人民关注与媒体报道特点都发生了巨大的变化。中国的夺金点在优势项目中变得分布不均，在田径、自行车等项目中取得了突破，人们在媒体中关注的热点不仅仅是赛场中的金牌争夺，更多地关注到了竞赛过程，话题热点以及体育互动。在这次奥运会的网络媒体关注中，四大商业门户网站奥运专题子专题制作方面关注了游泳、乒乓、跳水、田径、排球等项目，继承了以往奥运关注中的热点分布。在这些项目中游泳赛事无疑最为突出，在新浪、搜狐、网易中均在子专题制作数量上排名第一，这其中的原因是多元的，此项目报道数量与中国的金牌数量并不成正比，反映出游泳项目在体育发展、社会关注中所处的重要位置。

从专题策划报道总数量上来看，游泳以 111 个子专题选题项目雄踞第一，以下依次为跳水、乒乓球、田径、体操、举重、羽毛球、排球、射击、跆拳道与拳击、篮球、足球、击剑、自行车、网球、帆板划艇、高尔夫球、水球、手球、骑术、射箭和曲棍球。这个排列顺序可以看出游泳项目在 2016 奥运新闻传播中的重要地位，而接下来的排名与中国的争金点非常契合，根据新闻点的分布增加其他项目的曝光率（表 7－28）。

表 7－28　四大商业门户网站 2016 里约奥运会专题子专题个赛事项目数量分布

	跆拳道拳击	排球	跳水	帆板划艇	田径	摔跤柔道	体操	网球	乒乓	射击	举重	羽球	自行车	游泳	曲棍球	射箭	击剑	篮球	足球	骑术	手球	水球	高尔夫球
新浪	5	12	21	2	13	6	16	3	18	13	18	12	2	29	0	0	9	3	4	0	0	0	0
搜狐	14	21	30	2	33	1	12	5	38	13	20	20	7	45	1	1	4	17	10	2	2	1	4
网易	2	4	10	2	9	0	6	1	12	4	2	5	0	29	0	0	2	5	3	0	0	1	1
腾讯	7	3	23	0	8	1	16	0	13	8	10	6	3	8	0	0	2	1	2	0	0	0	0
总计	28	40	84	6	63	8	50	9	81	38	50	43	12	111	1	1	17	26	19	2	2	2	5

游泳项目的热点性在折线图 7－10 中体现更为明显，下图中最下方运行的线条为本届奥运会中国金牌数量折线，与之走势相对比，四大商业门户的奥运专题中子专题的选题设计呈现出了几乎完全对应的趋势，说明四大商业门户网站在体育报道中始终是以金牌为追逐热点的，但在报道数量上丰富程度不同，搜狐始终居

于子专题数量的高点，反映出其在报道中更加注重了对新闻的多角度关注与深挖。

与金牌走势不同的子专题策划点体现在网易在举重项目上的专题策划数量以及在击剑、篮球、足球、骑术、手球、水球、高尔夫球等项目中的报道数量。搜狐在篮球项目上报道数量异常高，反映出其与篮球赛事合作的深度与重视程度，新浪在击剑项目上更加重视，高尔夫球作为第一次列入奥运会项目的赛事，仅搜狐和网易予以一定程度的关注，这是新闻价值上的呈现的缺失。

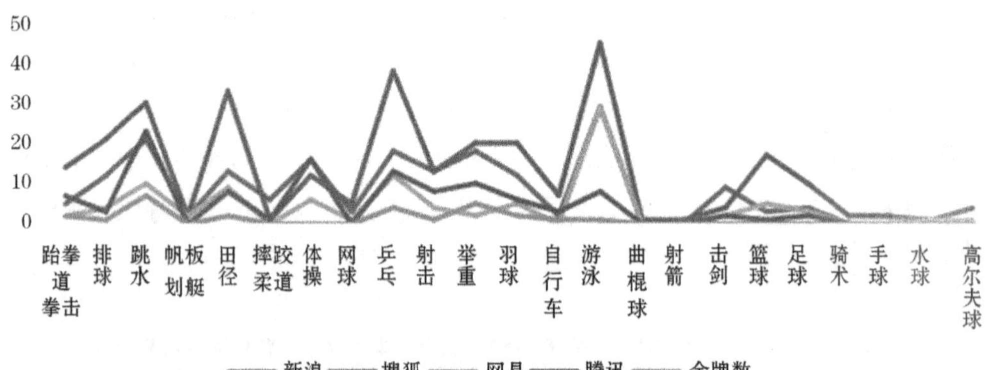

图 7－10　四大商业门户网站 2016 里约奥运专题子专题各赛事项目数量分布折线图

从四大商业门户网站奥运专题子专题项目的各自分布来看，新浪在原创策划专题数量上 2016 年有了突飞猛进，其中在排球、跳水、田径体操、乒乓、设计、举重、羽毛球项目中对照 2004、2008、2012 年都有了跳跃式的数量增势，在整体专题策划数量中，以游泳为报道数量最多的项目，其次是跳水、举重、体操、乒乓等。搜狐奥运在表 5－60 中可以看到 2008 年搜狐子赛事项目有关子专题设置数量就有所提升，最明显突出的是举重，在 2012 年和 2016 年中最突出的是田径和游泳两个项目，一方面反映出田径项目和游泳在近年来的发展成绩，另一方面，中国对于体育赛事项目关注的重点已经转移到田径和游泳两个奥运会最大的项目中来，反映出中国体育的全面发展与成熟进程。总量方面，搜狐奥运四届子专题报道项目最多的是游泳，排名第二的是田径，其次是乒乓、举重和跳水等。网易最突出的报道项目是游泳，2012 年和 2016 年在策划数量上提升较多，2012 年最突出的是田径，2016 年最突出的项目是游泳。腾讯奥运专题一直在项目的关注中标下较为突出，尤其在2012年，赛事项目相关子专题数量最多。在2008—2016年的三年历程之中最关注的项目依次为篮球、体操和跳水（表7－29～表7－32）。

表7－29　新浪奥运专题子专题赛事项目分布（2004—2016）　单位：个

	跆拳道拳击	排球	跳水	帆板划艇	田径	摔跤柔道	体操	网球	乒乓	射击	举重	羽球	自行车	游泳	曲棍球	射箭	击剑	篮球	足球	骑术	手球	水球
2004	3	2	6	2	3	2	2	2	4	4	6	3	1	2	1	1	1	1	1	—	—	—
2008	4	3	8	3	6	5	12	1	5	6	9	4	1	7	1	2	2	2	3	1	—	—
2012	1	0	5	1	1	—	5	—	4	3	4	5	—	5	—	—	2	—	—	4	2	1
2016	5	12	21	2	13	6	16	3	18	13	18	12	2	29	—	—	9	3	4	—	—	—
总计	13	17	40	8	23	13	35	6	31	26	37	24	4	43	2	3	14	6	8	5	2	1

表7－30　搜狐奥运专题子专题赛事项目分布（2004—2016）　单位：个

	跆拳道拳击	排球	跳水	帆板划艇	田径	摔跤柔道	体操	网球	乒乓	射击	举重	羽球	自行车	游泳	曲棍球	射箭	击剑	篮球	足球	骑术	手球	水球	高尔夫球
2004	—	3	—	—	6	—	—	—	1	—	1	1	—	2	1	—	—	1	—	—	—	—	—
2008	4	3	10	3	4	6	15	1	5	7	18	7	1	7	1	1	5	2	1	—	—	—	—
2012	6	8	6	4	19	5	10	3	10	6	11	7	2	12	1	1	6	6	3	0	0	0	—
2016	14	21	30	2	33	1	12	5	38	13	20	20	7	45	1	1	4	17	10	2	2	1	4
总计	24	35	46	9	62	12	37	9	54	26	50	35	10	66	4	3	15	26	14	2	2	1	4

表 7－31　网易奥运专题子专题赛事项目分布（2004—2016）　单位：个

	跆拳道拳击	排球	跳水	帆板划艇	田径	摔跤柔道	体操	网球	乒乓	射击	举重	羽球	自行车	游泳	曲棍球	射箭	击剑	篮球	足球	手球	水球	高尔夫球
2004	—	3	2	—	1	—	3	1	1	—	1	1	—	3	—	1	1	3	1	—	—	—
2008	—	—	—	—	1	—	—	—	—	1	—	—	—	—	—	—	—	—	—	2	—	—
2012	1	3	—	4	19	5	6	—	2	5	3	3	2	7	1	1	1	2	4	—	—	—
2016	2	4	10	2	9	—	6	1	12	4	2	5	—	29	—	—	2	5	3	—	1	1
总计	3	10	12	6	30	5	15	2	15	10	6	9	2	39	1	2	4	10	8	2	1	1

表 7－32　腾讯奥运专题子专题赛事项目分布（2008—2016）　单位：个

	跆拳道拳击	排球	跳水	帆板划艇	田径	摔跤柔道	体操	网球	乒乓	射击	举重	羽球	自行车	游泳	曲棍球	射箭	击剑	篮球	足球	骑术	水球
2008	4	10	9	5	19	2	16	8	13	3	7	18	—	13	1	1	3	31	25	—	—
2012	12	9	21	3	14	4	33	5	21	13	21	21	3	22	—	3	3	4	4	1	1
2016	7	3	23	—	8	1	16	—	13	8	10	6	3	8	—	—	2	1	2	—	—
总计	23	22	53	8	41	7	65	13	47	24	38	45	6	43	1	4	8	36	31	1	1

从总体上，各商业门户网站的奥运专题中项目相关子专题发展并不同步，或亦步亦趋，而是具有各自的发展特点，这是形成网站差异化报道的重要体现。另外在游泳项目上，新浪、搜狐与网易都给予了最大的关注，而游泳从来都不是奥运赛场上中国夺得最多奖牌的一项，因此充分说明了游泳在奥运赛事中的重要度，社会各界的重视程度以及这个项目本身的话题性。

（四）四大商业门户网站奥运专题子专题核心微内容动词配价分析

根据曾庆香对新闻标题叙事结构分析的方法，通过对标题语法结构中动词前后的搭配内容，即主语、性状和对象等内容的强调与缺失反映出新闻创作的意图与特征。本文调研四大商业门户奥运专题中1426个子专题策划样本，基本能够反映出四大商业门户网站在已存网页样本的四届奥运会中新闻报道理念与特征的变化。

1. 核心内容元核心层次以金牌运动员为主，状态描述与网络用语日益活跃

从下表7－33中可看出2004雅典奥运会中新浪奥运专题页面子专题标题主语共出现251次，占新浪奥运专题子专题数量的90.61%，动作主体明确。子专题标题中出现类型最多的是冠军名字，共出现122次，其中2008年最多，出现53次，2016年没有出现。其次是运动队共出现52次。2004年和2008年个出现24次，2012年没有出现。金牌出现了27次，其中2016年出现最多为26次。从标题主语的表意来看，冠军金牌的指代是最集中的，表现在冠军人名和金牌主题的呈现，占所有子标题数量的53.8%。

表7－33　新浪奥运专题子专题标题主语统计

	新浪奥运专题子专题标题主语
2004	陈中、雅典奥运会、新浪网友、中国女排、胡佳、罗薇、孟关良杨文军、邢慧娜、刘翔、郭晶晶、中国台北、雅典奥运会、彭勃、雅典奥运男篮、王旭、滕海滨、孙甜甜李婷、张怡宁、贾占波、唐功红、杨维张洁雯、中国自行车、马琳陈琦、王楠张怡宁、刘春红、张宁、张国政、劳丽诗李婷、石智勇、罗雪娟、陈艳青、朱启南、冼东妹、田亮杨景辉、郭晶晶吴敏霞、王义夫、中国军团、雅典奥运会开幕式、新京报奥运特别报道、中国羽毛球队、中国代表团、中国女排、2004雅典奥运网球专题、曲棍球垒球手球、中国射箭、皮划艇帆船帆板赛艇、中国拳击跆拳道、中国柔道摔跤、中国击剑、中国田径、中国射击、雅典奥运会女篮、中国女足、中国体操、雅典奥运中国代表团、三地连线—2004雅典奥运特别报道、中国乒乓球队、北京申奥成功三周年—08残奥会会徽、中国举重、中国游泳、华奥星空－新浪合作频道、雅典奥运火炬、2004雅典残奥会

续表

	新浪奥运专题子专题标题主语
2008	张小平、邹市明、马琳、孟关良杨文军、张怡宁、陈若琳、吴静钰、殷剑、何冲、共51金、姚明、2008北京奥运会闭幕式、美国男篮、北京奥运会大盘点、刘翔、博尔特、菲尔普斯、中国女篮、北京奥运会开幕式、北京奥运会中国代表团、中国网球队、中国跳水队、北京奥运会女足比赛、北京奥运会男足比赛、中国排球沙排队、中国体操队、中国羽毛球队、中国乒乓球队、中国游泳花游水球队、中国女曲棒垒队、中国举重队、中国射击射箭队、中国田径队、欧阳鲲鹏、2008奥运火炬站、名人堂、湖南卫视奥运健谈、北京奥运村、中国水上军团、中国自行车队、中国击剑队、中国柔道队跆拳道队、中国马术现代五项、铁人三项、中国拳击摔跤队、宋红娟、北京申奥、奥运、2008世界女排大奖赛、2008世瑞士女排精英赛、2008中国田径公开赛、全国网站、联想火炬、北京奥运会、国家体育场、2008年射击世界杯中国站、北京奥运圣火、北京奥运圣火、北京奥运圣火、奥运火炬、北京奥运会火炬传递报道、奥运会乒乓球亚洲区预选赛、第16届国际泳联跳水世界杯、2008中国游泳公开赛、中国西藏登山队、杨澜访谈录、2008地球第三极珠峰大行动、CCTV奥运频道、2007北京奥运大事记、北京残奥会奖牌、争霸王中王、北京奥运开幕、北京志愿者系列活动、2007体育电视国际论坛、北京奥运、北京申奥成功、百威、第五届奥林匹克文化节、北京奥运会火炬手选拔、56各民族、啦啦队形象大赛、北京奥运会火炬传递计划路线、北京奥运会奖牌、第29届奥运会开幕式、大国、悲情人物、奥运美女、十大新秀、十大老将、十二圣斗士、超级黑马、A－Z关键词、奥运帅哥、十大男子巨星、十大女子巨星、十大话题、翔退巢的问题、外星人、中国足球、中美
2012	邹市明、吴静钰、中国队、冯喆、吴敏霞、蔡赟付海峰、林丹、孙杨、田卿赵芸蕾、张楠赵芸蕾、张继科、吕小军、秦凯罗玉通、叶诗文等38人
2016	第一金、第26金、男花、花剑队员、《金牌访谈》男子花剑队、女排、白岩松、MV《逆风飞翔》、女排

搜狐奥运专题中子专题标题主语指代较为杂乱，其中涉及中国运动员名字共144个，占总数的29.2%，虽然占比不低，但人物属性并不完全指向冠军和金牌，而是对姚明、刘翔等热点运动员姓名。名词性质的指代主语包括48个，占总数

12.3%。（表7－34）

表7－34　搜狐奥运专题子专题标题主语统计

	搜狐奥运专题子专题标题主语
2004	女市长、郑立、赵蕊蕊、姚明、谁、能、男羽、老瓦、金牌、菲尔普斯雅典五金之旅、日本体育、女飞人内斯特伦克、男百米飞人加特林、中国军团、爱琴海的中国情人节、苦孩子、雅典、生命金牌、你的命运、你、妹妹、奥运版天龙八部、110米栏、海外军团、1500米之王、谁、没有金牌、中国军团、撑杆皇后伊辛巴耶娃、怎样的人、忧伤的爱琴海、诗意奥运、狼之血性、奥运巨星、刀客刘翔、奥运、金庸、巨星名车、雅典、金昶伯老师、初恋奥运、十人的奥运17天、王彤：上海男人
2008	光荣与梦想、中国军团第一缕“霞”光、四侠、星星之火、日子、华山论剑情有独钟、新新人类、蝴蝶效应、歌、三国、符号意义、玫瑰、老外北京、剑侠、泪、英雄、中国第一梦之队、色、四部曲、鸟人、奥运三八节、金牌、国花三弄、国球、“8”字游戏、桑兰、杨炼、奥运冠军杨杨、冠军杨凌、陈燮霞、杨秀丽、张娟娟、刘春红、李彤李思目标、刘子歌、冼东妹、张湘祥、廖辉、陈艳青、冠军歌声、教练、郑洁晏紫姐妹、王娇、四金花、张琳梦想、女子佩剑领军人、杜婧于洋、张宁、仲满幸福生活、王峰秦凯、压力、男团、郭爽、张文秀、两女将、男篮五虎将、陆春龙何雯娜、战斗状态、女子曲棍球、陈燮霞、张小平
2012	有种东西、历史、王者、飞人、你、男人、面子事、三人行、老石头、狼、小将、金正日、孙杨启示录、谁的奥运、普通人、旗手、朝鲜冰与火、开场白、游泳三代人、首铜、罗生门、国家、自尊、底线、危机公关、人、姿态、新浪潮、外教、体操、悲剧、集团军、隐忧、我们、政治阴影、中国总结、奥运制服诱惑、帅哥、攻略、奥运超女、单身日记、潮范伦敦、力挺奥运、有才网友、美女、命理、邹市明狐狸拳、邱波——下一个田亮、胡亚丹——花、惠若琪、马蕴雯——马背背的职业之路、薛晨、李佳薇、马增玉、焦刘洋、郭跃——怕水的女生、张继科、雷声、冯喆——大器、邹凯、刘翔、陈一冰、林丹、李艳凤、孙玉洁、复仇记

续表

	搜狐奥运专题子专题标题主语
2016	皮划艇观战指南、薛娇、杨力维、王霜、丁彦雨航、程凤、王治郅、陈晓佳、李冬娜、华天、赵丽娜、马晓旭、张家玮、吕斌、张继科、赵明俊崔秋霞、周鹏、冯珊珊、孔令辉、林希妤、金牌英雄张梦雪、金牌英雄吴敏霞施廷懋、金牌英雄龙清泉、金牌英雄林跃陈艾森、金牌英雄孙杨、杜丽摘银契机、孙杨迎新强敌、金牌英雄邓薇、金牌英雄石智勇、洪荒少女傅园慧、金牌英雄艳梅、跳水王的里约绝唱、金牌英雄丁宁、传奇杜丽、金牌英雄马龙、金牌英雄王镇、蹦床公主美丽回忆、金牌英雄宫金杰钟天使、身兼多职的蹦床一哥、何姿难满贯收获幸福、金牌英雄施廷懋、金牌英雄孟苏平、礼貌而冷漠的宁泽涛、大器晚成的老将榜样董斌、金牌英雄曹缘、金牌英雄女乒团体、双面吴静钰、金牌英雄赵帅、金牌英雄任茜、金牌英雄付海峰张楠、金牌英雄刘虹、博尔特最伟大告别、金牌英雄谌龙、金牌英雄陈艾森、金牌英雄郑姝音、金牌英雄中国女排、美国、小将、国羽处境、奥运五星、左林右李、女子、国羽黄金时代、真梦之队国乒、金牌英雄男乒团体、路、惊喜、青涩男篮、中国军团半程总结、孙杨、女足、金牌梦、传统强项、张成龙、女排金牌、每块奖牌、开幕式、巴西超模、张梦雪、吴敏霞、龙清泉、林跃陈艾森、孙杨、梦之队、小石头、向艳梅、丁宁、马龙、中国速度、孟苏平8年坚持、曹源、金牌、最强兵团、赵帅、首位00后冠军、傅海峰、刘虹、谌龙、陈艾森、郑姝音赵帅、中国女排精神、中国羽毛球、中国军团、谌龙李宗伟、中国、羽球花游、飞人、陈欣怡尿检、美国队4＊100接力、奥运、奥运男乒团体、乒球、乒乓球大满贯统治级选手、林李大战、女排、女乒团体、柔道、中国乒乓球跳水、中国举重队、经费、金牌、跳水、博尔特、游泳、举重跳水梦之队、菲尔普斯、中国、孙杨里约之旅、何雯娜、泳坛四美、中国军团、中国选手、首金、第二十二金、马龙、丁宁、向艳梅、中国军团、中国跳水梦之队、中国军团、中国五金、中国、奥运网球、吴敏霞、龙清泉、中国三金、张梦雪、历届奥运中国军团首金的获得者、中国军团、雷声龙清泉、里约赛场、林丹李宗伟、里约多个项目、里约开幕式、举重女团名单、中国女足、瑞士天王、红色军团

网易核心微内容中主语出现最多的是“中国”，共出现32次，其中2004年出现11次，2012年出现13次，从数量对比来看，在主语出现数量持平的基础上，“中国”出现的数量最少，由此能够看出在“中国”的归属感来看，2016的报道最具个性化，而非对国家民族的集中靠拢。从内容中来看2016年的主语呈现了较多的主谓短语或复合短语，主语语法结构上更为复杂，同时也表现出更多信息量，反映出子专题在表达观点，描述情况中更加着力，从对国家民族的关注转向对事实现象的关注（表7－35）。

表7－35　网易奥运专题子专题标题主语统计

	网易奥运专题子专题标题主语
2004	半边天、奥运金牌的成本、奥运十大TOP10、奥运十大精彩瞬间、奥运闭幕式、奥运十大王者、中国女排、刘翔、中国奥运军团、郭晶晶、奥运历史十大传奇人物、奥运主持、雅典奥运十大谢幕老将、奥运中国十大帅哥靓女、沙滩排球、彭勃、俄罗斯体育、体操、奥运十大拍案惊奇、霍尔金娜、中国网球、中国军团、中国奥运、100金、雅典游泳比赛、裁判欺负中国、泳池之王菲尔普斯、中国女篮、王楠女单、中国、奥运精彩瞬间定格、羽毛球男单、射箭何颖、姚明发火、中国女足、奥运美女、谭雪王磊、奥运8月17日精彩话题、慢行道冠军—罗雪娟、中国体操男团、这些值得我们尊敬的人、中国军团、奥运表情：每日精选图片集、10场决赛、赵蕊蕊、金牌
2008	我们、中国印记、我、SBS、北京奥运开幕式、新生活运动、公民防范恐怖袭击手册、中国人、谁、中国文化、刘翔、男人、奥运启示录、环境遗产、后奥运经济、那年夏天、北京一夜、燃情岁月、我

续表

	网易奥运专题子专题标题主语
2012	中国实力榜、男女篮、孙杨、中国男女足、刘翔、李娜、梦之队、田源落选、女姚明、中国女曲、中国剑客、中国女排、佟文杨秀丽、三将、中国军团、中国选手、中国三女、中国、中国男女队、13 个项目、中国、国乒包揽 4 金、中国无人、竞技体操金牌、英国公学、伦敦与奥运、英国足球、奥运大逆转、奥运意识、橄榄球、室内运动、奥运是与非、人生、刘跑跑、奥运绝唱、鱼的眼泪、奥运圆梦、昔日一哥张琳、退役、国人、奥运、开放奥运村、伦敦奥运、伦敦奥运、奥运、开幕式、不和谐、游泳大跃进、女性、奥运冠军、奥运、跳水、李永波、这些奇葩、举国体制、意义、中国男篮、德国奥运、体操打分、我们、刘翔、体制机器、奥运、刘翔之伤、（前）金牌前三、中国式造神、伦敦奥运
2016	开幕式、奥运首日、举重、谁、组织博尔特、体操 9 金王朝、女子拳击、成功、杨过与小龙女的神枪侠侣、最不像一姐的“一姐”、他们、别人、体操一姐、王军霞万米纪录、徐莉佳、你、没妈孩、国乒、前冠军情绪、男友、高球过曝、奥运会、英语、奥运村外“贫民窟”小卖部可乐、妖魔化巴西、旗手的文化与自找的耻辱、雷声、奥运、里约奥运、杜丽的笑、失落的金牌、吴敏霞、霍顿、中国首金、追求金牌、帕克、奥运判罚、男篮打球、乒乓垄断、奥运会、中国三大球、男篮输球、游泳、傅园慧、宁泽涛、菲尔普斯、易建联得分、新男篮、英国、孙杨、政府精英运动员模式、刘家、雷声、高洪波

基于腾讯奥运子专题的数量，在其微内容核心层的数量也是最多的，从 2008 年的主语构成成分来看，最多的就是运动员名字，这个类型的主语站到 2008 年所有主语基数的 25.9%，其次是赛事项目名称（表 7－36）。2012 年和 2016 年两届奥运会的子专题报道中，始终是以奖牌运动员名字以及赛事项目为主，说明腾讯在子专题核心叙事始终坚守在人物和项目上，并未有大的改变。

表 7－36　腾讯奥运专题子专题标题主语统计

	腾讯奥运专题子专题标题主语
2008	奥运图片、金牌高才生、田亮、意外、他们、中国、张小平、邹市明、马琳、孟关良杨文军、张怡宁、陈若琳、吴静钰、殷剑、何冲、陆春龙、鸟巢、刘翔、刘翔不飞、学会理解刘翔、万人、刘翔不飞、刘翔、伤亦英雄、X 档案、刘翔、奥运梦八征程、科比、老将们、男篮奥运之旅总结报告、女篮、女篮小组赛 MVP 大盘点、男篮小组赛 MVP 大盘点、小组赛最佳新人、总结、中国、组织后卫、男篮、男篮、中国、中国男篮、奥运男篮、中国男篮首战表现、女篮首战表现、时候、男篮抗美大猜想、中国三高、梦之队、奥运开幕式旗手、姚明、奥运篮球观战指南、奥运篮球那些事儿、中国男足、玫瑰、对阵图、殇、中国男足、解析、解析、回忆录、08 奥运、中国代表队旗手、巾帼女侠三人、奥运独木桥、李小鹏、菲人类、传奇人生、巾帼英雄、奥运之旅、体操小丫、他们、郭晶晶、费德勒、宿命眷侣、莎娃、马背上的花样少年——华天、前世今生、凌霄花花絮、凌霄花—高崚、TWINS 运动员、骄傲、刘翔罗伯斯、为林丹煲汤的女人、昔日一姐、邻家女孩、女排姑娘、《鹏飞－吴鹏》花絮、鹏飞－吴鹏、“王者归来”李小鹏、“吊环王”陈一冰、“话痨”肖钦、杨威、“假小子”郭跃、北京奥运女排队伍、“自信内敛”鲍春来、张洁雯、奥运情侣、“大块头有大智慧”张湘祥、黑马选手、外国教头、石智勇、王皓、体坛名将、魏轶力、“平衡女皇”李珊珊、左手天堂 右手地狱花絮、左右天堂 右手地狱、陈金－“金”诚所至花絮、陈金－“金”诚所至、“美人雨”花絮、杨雨－“美人雨”、王皓－集结“皓”花絮、王皓－集结“皓”、张宁－梦回奥林匹亚花絮、张宁－梦回奥林匹亚、杨阳－“活力冰美人”花絮、杨阳－“活力冰美人”、三座大山、外国教练、北京奥运、奥运热潮、媒体全球化、体育产品、体育巨星、国内外、中国、陈中、北京奥运悲喜录、奥运与商业、奥运会、我们、中国代表团完全阵容之趣味统计、历届奥运会开幕式、你、鲨鱼皮、羽坛恩仇率、纳达尔、中国体操骄傲、北京奥运宿命之敌、中国、金昶伯、中国、鸟巢、郎平、娱乐与被娱乐、中国、N 宗拼杀、卫冕冠军、我们、鸟巢、冠军、牙买加短跑、中美热门冠军项目、商业价值、谁、中美金牌人气指数、男子项目、中国体育、历届奥运会中国金牌得奖人、尤纳斯、谁、中国、恩怨史、林依轮、刘翔不飞、女足男足同时出局、嘘声、吴敏霞、刘翔、中美金牌、杜丽、谢主席、体操男团、奥运

续表

腾讯奥运专题子专题标题主语
8.14 突破日、中国梦八记、网球、你、女排精神、体育弱项、中国男人的苦、亚洲力量、中国教练、孩子、无奈、奥运妈妈、妈妈军团、丘索维金娜、有些西方人、瑞士小伙、她、国奥、谷小震、陈燮霞、谁、开幕式、聂卫平、李宁、月光女神、小国奥运精神、100 年、奥运路、渴望与追求、网球、艾哈迈德马克土穆、安东尼内斯蒂、杨利伟、水池大侠、四川、中国航天员、水池大侠、北京奥运、冬奥夺金第一人、中国奥运夺金第一人、杨利伟、王赣骏、鸟巢、赵新风、北京天安门、国旗班第一任班长、李玉坤、电工、李元谱、赵文瑞、彭光涵、梅西来与不来、中华台北骁将、中国、体育、百年奥运、你、谁、开幕式、落选奥运者、中国女排、三连败、谁、奥运美女主持人、金牌高材生、第二项运动、意外、奥运跨项神人、奥运大电影、北京与奥运、体育明星、科技与奥林匹克、动物们、双胞胎故事、奥运梦、世界、中外领导人、各国领导人、胡主席、胡锦涛、国家主席胡锦涛、“和平大战”、胡锦涛、刘春红、陈艳青、奥林匹克、刘春红、胡锦涛、中国女排、布什、布什一家子、布什身影、布什与盖茨、布什、布什与夫人、奥运三国、奥运情侣、各国著名旗手、点火绝招、小国家大梦想、名人、体育人、温家宝、温家宝、温家宝、胡锦涛、萨科齐福田康夫、胡锦涛罗格、温家宝、北京奥亚运会、罗格、胡锦涛、胡锦涛、温家宝、胡锦涛夫妇、胡锦涛夫妇、日本首相福田康夫、猜想、情结、奥运情结、我、光怪陆离的那些事儿、巨星们、奥运情结、高科技、全球首脑报表、布莱尔、胡锦涛习近平、胡锦涛等领导人、谁、教练团、宝贝秀、腾讯博友、中国魅力世界形象、圣火、你、娱乐明星、太太团、岁月、奥运日记、北京奥运、体育狂热者、中国代表团运动员分部一览、面面观、浪漫七夕奥运情侣、奥运情结、百姓生活、北京奥运会、闭幕式、金牌榜、比赛场馆、郭晶晶、英雄、郭晶晶、博尔特、张娟娟、小将走开、殷剑、刘春红、比赛规则、篮球、谁、男足群星、奥运游泳、奥运女足、乒乓球男单、中国、中国举重、北京奥运会柔道、奥运帆船帆板、乒乓球女子单打、仲满、德国队、中国、奥运游泳海盗图、奥运女排队伍、中国水军复兴、铿锵玫瑰的前世今生、中国女足

续表

	腾讯奥运专题子专题标题主语
2012	游泳项目总结、羽毛球项目总结、射击项目总结、体操项目总结、举重项目总结、乒乓球项目总结、乡村、他们、背影、有些机会、张继科、首金路、大盘点、新一代偶像、禁忌之花、乌龙院、大国梦 巨星魂、武技、刘翔未来、奥运霸主、出发、对手们、传奇、俄罗斯、老三剑客的复仇、林丹、国球、标准、最炫中国风、爱情、新女排、叶诗文、公主、奥运、勇者、泳军、斗牛士未来、君子箭、蓝领、一姐一梅、背后、圣火、WHATS、北京英雄、中国女旗手、退出、中国红、易思玲、喻丹、王明娟、孙杨、吴敏霞、吴景奎、赵菁、李雪英、陈若琳、林青峰、焦刘洋、郑洁、惠若琪、陈冲、王皓、邓华德、周继红、李晓霞、张继科、庞伟杜丽、林丹、邹凯、王治郅、王义夫、王一梅、刘国梁、马文广、李永波、王仪涵、何姿、周继红、蔡赟傅海峰、眭禄、陈一冰、丁宁、易思玲、王明娟、孙杨、叶诗文、郭文珺、吴敏霞何姿、曹缘张雁全、李雪英、中国男子体操队、秦凯罗玉通、李晓霞、吕小军、焦刘洋、张继科、董栋、张楠赵云蕾、李雪芮、赵云蕾田卿、陈定、孙杨、中国女子击剑队、林丹、邹凯、蔡赟傅海峰、周璐璐、吴敏霞、徐莉佳、冯喆、邓琳琳、中国女子乒乓球队、中国男子乒乓球队、吴静钰、陈若琳、何姿、邹市明、魏宁、中国女子射箭队、陆莹、吴景彪、孙杨、徐丽丽、陈颖、丁宁、陆浩杰、王皓、郭爽宫金杰、徐晨马晋、郭爽、徐东香黄文仪、黄珊汕、王仪涵、何姿、陈一冰、何可欣、眭禄、秦凯、景瑞雪、任灿灿、侯玉琢、中国花游队、曹忠荣、邱波、喻丹、李玄旭、孙玉洁、男子游泳接力队、唐奕、丁峰、佟文、戴小祥、陆春龙、何雯娜、王镇、李艳凤、谌龙、王智伟、邹凯、刘鸥黄雪辰、郭爽、何冲、李金子、司天峰、刘效波、深情生日歌、冯喆卖萌、爸妈、父母、陈一冰、林丹、何雯娜、父母、张继科、李雪英、老爸、刘翔爸妈、翔妈、摇滚青年、小清新、穿越迷、足球迷、网球迷、文艺范、相信爱情的、学者、吃货、花痴、刘翔、蒋氏姐妹、惠若琪、俞觉敏、姚金男、迟来八年的奥运梦、陈一冰师弟的三年之约、跆拳钢铁巨人、劲敌之间的兄弟情、三起三落的不老传奇、女乒一姐的荣耀与痛苦、前途无量的小高敏、鞍马奇才的崎岖冠军路、张怡宁接班人、51 场连胜的中国龙、林丹接班人崛起之路、梦之队下一个天亮、想潜规则挑战的大力士、程菲、纸条情缘、亚运落榜的奥运明星、迟来的奥运、铁拳女、三金王

续表

	腾讯奥运专题子专题标题主语
	世界第一的崛起之路、郭晶晶的最美接班人、吊环王的分手真相、从谷底冲击巅峰的苦乐、三届奥运背后的爱情传奇、滕海滨、跳水难度王、张成龙、忘情庆祝背后的隐情、吵出来的沙滩姐妹情、邹市明、体操公主、蹦床天使、外战女、吴敏霞、爱与恨、真相、奇迹、以爆头为乐的传奇、爱情梦想、姚明队友的悲惨奥运梦、足球、花芳里的奥运冠军、单亲妈妈、举重冠军夫妇、人生、超级奶爸、风云对决之北京 VS 伦敦、帝国奥运风范、传说中的贵族运动、人人、奥运情节、金牌大国、100 次药检、蒋方舟、国足优越性、选手奥运村裸晒日光浴、陈一冰的价值、刘翔、中国三大球、中国、中国人民、我
2016	吴敏霞、龙清泉、于颂、钟天使、邓书弟、赵芸蕾、跆拳道女神、任灿灿、唐渊渟、花游女神、张培萌、姚彦、范忆琳、张成龙、射击女神、跳水女皇、首金功臣、林跃、刘蕙瑕、何雯娜、王镇、傅园慧、何姿、孟苏平、钟天使宫金杰、曹缘搞怪表情包、丁宁、赵帅、司雅杰任茜、吴敏霞闯关能力、举重女神、陈若琳、林跃、傅园慧、女子重剑队、王镇、何姿施廷懋、孟苏平、宫金杰钟天使组合、曹缘、马大厨、赵帅、张培萌打气方式、女乒团体、孙杨、张常宁、封面女神、争议低谷、跨越失败与伤痛的女皇、中国体操历史的见证者、丁宁的偶像、乒坛型男、雷声、苏炳添、体操男团的绝对支柱、跳水梦之队的幕后英雄、站在巅峰的胖子、娇妻加五冠的人生赢家 决赛前会失眠的蹦床王子、铜牌、张梦雪、吴敏霞、龙清泉、林跃、邓薇、陈若琳、石智勇、向艳梅、何雯娜、王镇、徐嘉余、施廷懋、何姿秦凯、孟苏平、丘索维金娜、宫金杰钟天使、曹缘、女乒、男乒、赵帅、刘虹、陈艾森、郑姝音、郎平朱婷、张成龙、周捷、周捷、吴鹏、吴鹏、龙清泉、高凌、高凌、史冬鹏、跳水、射击、游泳、举重、乒乓球、蹦床、体操、田径、篮球、跆拳道、羽毛球、排球、足球

从主语构成内容来看，金牌人物是四大商业门户网站奥运专题中最核心的报道主题，其次是以赛事项目为中心，近年来最大的变化则体现在主语内容的变化，例如在网络用语的出现，主语内容结构的复杂化等，都呈现出四大网媒对于奥运话题中有了对事实现象的关注转向，更加客观地关注新闻事实。

2. 动态元以主动性的“行动”动词为主，状态动词出现情色化，语言动词网络化

从四大商业门户网站奥运专题的子专题微内容的核心层次来看，动态元多为表示行动的动词，具体表现为“夺取、对决”类的锦标争夺动词。表示状态的多为性感之词，如“漂亮、性感、迷人……”等，表示精神的心理活动动词出现较少，仅有很少的“想、渴望、望……”等动词偶尔出现在标题核心层中。表示语言的说、指出等多以省略的方式，将话语主体与话语内容通过并列的方式排列在一起，通过“:”的方式表示说的动态过程。通过审视统计动态元的使用方法，能够得到四大商业门户网站中对体育的传播报道还是以“锦标”为向导核心，通过对锦标的获取过程采用主动“动态元”，描述新闻事实的过程和关键结果。而在成果获取的过程状态、主体心理活动、言语态度上的描述过于简单，即缺乏深入的采访洞察。

新浪奥运子专题标题动态元中2004年单调地呈现出“夺”字主体，在2008年中出现最多的动态元为“征战”，2012年使用最多动词为“夺得”“卫冕”也较多重复出现，而2016核心微内容的核心层次里动词则丰富而多样起来，但表示上进、拼搏内涵的动词占绝大多数。在此动词使用的过程中，2004年、2008年、2012年都呈现出对金牌的锦标拼搏精神，相对动词也单调一些。2016年动词使用非常丰富，且出现了与赛事无关的动词以及部分形容词，如性感迷人、性感妖娆、最痛、爆表等，丰富了赛场拼搏中的情绪特征。另外在动词使用中出现了并存、同在、争议等，表现出对金牌的锦标争夺已经转向对竞赛过程的关注，更加尊重事实情况，而非享受在追求金牌的疯狂执着之中（表7－37）。

表7－37　新浪奥运专题子专题标题动词统计

	新浪奥运专题子专题标题动态元
2004	夺得、赞、夺、夺、夺、夺、夺、夺、夺、夺、盘点、夺、风云、夺、夺、夺、获、夺、夺、夺征战、夺、夺、夺、夺、夺、夺、夺、夺得、夺、夺、夺、夺、夺、夺、征战、抵达、征战、征战、征战、征战、关注、征战、征战、征战、征战、征战、大战、憾别、征战、成立、征战、征战、征战、发布、传递

续表

	新浪奥运专题子专题标题动态元
2008	夺得、夺得、夺得、夺得、夺得、夺得、夺得、夺得、做客、征战、退出、破、创造、征战、成立、征战、征战、征战、征战、征战、征战、征战、征战、征战、征战、征战、终身禁赛、开村、征战、征战、征战、征战、征战、征战、禁赛四年、成功七周年、倒计时1个月、看、接力、倒计时100天、登顶、传递、点燃传递、传递、启动、发布、倒计时、倒计时、六周年、创造、祝福、发布、发布、、倒计时500天、崛起、玩转、梦醒时分、对决
2012	卫冕、夺得、夺得、夺得、夺、夺得、夺得、夺得、夺、夺、夺、夺、夺冠、夺得、卫冕、夺得、夺得、夺得、夺、夺得、夺得、夺得、夺、夺、夺、夺、夺冠、夺得、夺得、夺得、夺、夺、夺、夺、夺冠、夺得
2016	助威、（被）曝光、拍、秀出、助力、比赛、来看看、登上、性感迷人、看、出息、做客、变身、参演、拍、拍摄、拍摄、练手、支持、助力、爆红、警示女孩、赴、升级当爹、首胜、开启、夺金、快问快答、夺银、无缘半决赛、力压菲鱼、晋级、包揽冠亚军、争冠、卫冕、晋级、夺冠、创造历史、登顶、解密、风生水起、现场、探访、解密、征服、漫步、大闹、玩转、看、感受、震惊、长啸、说再见动情落泪、演示、很自豪、诠释、临危受命夺金、变、拍、32胜1负、并非终点、荣膺、主持、剑指、拜年、在法国过、摘、揽、卫冕、首夺、夺、蝉联、破、破、夺、破、双龙入水、4举2破、勇夺金、蝉联、夺、打破、一战成名、获、续写、斩获、卫冕、斩获、完成、背水一战、拼尽全力、新老结合、大器晚成、战胜、夺冠、后来居上、盘点、领衔、盘点、盘点、征战、谁最多、盘点、入选、将银牌升至金牌、13年不败、盘点、18金王、入围、领衔、剑指、单届六金、在列、领衔、入围、领衔、争议不断、无人卫冕、上榜、巅峰饮恨、并存、同在、最痛、备战、备战、悉数、抵达、（被）曝光、性感妖娆、游、合影、成、出席、盘点、拍摄、收、（被）回顾、拍、（被）上线、双爆表、实力圈粉、帅出、被网友恶搞、帅哭、担任、盘点、（被）精彩回顾、失利、笑傲赛场、有颜值有技有身材、袭来、回眸、回眸、谢幕表演、回眸

搜狐核心微内容的核心层面来看（表7－38），动态元使用丰富，采用了较多的被动语态，强调了结果与主语等。2008年动态元中多呈现了“高喊、斗志、苦

练、卫冕、震撼、劈波斩浪、夺金……”等主动性的动词运用，反映出主场作战之下，搜狐奥运新闻“摇旗呐喊”的传播意愿。而2016年的动态使用更加丰富，几乎很少重复，表现出对赛场丰富性内容的摘取。

表7－38 新浪奥运专题子专题标题动词统计

	搜狐奥运专题子专题标题动态元
2004	贪了、去了、伤了、怒了、能站出来、变、一地鸡毛、包围、掉链子、一响、欣赏、崛起、获、一举翻身、处决、寻找、对决、哪个重要、谁定、看、这么黑、对决、有权利、向左走向右走、看什么、进、给霍尔金娜、令人尊重、期待、闻香识、模仿秀、肿起来、率领、对对碰、赔定了、别走、没有
2008	寻找、超越、笑、拒绝、无双、爱、泪、超越、戒、50＋、压轴、赴美复查兼兼顾宣传、展、不被看好、变身、大器晚成冲、忍伤痛显、相似历史一环决胜、高喊、漂亮、激发斗志、培养运动员、坦言、无限母爱补偿女儿、苦练夺冠亲吻杠铃、献军礼迎金忍泪奖台、夺冠后只想、大将风度卫冕成功、震撼全场、助威喊出、情深战靴显、感觉、劈波斩浪压群雄、从水立方开始、夺、战胜伤病战胜自我、即将开始、续、变、问鼎、挥别、一路艰辛胜利走来、苦战泪洒沙场、回顾八强脚步、姐弟之争、意犹未尽、惜败无怨无悔、夺得、夺金、夺得、夺金、夺得、夺金、夺得、夺金、夺得、夺金、夺得、夺金、夺得、夺金、夺得、夺金、夺得、夺金、夺得、夺金、夺得、夺金、夺得、夺金、夺得、夺金、夺得、夺金、夺得、夺金、夺得、夺金、夺得、夺金、夺金、夺得、夺金、夺得、夺金、夺得、夺金、夺得、夺金
2012	激励、叫、是、和、伤、亦、蓄力、寂寞、哭吧、大、有我师、砸、出走、向上吧、保佑、反思、盼、揭秘、无人问津、遭遇、还债、刘翔、解析、寻找、约架、吐槽、乱点、人人有责、耀、变、动情、解析、票选、赢、首秀、折、全能女战士、沙滩高妹、狮城偶像、男篮因扎吉、怕水的游泳冠军、不服输、响彻伦敦、晚成、小眯眼大成就、伤不起、用换的吊环王、断、不会、圆梦、打、长成、伤、重、藏、欢迎、留下了、走、拒绝、拒绝、在较量、千年老二、纪念、进军、开、来到、生、不堪回首、黯淡、忘记、夺冠、亮相、举办、抗议、浇灭、举办、走进、腾飞、横空出世、点亮、传递、回到、猜、变形大战、冲金、再战、勤能补拙、四年磨一剑、（被）稳拿、前途无量、死磕、出战、渴望、期待、能否

续表

	搜狐奥运专题子专题标题动态元
2016	神枪仍销魂、未来更精彩、里约谢幕、盘点、捍卫、挑、艰难、诠释、完成、接力乱局、（被）终结、在何方、交织、走在复兴路上的、见、独撑、捍卫、完美、齐飞、很伟大、解析、展现、亮相、解读、破、诠释、吼出、延续、首夺、两破纪录夺、登顶、超越、临危不乱、到达、如期封王、累哭也坚持、两破纪录、蜕变、终得、定、证、3连霸、一飞冲天、霸气外露、三进、贡献、终爆发、创、均突破、永不放弃、当选、完美收官、去向何方、稳中有突破、世纪之战、看看、回顾、决战、再冲、创、呈、掉棒、充满、半决赛、实现、包揽、出手就知有没有、上演、再战、横扫、盘点、冲金、又夺金、收获、（被）起底、占、共获、包揽、卫冕、盘点、完赛、重拳出击、获、居次位、谢幕、谢幕、实力冲金有望、遥遥领先、包揽、诞生、看、首夺、夺冠、夺金、努力冲顶、看、图解、再出、显身手、看、盘点、暂列、日揽、连爆、四连冠、夺冠、跃升、收获、摘、愈来愈强、力冲、盘点、冲击、冲击、（被）中国制造、数读、对决、引入、或创、突变、重返、图解、揭秘、遗憾伤别、能否、遥遥领先、有、傻傻分不清楚、两金怎够、有掀、拼搏、盘点、直击、感人至深动人心弦、记录、记录、魅力难挡、泪、最触动心弦、不明所以、看、盘点、来袭、露、相应、纹在、未达到预期、出错、层出不穷、致敬、论英雄、女神、夺冠瞬间、冲刺、新鲜出炉、豪取、再夺金、挥杆定乾坤、回国、回师决赛、夺冠成新王、夺冠、卖萌、夺、举旗助威、夺、落幕、掉棒、上演、再现、上演、上演、美、揽、秀、冲线、将战、远赴重洋再执教鞭、两站、夺银、真是、躲采访、进、卫冕、美、创、创业路、开天辟地、展、出海、剑指、跳下水、反帮对手、共摘、亲脸庆祝、紧张、披旗、搞怪爱卖萌、卫冕、鏖战、看、淘汰、获、回顾、很生猛、反给菲尔普斯签名、就袭胸、再遇、也搞怪、美如画、热火朝天、入账、首进、自成一派、（被）盘点、出、表情棒、求婚、揽、领先、领衔、拿什么拯救、不惧、突破、齐上演、千姿百态、盘点、不新鲜、最爱、破纪录夺冠、归来、初启、现、搞笑瞬间、包揽、含义深、摘银、不如、谢幕演出、盼、首登场、搞笑心疼、大集合、揽、碧空如洗、变、巅峰、无缘、破世界纪录夺冠、满满、退出、有、卖萌升级、齐作战、揽、再造、最高峰、再战、已拿遍、回顾、也青涩、哭、卖萌、变、包揽、清奇、是、迎、重现、如何炼成、挡不住、一路好运、你绿了、抢镜、来袭、来袭、卖萌、美如画、回顾、亲、收获、悉数、并肩战、遭、齐上阵、清奇、卖萌、（被）抓起、不同、夺金、吃狗粮、来看、回顾、出席、回顾、遇上、回顾、再战、再冲金、冲金、含泪离场、绰约、高能预警、搞怪、首金、引、盘点、迎、颜值逆天、憋足、有泪不轻弹、断腿、看

相对网易的奥运专题子专题数量，其动态元的使用数量相对较少，采用了大量的同位语或者省略的方式强调奥运人物或者现象，这些动词的省略表现出对结果和新闻关键点的聚焦定位，而非对过程的关注（表7－39）。

表7－39　网易奥运专题子专题标题动词统计

	网易奥运专题子专题标题动态元
2004	撑起、回顾、导读、再现、铸就、选出、风一样的男子、失利、加冕、感谢、遭骂、美女养眼、从零分到十分、怎么了、进入、注意、此情可待成追忆、创造、走出、结束、何时休、无缘、惨败、重夺、全军覆没、含泪出局、愤然申诉、激起千层浪、无缘八强、疯狂、改写、一夜噩梦、抢、不可不看、受伤、属于
2008	领衔、爱、是、炼成的?、PK、演绎、还不是、大揭秘、请文明观赛、该、惨遭、解密、算啥、打破、血性真男人、死、率、力压、是、是、狂玩、损失、竟遭、又送、霍尔金娜接班人?、拼命（为生计）、冲击、剃光毛、PK、夺、比肩、领衔、是、是否、该不该、该不该、是、超越、有没有、恶补、谁能赢?、PK、哭、超越、哭吧、能、是、火了、诞生、迈向、坚持、登基、大战、顶起、不配代表、读、领衔、夺冠圆、迎娶、比肩、未吃、拍戏、曾被开除、一举夺冠、搬家、一届三金、跳、摔断、开创、逆转夺金、跪地痛哭、配对、阻碍、绝杀、突破、让、凸显、打造、要读、是、献、终夺冠、技压、练成、超越、没、夺、雄霸天下、捡回、为母奔丧、打架打出来的、一箭射穿、大喊、揭秘、会、买、卖房、成名、退役打工1年、才回3次家
2012	想出线、领军、当、演、争、欲、成、是、前景不妙、有望、恰、仍是、实力平平、出击、争取、恐、重在参与、冲击、挑战、无缘、具有、渴望、无悬念、获得、缩水、战奥运必须、战胜命运、酷的、创、暴发户、无为无败、会、根本看不到、是、陨落、是因、走路、露怯、（被）裁员、源于、不乱才怪、寒碜不丢人、不奥运、可以、英伦最帅名族风、（被）澳洲制造、可以、成了视网膜杀手、别苛责球员、羽毛球太上皇、来参加、为何、不在、是、为何、靠、骂刘翔、可以跟不上、热

续表

	网易奥运专题子专题标题动态元
2016	想、完爆、无敌?、失控、变、摘银、（被）坑、（被）破、求外界、相信、跑步、身背、脸颊、到脱皮、:、王者归来、人、:、苦练、堪比、摘银、暴涨、只是、当、全人类的欢乐颂、值得、不同、竖中指、这么狂、在、是、上课、不公正、不动脑、无不妥、没什么、翻身遥遥无期、因为、中国惨败、引领、不应、为何、成熟、占、认识、也靠、扮、让、就、又出、或成、不存在、下课、惨遭、看看里约警察、训练、训练、训练、巴西记者、带你、带你、带你、做客、做客、做客、拥抱男友、人气爆棚、谈、比赛、够溜、泪别、萌哭、萌哭、换、跳、揩油、够、入选、偶遇、说、直播、惊人、感人、初来、露点、扭胯甩胸热身、秀、这么美、助力、抛弃、无金、烧脑、该、揭、（被）中国抢走、黑、惨负、靠、跪磕头、崩塌、黑你没商量100%夺拍、也金牌、不保、真正纯粹

腾讯动态元中的状态形容词包括：“功不可没、着急反省、年轻、精彩、阴盛阳衰……”等，没有表现出过于关注体育“情色”，在2016年的专题中，动词使用清晰，整齐，采用了较多表示语言类的：“爆、表示、晒……”等在网络阅读中常见的语言表达动词，动词的使用反映出腾讯受众中心的主动性营造意图（表7-40）。

表 7－40　腾讯奥运专题子专题标题动词统计

	腾讯奥运专题子专题标题动态元
2008	大汇总、在、让奥运更精彩、将、能否、崛起、再见、精彩、中国人的飞跃极限、令、是、签名、告别、祝福、VS、回顾、30 岁生日快乐、四强在望、前瞻、盘点、VS、OR、圆、胜、VS、吹响、评定、评定、奏响、挑战、@、当选 2008、洗洗睡吧、绽放、成、开始、行、成为、诞生、金、战、跳出、开始、别了、上演、彰显、盘点、扫描、对对碰、在、教、创、绝非唯一、势在必行、日趋、功不可没、共伸援手、着急反省、我们永远的英雄、年轻、回顾、愿意、面面观、、超越能否、一个韩国人的“中国十年”、做、精彩、带着、战、情牵、见证、没有、改写、为什么、对比、说、对比、竞争激烈、既生瑜何生亮、“阴盛阳衰”、历数、男女比例、中国的希丁克?、圆梦、男儿不如女、起最后冲击、到、学会、爱、令我们激动、解读、有何不同、对不对、下一个伏明霞、是郭晶晶、致敬、进入、四天比四年更漫长、何去何从、赢回的、改变、可以、奥运第一大鸡肋、说开去、能理解郎平么?、着急、到、学什么、是、是、有多少母爱可以重来、怕、最爱、以为、配、护好火炬，传好圣火、揭秘、压不垮的中国力量、动了、一赞、成就、请别做、点燃、放歌、关注、参与比取胜更重要、没有、改变、让、觉得、力撼、遭遇、展示、再让、见证、承前启后的老班长、董立敢、国旗法的首倡者、升国旗、第一名国旗卫士、讲述、见证、是个问题、剑指、走进、没有、传完、灾难过后最好的疗伤剂、见证、期待、更强、被误读的秘密、亦、从连胜到连败、预示、拥有、唱响、PK、让奥运更精彩、实力非凡多点出击、分心有术、给、爱、迷恋、助威、观、观看、激战正酣、会见、试举、夺冠、连破、观看、对、看、观战、现、相遇、挥动、再现、风云、对对碰、大比拼、猜想、寻找、总动员、回忆与憧憬、会见、见、会见、会见、看望、出席、会见、开幕、挥手致意、会见、欢迎、欢迎、期待、见证、引领、列阵、看、考察、考察、是、吹响、记录、点燃、奥运引导员风采、献、选出、愿意、奥运、改变、对对碰、面面观、不受欢迎的、成为、超越、有、是、震撼、是、比肩、奥运帆板零突破、破记录、有、被列为、指导、领衔北京奥运、粉碎、玫瑰绽放、完胜、独占、盘点、盘点盘点、创、成、创、盘点、（被）扫描、何去何从、首战力克

续表

	腾讯奥运专题子专题标题动态元
2012	激励、错过了、(被）封王、揭开、盛开、可施?、不是梦、说起、就是、吻别、请赴、赛出、致敬、在路上、清白、驾到、不哭、洋务运动、堪忧、必也射乎、不后退、点亮、是、何在、探究、也是、唱哭、逗、揭、见、庆功、解密、躲、下厨、休、首次相见、施、解密、品、包饺子、必看、必看、必看、必看、必看、必看、必看、必看、必看、王者归来、愧对、倾诉、解密、讲述、崇拜、踢翻、自我救赎、珍藏梦想笑对人生、不在流泪、击碎、坦露、征战伦敦、颠覆、打造、击碎、自救、讲述、超越、讲述、谱写、点亮中国足球希望、创、卖、不设限、玩滑板、爱、不如、证明、评、超越、解读、惊呆、保卫、超越、不可能、为何不灵、谋划、拯救、抵制
2016	被叫、铁汉柔情、摔、摔掉、无缘、说苦、痛哭、面对、辟谣、特殊遭遇、完成比赛、舞、练习、自爆、模仿、曝、晒、坦言、搞怪卖萌、三连拍、演绎、大胆说爱、大秀恩爱、戳中、挑战、来袭、谈及、公开、个高腿长演技好、是、(被）看呆、秒杀、变身、失口曝出、自爆、表白、模仿、曝出、能、显、模仿、曝、化身、竟是、化身、壁咚、变身、成就、是、意指、最爱、曾跑不赢、是、回看、粉碎、等待、约战、紧张到暴躁、控制体重、无视、梦想、谈、有、蛰伏、脱衣、掩饰、愿意、逆袭夺冠、秀、开了、曝、点评、到、爆料、超越、出身、助力、重回、秀秀、探营、探访、探班、志在、携手、挑战、探访

3. 四大门户商业网站奥运专题子专题核心为内容状态元使用情况

从已知样本中，修饰主语的状态词非常少，修饰作用也异常类似，如中国、栏目名等是最常见的修饰词，说明对于深度关注专题的主题描述较为简单，凸显“中国”特征，突出策划体裁。2008 年北京奥运会中搜狐、网易和腾讯奥运专题中子专题对主语状态词的创作较为丰富，对主语进行状态修辞所占子专题总数比重依次是 54. 3%，33. 5% 和 56%，其中形状描述最多的是项目分布以及子专题归类名称。2012 年伦敦奥运会中对子专题主语描述并未出现上升，其主要构成是项目分布，2016 年除了约束主题的项目分布，对于奥运人物（尤其是冠军和热点运动员）的关注显著提升，“之最”现象明显，反映出 2016 年里约奥运会中，四大门户网站对人物主体更加关注，并着力开发“总结”类子专题。

2004年，新浪奥运子专题动词状态修饰词占子专题总数的32.8%，几乎都呈现出的是竞赛项目；搜狐这一数据为13.7%，状态元多为修饰性副词；网易这一数据仅为6.8%，状态词全部为语法副词。从这三个数据来看，2004年三大商业门户奥运专题子专题核心微内容中动词的状态元并不十分完整，新浪更强调赛事项目分类，搜狐在已有的修饰中更加重视其动词使用的生动性。2008年，这一数据分别是6%、2.9%、30.8%、14.9%，其中网易最高，状态元多为表示对象、地点、时间等的介词短语，对动词发生的时间、地点等界定的更加清晰明确。2012年中，这一数据为2.6%、8.5%、21.5%和6.7%，副词与介词短语为常见状态元内容。2016年9.2%、15.2%、28.8%、32.1%，状态元内容与2012年大致相同。因此从动词状态元上来看，动词状态元总体数量占比不高，说明子专题核心内容元对于新闻动态的修饰较为简洁，不着意强调动作的状态属性主要是对动词进行了竞赛项目、动作环境以及动作状态进行的修饰，项目分类依旧是其中的重中之重，但在后续发展中，行动的具体环境与状态修饰比重不断提升。

4. 隐藏主体较为普遍，新浪体育从“严谨”走向“活泼”“仿受众”引领注意力

隐藏主语的子专题微内容核心层次的数量为169个，这些标题占到所有样本的7.38%，可见隐藏主语是四大商业门户网站奥运专题叙事的一种常见形式与方法。在缺失主语的标题统计中可以看到，新浪2004年仅有1个，占2004年其子专题数量的1.6%；2004年网易奥运专题中子专题标题省略主语类型的数量占其总子专题数量的6.1%；2004年搜狐所占自身比例是15.7%；2008年新浪奥运专题子专题没有缺省主语的标题，而搜狐、网易和腾讯这一数据分别为8.6%、23.1%、5.8%，占比例最高的是网易奥运专题。2012年这一数据有了些许变化分别为11.7%、5.1%、8.2%，2016为7.7%、12.5%、7.6%和3.6%。就单个商业门户网站奥运专题来看，新浪从2004到2012连续三届在动词配价分析中都没有缺少主语的情形出现，而在2016年里约奥运会中，这一数据达到了7.7%，说明在新闻标题规范化方面新浪已经对原有陈规有所松动，追求更加活泼的标题形式。网易这一数据从开始的6.1%到后三届的23.1%、5.1%和7.6%数据一直不高，标题稳定性较好，新闻标题结构稳定完整。搜狐从开始的15.7%下降到8.6%、11.7%和

12.5%，可以看出其对新闻叙事主体的重要程度。腾讯作为典型的娱乐性网媒在这一数据上分别百分数为5.8%、8.2%和3.6%，比例较低，能够反映出其对该新闻的叙事主体的重视，而非过分娱乐化地改变了新闻标题的完整体例。这些被隐藏的主语角色通常为网民、新闻主题和媒体，以下将对不同的隐藏角色进行详细分析。

模仿受众视角，隐藏了媒体对受众注意力的引导。在已统计的子专题标题（微内容的核心层次）中甄别省略掉的主语性质，有大量通过网民视角去观察奥运的主语省略，即省略了网民作为动态发出者，而这些网民并不是真正的网民在参与奥运过程中的关注与需要，而是由媒体代劳引导的“观众需要”，而是媒体给受众的“秀”。这种模仿用户角度的设置是的标题具有十分强烈的互动性，但同时也隐藏了媒体对受众注意力的引导企图。

新闻主体的缺失强调新闻事件的状况，隐藏弱化新闻主体对于事件特殊性状的影响力分化。例如“关键时刻掉链子”“没有爬不过去的高山”“拥有易抛弃更易”“夺冠之后只想睡个好觉”“向左走向右走”等等，这些标题中能够看出对新闻事实的关注点已经超越了对新闻主体的关注，如放大镜一样截取新闻事件中最具吸引力的细节与观点。这个省略的主语的类型有66个，占到省略缺省标题的39.1%，所占比例非常高（表7－41）。

表7－41　四大商业门户奥运专题子专题标题主语省略情况统计

	省略主语	子专题标题	省略主语	
2004新浪	媒体	关注奥运兴奋剂事件		
2004网易	网民	选出你最激动的心跳时刻	网民	注意后面有鬼
	网民	感谢举重英雄		
2004搜狐	新闻主体	关键时刻掉链子	网民	给霍尔金娜找行宫
	网民	赤条条欣赏奥运	网民	期待中国飞人
	闻主体	巅峰对决	网民	闻香识女排
	新闻主体	向左走向右走	新闻主体	没有爬不过去的高山

续表

	省略主语	子专题标题	省略主语	
2008 搜狐	受众	寻找亮晶晶的接班人	媒体	揭秘北京奥运开幕式第一旗手：李本涛
	网民	拒绝国懊	网民	千年一赞奥运开幕式
	新闻主体	如果爱	媒体	关注体育小国的奥运梦想
	新闻主体	超越雅典	网民	与共和国旗手一起见证祖国的崛起
	新闻主体	夺冠后只想睡个好觉	网民	走进中华台北奥运军团
2008 腾讯	网民	再见北京奥运	网民	传完火炬不妨回神反思
	媒体	前瞻男篮 VS 立陶宛	新闻主体	拥有易抛弃更易
	网民	情牵三大球	网民	给央视解说打个分
	新闻主体	既生瑜何生亮	网民	寻找共和国旗手
	媒体	历数中国奥运金牌男女分布男选手在不断崛起	媒体	吹响美女集结号八金创神话
	网民	学会理解刘翔	新闻主体	点燃我们心中的奥运梦想
	网民	爱刘翔还是爱金牌	网民	选出你最爱的奥运歌曲飞跃
	媒体	解读林陶大战	新闻主体	超越人类极限的速度
	网民	向银牌致敬	媒体	盘点国羽五届奥运阵容
	网民	可以没男足但不能没足球	网民	别着急为郭文珺找爸爸
	媒体	由伊拉克运动员装备说开去	新闻主体	向印度的金牌学什么
2008 网易	网民	票选奥运十大新闻	网民	为中国加油
	网民	向顽强的伊拉克运动员致敬	网民	为失败者喝彩
	网民	如何留住北京蓝天	网民	票选奥运美女
2012 搜狐	新闻主体	激励一代人	新闻主体	伤不起
	新闻主体	只和自己跑	新闻主体	重技术难度也要重艺术表现力

续表

	省略主语	子专题标题	省略主语	
	新闻主体	蓄力伦敦	新闻主体	拒绝再做机器人
	新闻主体	开幕式反思工业化	新闻主体	做自己不做千年老二
	媒体	揭秘中国男泳崛起	新闻主体	纪念顾拜旦奥林匹克之父
	媒体	解析极端粉丝	新闻主体	进军美国跑马拉松搭公车
	网民	寻找奥运萌主	新闻主体	来到瑞典 54 年跑完马拉松
	媒体	吐槽伦敦奥运	网民	不堪回首柏林成纳粹工具
	媒体	乱点鸳鸯谱	新闻主体	忘记宣布闭幕中国队迟到
	新闻主体	动情奥运	网民	抗议种族隔离惊世的跳远
	新闻主体	回到故乡希腊 奥运穿越了	网民	别苛责球员
2012 网易	新闻主体	实力平平 恐两手空空	新闻主体	为何游泳比赛黑人少
	新闻主体	争取奖牌零的突破	新闻主体	无政治不奥运
2012 腾讯	网民	揭开奥运的篇章	网民/媒体	致敬王皓
	新闻主体	从我们恨过的自己人说起	媒体	解密三连冠王落选奥运背后
	网民	吻别刘翔	新闻主体	愧对家庭 搞搞组合
	新闻主体	赛出个金满贯	媒体	解读张继科与王皓的关键差异
2016 新浪	网民	来看看沙排姑娘们腹肌	新闻主体	靠努力将银牌升至金牌
	媒体	现场直击中美男篮大战	媒体	盘点史上 6 大传奇沙排组合
	媒体	探访马拉卡纳球场之旅	媒体	悉数中国女排七大颜值担当
	媒体	解密央视前方转播中心	媒体	盘点里约奥运最值得期待的美女运动员
	媒体	征服基督山尽览	媒体	盘点各国秀色可餐的小鲜肉
	网民	漫步科帕卡巴纳沙滩	媒体	回眸历届奥运会开幕式
	网民	玩转奥运纪念品商店	媒体	回眸历届奥运会的创意点火仪式

续表

	省略主语	子专题标题	省略主语	
2016 搜狐	网民	面包山上看里约夜景	媒体	回眸巴西这些年
	媒体	盘点牙买加六大女飞人	媒体	盘点伟大的奥运妈妈
	媒体	盘点传奇姐妹花大小威无人敌	媒体	盘点泳池中的长距离之王
	媒体	盘点中国代表团奥运表现	网民	看奥运中国男神 长得帅的都上交国家
	媒体	解读雷声任开幕式旗手	媒体	盘点奥运会中国女神 他们不仅有颜值
	新闻主体	当选里约奥运女排 MVP	新闻主体	来袭百态表情（被）大回顾
	新闻主体	7 金 2 银 1 铜完美收官	新闻主体	露笑容画个心送给你
	媒体	盘点历届奥运中国体操夺金数	新闻主体	未达到预期 抱憾离场
	媒体	盘点孙杨两届奥运会战绩	网民	向老兵致敬
	媒体	盘点历届赚钱奥运	网民	不以金牌论英雄他们
	新闻主体	冲击三连冠	新闻主体	都是女神
	新闻主体	冲击男子 400 米自由泳金牌	新闻主体	12 年后里约再夺金
	媒体	数读 2016 里约奥运	新闻主体	霸气挥杆定乾坤
	媒体	图解里约奥运会中国男子举重队	新闻主体	回师决赛
	媒体	揭秘里约奥运村	新闻主体	再现大将雄风
	媒体	直击 2016 奥运会	新闻主体	远赴重洋再执教鞭
	新闻主体	世锦赛决赛首夺银	新闻主体	两站
	新闻主体	扑通扑通跳下水	网民	七夕吃狗粮吴敏霞甜蜜示爱高颜值男友

续表

	省略主语	子专题标题	省略主语	
	新闻主体	被绊倒后反帮对手	网民	来看徐嘉余帅气私图 锁骨腹肌
	网民	看中国女排进军里约四强之路	媒体	回顾徐嘉余生涯高光时刻辉煌成长之路
	媒体	回顾中国乒乓女团奥运路	媒体	回顾历届奥运女乓冠军中国蝉联8年
	新闻主体	一言不合就袭胸	媒体	回顾奥运乒乓男单冠军给你稳稳的幸福
	网民	拿什么拯救你	新闻主体	含泪离场小德神色黯然是真伤心了
	媒体	盘点中国游泳军奥运表现 孙杨仍然是旗帜	网民	盘点历届奥运中国首金 张梦雪里约创历史
	新闻主体	在北京得银伦敦夺金 回顾董栋的蹦床生涯	网民	看里约奥运美女运动员身材火辣性感撩人
	新闻主体	退出国家队 回顾李晓霞突围大满贯历程	新闻主体	无论输赢都要哭盘点奥运赛场哭泣瞬间
	媒体	回顾重剑女团战役史 剑指里约 力争卫冕	媒体	一路好运跳到里约看俄金发美女历险记
	媒体	回顾菲尔普斯奥运21金 泳坛巨鳄称神话	媒体	悉数中国乒乓海外军团 强大的还是中国
2016 网易	新闻主体	一直相信自己不是人民币人见人爱	网民	跟着小编看看里约警察
	新闻主体	向傲慢和偏见竖中指	媒体	采访巴西记者

续表

	省略主语	子专题标题	省略主语	
	新闻主体	黑你没商量田联欠刘翔1冠	媒体	揭奥运最黄曝项目比赛中亲走光（被）限播
	新闻主体	30年成就排球 里约验证郎平定律	新闻主体	惨负霍顿成新刘翔孙杨事件打了谁的脸
	新闻主体	不存在女排精神 郎平获益西式方法	新闻主体	“输不起”（后置）下跪磕头国人想赢更怕输
2016腾讯	新闻主体	看呆阿雅邹凯 张梦雪完成超难挑战	新闻主体	爆料张楠业余爱好
	新闻主体	谈伤病		

第二节　四大商业门户网站奥运专题叙事话语分析

一、视听符号日益成为四大商业门户策划重点，可视化传播成为方向

奥运专题子专题话语符号特征中，从表7－40数量统计可得，2004年雅典奥运会中三大商业门户网站都以图文专题策划为主，2008年搜狐增强了视频策划栏目，新浪则采取了全部综合类型的专题进行策划。从统计观察中得到，2008年北京奥运会中视频符号的策划内容主要以片段形式呈现，并且多出现在子专题的新闻目标页中，以辅助报道的角色呈现在子专题中。2004年到2008年这四年的发展

过程中，视频符号逐渐得到网络体育新闻的开发与重视，从历史追溯中我们看到国际奥委会对奥运会网络传播内容的限制，2008 年才开始放开接受网络媒体的传播合作，但视频直播领域仍然受到控制，且 2008 年中国网络传播对视频传播的能力略显逊色，在奥运会转播过程中频频遭遇问题，因此到 2008 年，视频符号始终没有成为奥运新闻传播的符号主力。2012 年腾讯奥运专题中视频专题数量首次超过了图文专题策划数量，大量原创视频节目成为其独家策划的秘密武器，网媒利用视频符号独立制作专题节目了。2016 年里约奥运会中视频策划专题数量成为网媒原创主力，即通过视频节目的制作形成自身传播的风格特色，尤其体现在新浪和腾讯。根据四大商业门户体育新闻的发展历史，从 2012 年开始到 2016 年，网络媒体在重大赛事的版权获取方面付出了很多努力，但是鉴于媒体竞争关系，网络媒体并未得到诸如世界杯、奥运会的视频直播版权，就是在这样的媒体环境下，四大商业门户仍然着力开发了大量的原创视频节目，反映出视频作为网络多媒体表达符号中最生动的符号已经发展成熟，并依赖大量的制作力量得到了广泛的开发。

在各种符号传播内容的策划领域，根据统计观察从 2016 年，四大商业门户网站对图片和视频进行了详细策划分类，增强了该话语符号专题的表意范围与内容的丰富程度，但主要是对粉丝视角奥运花边内容进行关注，如 2016 年新浪奥运专题“图片专题”中出现的“性感奥运、赛场花絮、奥运美女、奥运帅哥、特别策划、每日十佳……”，搜狐的“2016 图片策划”等，较往届奥运图片报道中着重对中国、金牌、赛事进程的国别化、新闻时效性的图片报道，2016 年在视听语言的新闻报道中更加注重其内涵与深度的开发（表 7 –42）。

表 7－42　四大商业门户网站奥运专题子专题传播符号使用统计

		四大商业门户网站奥运专题子专题传播符号的使用				
		图片	图文	视频	图表	综合
2004	新浪	—	64	—	—	—
	搜狐	—	51	—	—	—
	网易	10	39	—	—	—
2008	新浪	—	—	—	—	140
	搜狐	—	30	35	—	51
	网易	15	135	—	—	14
	腾讯	13	346	—	—	21
2012	新浪	—	—	—	—	38
	搜狐	27	161	—	—	—
	网易	32	39	8	—	—
	腾讯	—	82	94	—	91
2016	新浪	89	—	146	—	26
	搜狐	312		21	79	89
	网易	—	77	51	4	
	腾讯	—	—	110	—	—

二、隐藏起来的媒体视角与顺时传播之殇

从奥运专题的制作传播视角来看，2004 年主要是媒体视角，四大商业门户网站都以媒体形象自居集纳了大量的图文消息进行传播，时序特征基本是结果型逆时序报道顺序。2008 年，搜狐与国际奥委会建立了合作伙伴关系，通过连接奥运会信息系统等，搜狐得到了非常多的信息传播便利，成为国际奥委会的网络信息服务窗口。其他三个商业门户组成报道联盟的同时，也组织了大量的赛前、赛后的采访制作，形成了大量的原创作品，信息量空前膨大，从采编视角到时空延展

利用上都有了丰富的扩充。

2016 年里约奥运会网络新闻传播中体育娱乐化特征凸显，这个娱乐化的特点通过新浪标题设计能够明显地表现出来，媒体通过仿受众视角制作网络专题体现出“传者思维”的转变，媒体视角被受众视角所“替代”，网媒的受众意识更加提升。

由于受到版权限制，网络虽然具有即时传播的强大功能，却无法发挥，因此在四大商业门户网站中的时空中，逆序叙事成为主体的时序特征，在海量的承载功能中，非时序的扩叙得以大量呈现，通过大量新闻的播报，大量资料的检索呈现，奥运报道仿佛成为热闹的信息集市，但始终缺乏顺序、等叙的最新信息资讯，这一部分资源被电视直播占据着，未来将是两媒体竞争的内容焦点。

第八章 四大商业门户网站体育新闻叙事逻辑路径与使用不足

在四大商业门户网站体育新闻叙事发展的社会历史语境之中，能够看到技术、社会经济、政策环境等各方面对体育新闻叙事带来的重要影响。观察叙事文本中叙事结构与叙述话语的变迁能够体会到商业逻辑、技术逻辑、专业逻辑等的影响和指引作用。

第一节　四大商业门户网站体育新闻叙事逻辑路径

一、技术路径：改革叙事平台，推动个体参与，改变叙事层级

“我们处于一个连接和分享新时代的开端，得益于社交媒体和技术的发展。”[1]

——亚历克斯霍特（国际奥委会媒体主管）

〔1〕 徐延．我国网络体育新闻传播历史研究［D］．北京：北京体育大学，2013：44.

媒介即信息，麦克卢汉的预言真理性地验证在媒介的发展变化之中。媒介技术的发展带来了新闻叙事的本质变化。网络信息技术不断创新引发叙事方式的巨大改变，以至于我们不能采用同一种眼光、模式去分析和判断其叙事的模式。网络技术从其本质的互动深度开发中可以分为 Web1.0、Web2.0 和 Web3.0 时代，从编辑内容生产到用户参与网络生产再到用户中心的多维化内容生产趋势，技术给予叙事太多的可能性。“计算机科学的技术层面将深刻地影响我们的阅读方式、阅读内容、阅读取舍、乃至与文学叙事的存亡和发展攸关的所有问题……计算机科学借自其他领域的这些概念和形象，等待着第三次转生，成为叙事学的工具。[1]”

BBS 技术的诞生让网络体育新闻有了最初诞生的温床，技术网民们在谈论体育比赛消息的时候也苦恼于四通利方 300 条的容量，同时也苦恼于众多网友的蜂拥而至，技术扩容让体育沙龙容纳下了众多网民们的评论狂欢。

滚动更新技术实现了 24 小时新闻即时更新的新闻叙事理想。新浪最先采用滚动更新技术，网易等则是重金购买了该项技术以实现网络新闻的强大更新能力，从本质上来说这不仅是体育新闻领域内的一项重大技术突破，乃是网络新闻传播中的重大突破，这让网络新闻实现了“正在发生”即时化传播理想状态。

多媒体与流媒体技术实现了网络体育新闻场域叙事。体育图片、视频、动画等各类多媒体信息产品成为体育新闻叙事的重要工具。多媒介叙事构成了网络体育新闻叙事的完整场域，不必如同传统媒体一样被限制于单一语言的表意层次内，多媒体叙事让叙事更加逼真。

博客、微博技术使个人真正参与到了新闻生产之中。2005 年新浪抓住了博客在中国蓬勃的发展之势，利用名人战略占据了博客市场，这一项有力的技术帮助新浪在 2008 年的奥运会中彰显出强劲的竞争实力，新浪在门户网站的竞争中抓住了门户建设、博客和微博三个重大的发展机遇。

移动技术是网络体育新闻构建生活的重要改革。移动网络技术使网络体育新闻从媒介叙事走向了体育生活叙事。个人叙事应用与移动终端融合后，移动网络更加成为个人叙事工具，参与体育传播的系统构建。移动网络技术、视频技术等

〔1〕［美］玛丽-劳勒·莱恩：电脑时代的叙事学：计算机、隐喻和叙事［M］．出自戴卫·赫尔曼编，马海良译：新叙事学［M］．北京：北京大学出版社，2002：63.

不断壮大移动终端的服务能力。

云计算、大数据技术植入网络体育新闻开发之中，于是出现了大量的体育数据处理软件，为网民提供了大量专业技术以及新闻资讯的数据支持。并且在体育赛事报道中与各类技术融合后形成了更加人性化，更加便捷的网络应用，在未来，大数据技术还将支持互动开发走向更深层的网络信息服务。

媒介融合技术影响了多屏合一叙事平台的形成。媒介融合最早由美国学者浦尔·I提出，其本意是指各类媒介呈现出多功能一体化的趋势[1]。通过媒介融合技术，多媒体新闻叙事产品得以整合，不同平台的产品得以连通，不同媒介产品能够在同一平台上播出，三屏合一的综合性信息终端得以应用实现。

传统新闻中虽然也有完整的叙事模式规范，但都未曾像网络媒体这样如此介入普通人的生活，深入到网络新闻中去主动参与叙事的构建之中。也从来没有像网络一样拥有如此众多的叙事手段与叙事空间得以尽情发挥叙事的想象力。网络给了新闻叙事虚拟空间，叙事的根本逻辑是交互性，交互性实现的方式是人机互动。在网络体育新闻发展的过程中，技术发展起到了决定性的作用，然而在每个技术突飞猛进的应用阶段中也不断发现了很多壁垒之处，如网络体育新闻刚刚出现时众多网友蜂拥而至造成的服务器崩溃，微博迸发量太大造成的服务器宕机，视频技术不成熟造成2008年奥运直播事故频现，以及现如今多屏合一技术与深度互动的艰难研发之路。这些困难都显示出技术革新与人性化应用之间的适应性磨合，我们感叹技术之神奇的同时，也应该能够看到是人性化的现实需求让技术得到了更加实用的开发与利用。

二、商业路径：服务受众个体，凸显赛事主题，遵循商业规律

商业逻辑即企业运行并实现其商业目标的内在规律，其最终目的即实现客户

〔1〕 徐延．我国网络体育新闻传播历史研究［D］．北京：北京体育大学，2013：45.

价值的最大化[1]，以客户市场作为服务的最终目的与最大目标。四大商业门户网站在其生存和经营的过程中无不体现在商业逻辑。从叙事角度来看，

（一）叙事者身份与民主意识影响了网媒受众市场主题

传播者身份角色的改变导致体育专业主义越来越受到推崇。随着中国网民的普及，国家民族、金牌意识等虽然仍然具有阅读价值，但在体育专业主义的催化之下，受到了转化与分解。体育报道通过对专业技术的解释与体育知识传递成为网络体育新闻叙事的主题，在报道过程中，国家政府也在体育赛事报道中被转述与隐藏，线上互动应用的广泛推广也弱化了锦标性的集中关注。

自主选择培育了更加民主受众市场。与其说是网民参与新闻叙事造成了网络叙事的转变，不如说是网民们自主能力的提升让网媒的服务意识与叙事视角更加平民化。叙事者承担的叙事角色表面上是由谁担当叙事者，实则是叙事者以怎样的立场和视角来进行叙事。因此在这里网络互动叙事的特性把叙事者提升到了一个更加本质的认识层面。在页面的历史性观察之中，网民的互动需求还通过大数据的形式反馈给网媒，因此网络多元化叙事的特征不仅呈现在新闻报道中，更以潜移默化的方式呈现于整个网络体育新闻叙事之中。自媒体与社交媒体中的体验性信息得以通过意见整合和显著性价值等排列方式，扁平化地展现在用户面前。四大网站的页面中都能反映出了“猜你喜欢”“你可能感兴趣的新闻”等各种推荐栏目与定制内容方案，这些都是用户参与体育新闻叙事生产的显性表征。多元化叙事者的视角和需求已经影响到了网络体育新闻的主体创作方向。

（二）四大商业门户网站体现出体育专业主题与商业版权内容

体育专业主题充斥了四大商业门户网站体育新闻报道的网页。四大商业门户网站的首页中呈现出的都是围绕赛事的预测、结果、赛程服务、赛中新闻等各类报道，目标页中除了对体育新闻的关注之外还有对体育明星和赛事的相关阅读解析，赛事数据的详细分析，赛事花边的延伸阅读等。围绕赛事议程，政治化的国

〔1〕 转引自百度百科．［R/OL］．2016－01［2016－02－01］http：//baike. baidu. com/link？url＝Yn-gqE7n8xuit－q7pHMn8ViA4uETjreZ4s0nqZ3W_ RTiFDMhGjTZTXirozx－YoBkjAMMxdsLTvhApE9uivY0Hw_ .

家民族意识隐藏在了赛事规则之下，淹没在了赛事数据与技术解析之中。网络体育新闻通过专业化的知识传递逐渐分化了仪式化、概念化的意识形态，转而以话题、应用等互动活动消解了网民们的舆论主流的形成。

版权竞争成为影响门户网络体育新闻叙事内容的重要因素。四大商业门户网站体育新闻发展历史中可以看出，国家对网络媒体的发展始终持谨慎态度，网络媒体的采访权始终都没有明确的放开政策。在网络媒体强大的传播影响压力下，四大商业门户网站逐渐获得了 BBS 经营权、视频登载权等新闻传播的基本权利。以奥运为代表的体育赛事新闻采访转播中也对网络采取了谨慎接纳的态度，从 2005 年搜狐取得北京奥运会互联网内容赞助商身份之后，世界杯、奥运会都逐步接纳了网络媒体的采访与转播需求。在中国特殊的政策环境下，重大比赛版权资源依然垄断在政府手中。2008—2012 年，来自央视的公益性版权分销就一直在踯躅前行，直到伦敦奥运会，巨大的商业盈利让央视网几乎垄断了视频版权资源。门户网站丧失了体育赛事新闻中最具价值的直播资源，迫于无奈，四大商业门户网站着意开发原创资源，投入了巨大的资金与人力创作了大量的传媒产品，为网络体育新闻叙事增加了更多叙事产品。

（三）网络体育新闻叙事话语以个体需求出发满足感官刺激，营造赛事时空

视觉化话语符号冲击阅读感官。感官刺激新闻娱乐化的重要表现，在定调符号方面，四大商业门户网站从“纯文字”新闻文本，到“文字 + 图片”，再到“文字 + 视频”的发展变化反映出其视觉设计的不断强化，这是现代媒体市场竞争中的重要武器。

个体视角反映出网络受众市场供求关系的变化。网络内容的娱乐化根本原因在于网民结构的大众化。根据 CNNIC 历年来对中国网络发展的调研报告，中国网民的年龄结构的低龄化，网民规模的普及化以及农村上网比例的不断增加，因此呈现出内容低俗化与娱乐化的必然趋势。另外在移动互联网环境下，受众需求与网媒服务关联越来越紧密，对于受众市场的开发成为网媒市场竞争中最关键的一环，在激烈的竞争中更加重视对注意力市场的针对，加快了网络体育新闻商业化的前进步伐。

网络体育时空逻辑营造以竞技体育赛事为绝对核心。赛事时空的多角度开发，速度是用时间改变空间的有效方法。以体育比赛为时空核心，通过对赛前、赛中、赛后时间段的经营，营造出体育新闻报道的独特场域。

三、政经路径：改变网民结构，营造社会关注，提供叙事主题

（一）我国政治经济发展促进了网络发展与网民结构大众化发展

社会经济发展促进体育事业进步与网络传播的普及。体育事业与产业的发展给提高了我国的体育人口比例，人们休闲生活方式也发生了巨大的变化，对体育的关注空前提高。自 1994 年中国全面接入国际互联网之后，截至 2015 年 12 月，中国网民规模达到了6. 88 亿，普及率为50. 3%。中国手机网民达6. 20 亿，使用手机上网人群比例为90. 1%[1]。网络的普及使网络媒体的影响日益壮大，且网媒的巨大资源已经形成了对传统媒体的反哺，成为社会自下而上的舆论民主力量。社会发展带来受众对媒体内容需求的提高，数量上、应用上、内容质量上等全方位的提高。从中国互联网络信息中心的统计数据中看出，中国网民的普及率越来越高，说明网络内容需要大众化。网民结构的大众化带来网络内容的娱乐化，因此体育新闻的叙事风格也越来越呈现出强烈的娱乐化色彩。

（二）国家政策与市场现实发展影响网络体育新闻叙事主题与事实构建

国家体育政策的推广为体育新闻的传播营造了宏大的社会历史主题。网络体育新闻发展的最初十年搭上了国家体育政策发展的顺风车，上世纪末，《国家体委关于深化体育改革的意见》明确了中国体育职业化推进的方向和路线。《奥运争光计划即实施方案》将中国竞技体育大潮推向高点，国家民族与金牌锦标成为中国人民心目中至高无上的荣誉。进入 21 世纪，党的十六大提出“全民健身体系”，

〔1〕 引自第 37 次中国互联网络发展状况统计报告［R/OL］. 2016 - 01［2016 - 02 - 01］http：//www. cnnic. cn/hlwfzyj/hlwxzbg/201601/P020160122469130059846. pdf.

再次推进体育强身在中国社会中的主题性影响。在此阶段中新的《奥运争光计划纲要》助推了2008年北京奥运会新的夺冠高潮，同时也将以四大商业门户网站为代表的中国网媒推上了发展的最高浪潮。在此之后随着中国国家通信政策的完善，门户网站在传媒竞争中站稳脚跟，不断壮大力量，将其影响从体育领域延伸到了国家信息管理的层面，微博问政开始了门户网站成为中国主流影响媒体的重要开端。在国家政策与金牌效应的影响之下奥运年中乒乓球等项目的突出为叙事核心，表现出国政治舆论环境影响了体育新闻叙事主题，进而影响了网络体育新闻叙事的叙事结构构建。

四、媒体路径：策应叙事重点，规划叙事结构，打造话语特色

（一）媒体定位与发展趋势影响体育新闻叙事者参与角色及其叙事内容

根据历史语境宏观分析，四大商业门户网站在媒体定位中各有不同，虽然在内容建设上都受到了新浪“内容为王”的方针影响，但在渠道建设，在媒体经营乃至在内容建设方面都有一定的差别。这些差别对编辑记者的职业素养，对参与体育新闻叙事的网民结构、叙事方式都造成了深刻的影响。

四大商业门户网站从成立之初就在产品倚重上各有不同，新浪始终坚持新闻为本，坚持发展以内容为中心的大门户道路。“流水线”式的新闻生产方式为四大商业门户网站乃至中国网络体育新闻的生产发展形成了深刻的影响，这一点从文本分析中可以看出，网络新闻的核心叙事动词配价完整，内容充实，反映出体育新闻记者具有较高的职业素养。搜狐网创立者张朝阳提到“搜狐不仅仅是一个网站，它更是一个媒体，并将超越媒体，成为人们生活中不可或缺的电子商务市场”，于是搜狐一直坚持技术产品的开发与商务平台的探索，开发了多样的媒体合作范式，最早与NBA签约成其在中国的合作伙伴。搜狐的多样性开发和倾尽全力的门户网站的内容经营让其一度与新浪抗衡，尤其在2008年北京奥运会的赞助商竞争中表现出强大的实力和新闻运作能力。网易的门户理念始终与互动理念相关联，以游戏为最初的经营核心，2004年正式开始了门户网站内容建设，强化新闻

内容的同时依然保持服务产品的丰富便捷。网易门户理念从“互动理念”到“有态度”新闻，始终是以用户需求出发，为此网易对其版面进行了多次改版，扩大网页留白，创建两栏页面架构，增加导航栏目入口，增加应用首页入口以至最新开发移动客户端等首创行为都反映出其服务用户，有立场有见解的门户理念。腾讯2003年步入门户网站建设以后，更是坚守其即时通讯的客户渠道，其大规模内容充实也都是围绕QQ等即时通讯客户渠道展开，通过新闻的即时推送等逐渐占领了内容市场。

（二）媒体经营与内容建设影响体育新闻叙事结构与叙事话语的建构

媒介竞争使门户网站体育新闻的叙事规模更大更完善。上文中已经提到了四大商业门户网站激烈的市场竞争使得重大比赛中各家都派出了声势浩大的采访团队，努力开发原创内容产品，争取更多的新闻资源加入到新闻生产中来。2008年北京奥运会报道中，搜狐获得了奥运赞助商身份同时获得了多项政府信息资源的注入，与新华社等签订了合作专线并与全国130余家媒体结成空前大联盟。如此庞大的创作与合作团队，让新浪、腾讯与网易三大门户也首次结成报道同盟并各自开发媒体同盟体，共享视频直播资源等。激烈媒体竞争中，四大商业门户网站各自推出具有本网特色的内容产品，新浪以博客和新闻为主打，搜狐以原创视频和奥运信息系统为特色，网易则通过邮箱、在线游戏等产品通道第一时间推送奥运新闻，腾讯也首次尝试利用空间、QQ群、QQ电台等传送奥运消息，并取得了良好的推送效果。在2008年这次典型而激烈的四大商业门户网站竞争之后，四大商业门户网站在新闻领域的竞争始终存在，但各自都更加注重特色应用的开发。

第二节　大商业门户网站体育新闻叙事结构与话语使用的不足之处

瑞安《故事的化身》中将数码叙事对经典叙事学的发展进行了分类：实践探

索、隐喻探索、扩张探索、传统探索。这四种类型其实形成了两对矛盾，实践探索和传统探索是站在传统叙事的逻辑理解数码叙事，寻求数码对人的适应性。而隐喻探索和扩张探索则是根据数码信息管理的特征重新规定新的叙事逻辑，这两个方向似乎暗合了技术决定论与人本主义之间的矛盾，本文更加赞同实践探索与传统探索方向，这与莱文森“软技术决定理论”有所契合，即“人是媒介的尺度”。通过实践探索，将计算机看成人的故事的传播者，让叙事给技术提出新的挑战。然而隐喻的探索与扩展探索中表现出的叙事即信息管理系统，叙事的创新即“不落窠臼的设计”，在数码叙事的发展中表现为技术的前瞻性，通过技术的延伸创新探索人的延伸的可能性，这两个方向如同物理原理的发现与其生活化的应用。

一、网民“游牧式”参与有悖网络属性与媒体发展趋势

从历时性考量网民在四大商业门户网站体育新闻叙事中的作用，仅在论坛时期，网友起到了非常重要的信息源的作用，但由于技术上的缺欠和论坛相对散乱的组织状态，网友们自发发布的新闻很快被淹没，仅起到了临时的提示功能。即使这样，网友们依旧热情地投入到论坛的讨论中，就像今天的维基解密，百度经验，他们受欢迎的原因是实现了多对多的信息交流，即实际困难交由实际经验来解决。论坛时期之后的网友便成了“受众”，在博客和微博诞生之后，这种情况有了改观，但从体育新闻的参与深度上来看，网友在体育博客、微博中的作用大多数为体验与评论。与体育新闻主体相比，内容生产功能相对边缘化、围观化（表8－1）。

表8－1　四大商业门户网站体育新闻中媒体与网民角色功能分配

	创作内容	角色功能
媒体	新闻、视频、图片、策划专题等	联合创作、引导网络价值观
网民	论坛、博客、微博、互动游戏等	随机参与、围观、

从角色功能发挥中能看到媒体处于主体引导地位，网民处于参与、边缘化创作、围观、个人游戏状态，游离于主流叙事之外。在四大商业门户网站体育叙事中还出现了叙事者对政府管制、媒体引导的隐藏，出现了通过词句概念化，倒装句式等叙事实现来塑造体育奇观和价值观引导，隐藏在叙事背后的意识力量反馈出两者的不平等。但由于其注意力市场的消费者地位，媒体的内容服务通过大数据技术、通过评论反馈进行传与受的互动，按照受众所需提供所谓“个性化”内容。从总体和本质上来看，新闻叙事逻辑依旧是媒体编辑记者，或者借互动之名的媒体叙事者。

二、超链接造成网络体育新闻叙事结构上的逻辑紧密度较差

窗口显示让超链接有了层级的基本逻辑规范。数码叙事学中将网络新闻叙事理解为信息管理模式，在这个信息系统中，叙事的逻辑设计体现为信息传递的次序逻辑，这种说法能够体现出网络信息管理的一般属性，帮助网络新闻叙事逻辑的平台性实现，但对语言逻辑与社会共识有所忽略，因此本文对叙事逻辑的网络信息管理表象仅作形式化的关注。

从核心叙事的首页标题看，行动源较为完整，能够看出体育新闻的叙事故事结构较为完整，标题信息较为全面，但也存在着隐藏施动者的情形，突出表现为隐藏政府机构对体育行为的干扰，隐藏媒体身份增强客观性以及缺乏新闻源的功利现象。从词性角度考察15年来的网络体育新闻核心叙事发现，网络体育新闻中存在明星行为概念仪式化和赛事结果动态化的现象。这个现象反映出网络体育新闻叙事存在用动词名词化的概念来给体育现象以确定性，限制读者解读的情形，另外赛事结果动态化的名词动用现象反映出体育新闻动态叙事的特点。从句式特征中也反映出网络体育新闻主动叙事的强势叙事特征。从新闻叙事的目标页内容横向叙事来看，以新闻标题、摘要、正文为横向叙事核心与其催化部分：相关阅读、延伸阅读、关键词乃至调查互动等并列关系或者无关联的内容较多，而紧密的逻辑关联，如传统新闻中出现的因果、递进、时间关系等微内容关联则相对较少，说明四大商业门户网站体育新闻的纵向逻辑关联较弱，新闻入口多而缺乏逻

辑统筹，这是造成新闻阅读过程中容易失去最初阅读的初衷，核心叙事在非线性的阅读中丢失。

在相关范围内选取价值较大的新闻之间缺乏连贯逻辑，造成了网络体育新闻存在着明星逻辑链接、重点比赛关联、花边新闻关联等，如此散乱的微内容也降低了事实序列的逻辑性，影响叙事的整体性。

目前四大商业门户网站体育新闻存在叙事主题相对集中，缺乏多样性，文本叙事结构逻辑场域联系不够紧密的问题，无论从窗口层级、首页叙事还是目标页文本叙事，NBA、五大联赛、欧冠、中超、CBA、奥运、世界杯等超级比赛是绝对的叙事主题。从文本研究中通过核心叙事、标题语法、句式设计等方面都体现出对比赛结果、明星、冲突等重视，而相对的新闻源、弱势、对手等不同程度地被弱势甚至忽视。微内容纵向核心叙事与正文叙事关联性较强，但从相关资料、延伸阅读等关联性却较差，在互动设置上评论的发散性、分享应用的丰富等方面都造成了四大商业门户网站体育新闻叙事逻辑的断裂与散乱。

三、网络新闻的叙事能指依旧较为混乱难以形成完整时空逻辑

超级链接的连通性使得网络的能指差异化较大，很难形成统一的叙事逻辑与相对固定完整的能指系统。近年来通过产品矩阵化的发展趋势，网络体育新闻的能指系统规划性更强，但始终没有找到适应其特征的能指符号系统。

网络应用产品的开发、个体化视角的提升以及网络内容资源的上浮导致网络体育新闻中时空关联的丰富，同时也降低了时空观营造的完整性。在网络体育新闻叙事时空场域中，叙事时序、速度与频率中顺序直播逻辑得到了强化，在叙事速度的空间营造中等述内容的排列与叙事关键内容的重复频率并没有得到统一的时空规划，虚拟空间有待于进一步完善发展。

第九章 结论与思考

第一节 研究结论

一、四大商业门户体育新闻根据历史和叙事出发分为四个发展阶段

根据社会发展历史语境中对中国社会经济发展概况，政策环境背景以及媒体发展竞争情况等因素，本文将四大商业门户网站体育新闻发展分成了四个发展阶段，包括“论坛叙事阶段”“主动叙事阶段”“综合叙事阶段”“移动化个体叙事阶段”。在各自的发展阶段中反映出中国网络体育新闻与我国政治经济发展相一致的发展进程，反映出重大社会历史事件、国家政策路线以及技术发展趋势对网络体育新闻叙事带来的直观影响。

论坛时期是网络体育新闻产生的雏形期，网民的参与与赛事话题的构建反映出网络体育新闻交互式新闻生产的叙事者角色与视角，并体现出相对单一的叙事主题。“主动叙事阶段”是四大商业门户陆续形成门户理念，发展各自特色，主动

叙事的开端。在新浪体育的影响下，网络体育新闻的叙事语法结构相对完整。新浪、搜狐、网易、腾讯四家商业门户在媒体定位有一定的差异，这些差异反映在参与叙事角色分布上、层级构建、叙事主体的选择、叙事话语的营造上。从总体来看到2004年，四大商业门户都已经建立起完善的门户网站新闻生产渠道，投入了大量的物力与精力到体育新闻的生产和营销之中，为叙事文本分析提供了深刻而扎实的历史背景与分析依据。

二、四大商业门户网站体育新闻通过多元叙事者打造赛事影像空间

叙事者无序性发言到综合叙事再到多元化个体化趋势发展。新浪体育新闻成立之初由网友们共同叙事，门户网站崛起后，媒体叙事者日益强大，直到个人叙事应用博客、微博等出现，个体叙事重新开始影响门户网站的体育新闻叙事主题内容，在重大比赛中形成了众评和围观的现象。目前体育新闻对于个体叙事的重视程度日益提高，反映在对个体叙事内容的整合与阅读内容窗口层次的提升，但仍然无法进入叙事主体。

以赛事为核心叙事，层级叙事纵向关联强，横向弱。四大商业门户网站以赛事为核心叙事，这一点PC端和移动端口都有体现。所关注从足球单项赛事向综合赛事转变，从重大国际赛事向高水平联赛和单项赛事转变。四大商业门户网站体育关注项目和赛事也会随着时间的变化而有所变化，突出表现在奥运年、政策年。

核心微内容中体现出相对完整的新闻叙事。从消失的动态元中可得出四大商业门户体育新闻写作较为规范，同时为了体现出体育赛事的娱乐性，省略了政府、机构等管理机构行动元，凸显动态比赛结果，明星等元素，采用大量主动句式增强叙事的主动性。

四大商业门户网站体育新闻具有层级窗口式叙事结构，纵向关联通过核心微内容紧密联系，表现在首页标题与正文标题、正文内容的逻辑关系较为紧密。横向关联度较弱即目标页内容元的相关阅读、关键词解析等方面并发性强，以体育赛事与体育明星等建立弱联系的多入口互动，容易造成阅读偏向和核心叙事的“丢失”。

叙事话语以文字为定调符号，影像符号成为趋势与亮点。四大商业门户网站体育新闻叙事话语在符号表意上，通过超链接的结构形成能指组合，进而通过与受众的评论互动形成漂移的所指。层级导航阅读与目标页催化微内容等都能够引起表意符号的漂移，通过对受众评论意见的观察，网络超链接组成的叙事结构中能够是受众形成不同类型的意见，说明相关阅读、资料关联，叙事者立场等能够影响阅读的效果与态度方向。四大商业门户网站体育新闻是中国以文字作为定调符号，但通过内容组合和矩阵构建等方式呈现出影像化的发展趋势。

四大商业门户网站体育新闻以赛事为核心构筑话语空间。四大商业门户网站体育叙事以媒体编辑全能视角为主，通过全面地观察体育新闻事件而采取的叙述视角，少部分存在叙事视角的转变与相关阅读视角的转变。视角是由一定的叙事立场决定，媒体编辑的全知全能视角也反映出四大商业门户网站体育新闻的叙事立场始终是媒体主导的。四大商业门户网站延续传统新闻叙事以追述为主体的叙述时序，并通过资料性积累与场景信息、服务信息等方式增加了预叙，并通过赛事直播的介入实现了顺述，因此是多时序呈现的体育新闻时空观。博客、微博等评论空间扩充了网络体育新闻叙事的空间，降低了速度，提高了网络体育新闻的张力影响。通过缺乏时间特征的赛时数据与服务信息等四大商业门户网站的叙述过程中还增加了静述的叙述的降速之法。总之，四大商业门户网站体育新闻已经开发多层次的时空叙述形式，体现出多维叙事的样态。

三、四大商业门户网站体育新闻叙事历史与文本折射四重发展逻辑

这四重逻辑包括“技术逻辑”“商业逻辑”“政经逻辑”和“媒体逻辑”。其中“技术逻辑”具有决定性，改变了网络体育新闻存在的平台，叙事的入口、层级形式乃至形态特征。“商业逻辑”则规定了网络体育新闻发展的社会属性，社会经济的发展水平从根本上制约了网络体育新闻的繁荣，产业化运作决定了商业网站的生存与发展。受众市场的定位与服务方式是商业逻辑的集中体现，商业逻辑反映出商业门户网站体育新闻为客户服务的最终目标与基本逻辑。中国社会发展的政治方向与方针政策相当程度上会影响中国社会形态的变迁，网络体育新闻发

展进程中，不同时期中国社会发展的主题直接制约了中国网络体育新闻叙事主题，“体育大国”“金牌争光”“体育强国”等一系列国家政策直接影响了社会议题，从而影响了网络体育新闻的叙事主题。媒体逻辑则是影响四大门户体育新闻叙事发展的直接逻辑。在媒体的定位、竞争发展、特色构建中，能够反映出四大商业门户在市场竞争中取得一席之地的过程，也反映出网络体育新闻在社会信息生产中的生命力所在。从新浪的内容模式到腾讯的用户模式，网络体育新闻叙事经历了叙事结构与话语重点的变迁，新浪更加重视体育新闻的严谨专业，腾讯则更加重视叙事层级与应用入口的人性化使用。两种发展模式也折射出体育新闻叙事参与者的身份背景，使用需求，并从故事形式与话语形式中反映出参与者的角色与意图。

第二节　研究建议

一、推进叙事者民主平等与新闻真实性原则

如前文所述，网络体育新闻叙事发展决定性因素在与实现叙事者身份与地位的平等，将提供新闻变成交流新闻，通过阅读参与变成主动参与，如同在“电视剧里打游戏”，改变游戏以激励，竞争的方式吸引网友参与，而是以兴趣、好奇、体验等方式吸引读者的自由选择与参与。

坚持网络体育新闻的本质属性，以真实性要求网络体育新闻叙事的根本性原则，真实叙事，真实反映新闻事实，这是新闻叙事的底线原则，不容娱乐倾向与网络低俗的侵犯。传统新闻叙事与网络新闻叙事既然同属新闻叙事的范畴，就必须共同遵循新闻叙事的本质规律，即表述对象为真实之事，叙事目的是求真，叙事形式以事实属性为规范和制约。这一点是一切新闻叙事的前提，亦是根本。新闻叙事要尊重叙事规律，新闻叙事的结构是社会发展与文化进步折射出来的思想

进程，受到社会发展影响，但不以个人意志为转移。

二、强调体育身心合一的教化逻辑

网络新闻交互性服务于叙事的根本在于互动本身与叙事之间的关联。就目前网络体育新闻叙事现状来看，门户网站体育新闻的互动性还处于吸收用户参与的过程，较为便捷，但与叙事的关联度不大。因此需要从媒介体育乃至体育生活的本质出发寻求故事中叙事互动的开发，使互动功能成为参与性叙事的一部分。

体育新闻叙事除了遵循新闻的本质规律外，还要尊重体育身心合一的教化本质，即在逻辑关联上从人的整体出发，防止片面性地发展竞技、消费体育。这一规律反应在网络体育新闻传播中应以更全面的视角、完整的时空观关注全面而发展的体育社会生活。

三、确指叙事“能指”，完善拟态空间

由于网络传播中的超文本链接对符号表意造成了能指形式多样，进而造成网民所指意义理解的漂移。由传播属性带来的意义传达碎片化需要进一步规范网络体育新闻叙事的“能指”。通过网媒内容的规范化、功能的细致明确、表意的指向明确使网民在阅读过程中形成逻辑的确指，增强网络新闻的逻辑性，克服碎片化带来的网民理解思路与知识结构的混乱，提高信息传播的效率。

明确“能指”之后还需要对网民理解的所指进行疏导并提供网络应用通道，例如对网民阅读提供数据库检索、社交应用入口、电子商务平台……以此方便网民获得“所指”理解之后的多样化网络使用需求，营造便捷的虚拟空间。

四、开发多元化视角与全时空叙事场域

从研究结论来看，目前四大商业门户网站体育叙事还是以媒体全知视角为主，对限定性个人视角运用还有待于开发。这说明网络体育新闻传播中个人叙事内容开发不足。这个现象与移动化互联网时代的特征不符，因此在开发多元化视角的

同时应该清醒地认识到这要以个体叙事开发为前提。

非线性网络传播属性为体育新闻传播提供了全时空的叙事场域。传统媒体在叙事时序上多采取逆时序的叙述方式，顺序叙述的共时体验不足。逆时序与顺时序的共同开发能够体现出充分的传播资源准备与共时性的阅读体验。另外传统媒体在新闻叙述过程中的省略、等述与扩述都受到了传播平台的约束。网络新闻在信息传递的能力和空间对新闻叙事提供了更丰富的可能性。

第三节　研究思考

一、网络新闻叙事研究有待持续关注与开发

本文研究过程中将叙事学经典理论、新闻叙事学以及网络/数码叙事学相结合，寻找网络新闻叙事研究的具体实践路径，并结合四大商业门户网站体育新闻叙事的实际环境与案例进行实证分析，意图为网络体育新闻的叙事方式与逻辑规律等寻找到符合其本质的传播路径，解析和寻找当下网络体育新闻娱乐化、碎片化的根源。

在多次的跨学科理论适应与碰撞之中出现了多次的理解偏差和分析困惑。网络体育新闻的叙事逻辑具有独特性，鉴于体育规则与生活逻辑相通又有别的现实，网络体育新闻叙事分析需要更加具体的研究逻辑与方法。本文在运用经典叙事学理论和新闻叙事学理论和数码叙事学理论分析时仅能以新闻叙事理念去观察分析体育新闻的存在，缺乏更加具体的方法指引和逻辑创新，这也是本研究尚存遗憾和继续拓展的地方和方向。

二、网络新闻叙事需科学细致的逻辑建构

网络体育新闻走过了20个年头，中国网络新闻也从1994年中国介入互联网后有了22年的发展。在网络瞬息万变的世界里，20年是个非常长的时段，迫切需要以宏观的、严谨的视角去整理和挖掘其历史变化。但网络技术变化太快，对社会影响也变化万千。有人称之为非理性的叙事逻辑，无从整理分析，这样就表明是放弃了这块对信息社会产生决定性影响的管理系统与拟态环境。沿用保罗莱文森人是媒介的尺度的软技术决定论，网络必然存在以人为尺度的逻辑形态，也需要以更加人性的严密的逻辑观点来整理和观察这个变化发展的重要的信息组织。

三、网络体育新闻叙事的分析需要批判思维

叙事学理论应用本身就是以批判性的思维，自下而上，从作品反推叙事的意图与过程逻辑，因此带有强烈的批判性。网络体育新闻作为体育社会活动的直观信息展现，体现了经济社会的发展与人的进步。借助叙事学理论，通过扎实的文本分析对体育新闻传播逻辑意图进行观察分析，将帮助我们更加冷静客观地看待体育在社会生活领域中起到的作用和舆论引导的方向。

批判思维还体现在理论应用与开发的创造性上。应用叙事学理论，但不拘泥于叙事学传统逻辑与方法，将理论与网络传播属性相结合，对经典理论的不断地进行验证和突破，努力寻找网络新闻传播的规律特征。

参考文献

[1] 侯继勇.21 世纪经济报道:腾讯世界杯推新媒体平台化[N/OL].21 世纪经济报道,2010-07-13[2016-01-06]http://tech. qq. com/a/20100713/000387. htm.

[2] 文森特·莫斯可,黄典林译. 数字化崇拜:迷思、权力与赛博空间[M]. 北京:北京大学出版社,2010:12.

[3] 第一视频. 解读门户之父陈彤盛装谢幕背后的故事[N/OL]. 第一视频网,2014-10-23[2016-01-06]. http://www. v1. cn/2014-10-23/1395434. shtml? toAlbumContent = zj. zuitoutiao & 2014.

[4] “叙事学”法文为 narratologie,英文为 narratology,二者的中文译法有两种:“叙事学”和“叙述学”。“叙事”与“叙述”的不同在于,“叙事”兼顾“叙”与“事”两个层面,即叙述话语(形式)与叙述结构(内容)层面,而且突出了“叙”的对象;而“叙述”只是强调叙述行为,因而关注的是话语表达层面。个人认为,译为“叙事学”比较妥当,因此本文中均采用“叙事”代替“叙述”的译法。有关采用何种译法的详细探讨,参见申丹《也谈“叙事”还是“叙述”?》,载《外国文学评论》2009 年第 3 期。

[5][荷]托伊恩·A·梵·迪克(Teun A. Van Dijk)著,曾庆香译. 作为话语的新闻[M]. 北京:华夏出版社,2005. 3.

[6] 曾庆香. 新闻叙事学[M]. 北京:中国广播电视出版社,2005. 1

[7] 聂庆璞. 网络叙事学[M]. 北京:中国文献出版公司,2005. 7.

[8] 罗书华. 中国叙事学事体流变论[J]. 江苏行政学院学报,2005,20(2):121-127.

[9] 刘宁. 中国叙事理论的发展及研究评价[J]. 西安文理学院学报(社会科学版),2005,8(4):17-20.

[10] 谭君强. 发展与共存:经典叙事学与后经典叙事学[J]. 江西社会科学,2007(2):21-27.

[11] 施定．近20余年中国叙事学研究述评[J]．新闻述评,2003(8):129-132.

[12] 申丹．叙事学:概念与术语[J]．外国文学,2003(3):60-65.

[13] 蔡海龙．传媒生态视阈下的电视新闻叙事研究[D]．北京:中国传媒大学,2008:8-103.

[14] 郑波光．20世纪中国小说叙事之流变[J]．厦门大学学报(哲学社会科学版),2003(4):56.

[15] 齐爱军．关于新闻叙事学理论框架的思考[J]．现代传播,2006(4):142-143.

[16] 华进,蒙冬明．论网络深度报道的叙事策略及叙事功能[J]．玉林师范学院学报,2010,31(3):100-103.

[17] 欧阳友权,汤小红．论网络小说的叙事情境[J]．中南大学学报,2006,12(4):401-403.

[18] 徐晓波．论网络新闻互文叙事对报纸新闻叙事影响[J]．新闻传播,2013(4):132.

[19] 夏德勇,夏妙琼．论网络新闻叙事主体的特征[J]．新闻界,2011(7):78-82.

[20] 刘姣．门户网站中新闻专题报道的叙事分析[J]．东南传播,2009(11):151-152.

[21] 刘晓滢．网络新闻报道中的"解释循环"现象对文本叙事模式的影响[J]．新闻采编,2009(4):20-23.

[22] 焦树民,卢普玲．网络新闻互文叙事对报纸新闻叙事影响[J]．当代传播,2009(3):102-104.

[23] 陈斯华．网络媒体叙事学研究的思考[J]．现代传播,2015(5):124.

[24] 叶立．网络新闻的叙事研究[D]．福建师范大学,2010:1.

[25] 刘大威．网络新闻写作的叙事研究[D]．长春理工大学,2008:3.

[26] 黄鸣奋．当代西方数码叙事学的发展[J]．文艺理论研究,2011(5):22.

[27] 罗昶．拼图结构、嵌套话语与扩散时间:叙事学视域中的微博传播特征分析[J]．现代传播,2011(7):118-121.

[28] 卫诗磊．新媒体艺术叙事方式的可能性探索[J]．山西大学学报,2010,36(5):90-92.

[29] 阎立峰,徐欢．《人民日报》微博新闻的叙事主体姿态分析[J]．现代传播,2014(12):25-29.

[30] 陈晓云．多屏时代的影像叙事与跨界传播[J]．艺术百家,2014(5):37.

[31] 陈斯华．互联网媒介叙事特征分析[J]．中国广播电视学刊,2014(12):56-57.

[32] 新媒体语境下的新闻叙事模式[J]．新闻与传播研究,2014(11):48.

[33] 俞晶晶．新媒体时代新闻叙事学下叙述的嬗变[J]．东南传播,2001(8):76-77.

[34] 赵利利．微信新闻的叙事探析[J]．新闻研究导刊,2015,6(7):149.

[35] 柳帆．传播渠道对体育新闻叙事转型的影响[J]．青年记者,2013(7):7.

[36] 李健．论“明星体育”机制中的传媒叙事策略[J]．当代传播,2009(5):101.

[37] 左新荣．论竞技体育的叙事特性及其意义[J]．体育与科学,2010 年 9 月第 31 卷 第 5 期:35 – 37.

[38] 张朝夕．体育题材纪录片的社会主流叙事[J]．现代传播 双月刊,2009 年(2):89 – 93.

[39] 杨剑锋．体育新闻与宏大叙事[J]．广州体育学院学报,2008,28(1):48.

[40] 王宏江,任志萍．中国足球新闻暴力叙事分析[J]．武汉体育学院学报,2009,43(8):34 – 40.

[41] 刘慧玲．国外体育新闻报道的叙事模式[J]．新闻爱好者,2010(9):88.

[42] 池锐宏,王章明．中国体育博文的叙事风格及成因分析[J]．体育文化导刊,2009(12):17 – 19.

[43] 宁一中．从“经典”到“后经典”:马克・柯里《后现代叙事理 &))解读之一[J]．外国语言文学研究,2003,3(1):71 – 73.

[44] [荷] Ann Righey ,郑宇麟译．当专著不再是媒介:网络时代的历史叙事[J]．学术研究,2013(2).

[45] 华莱士・马丁．当代叙事学[M]．北京:北京大学出版社,1990. 7.

[46] 热拉尔・热奈特．叙事话语 新叙事话语[M]．北京:中国社会科学出版社,1990.

[47] [以]雷蒙・凯南．赖干坚译．叙事虚构作品:当代诗学[M]:厦门:厦门大学出版社,1991. 8.

[48] 高婷．叙事学视域中的新闻学研究[J]．新闻爱好者,2009(4):10.

[49] 孙为．交互媒体叙事研究[D]．南京:南京艺术学院,2011:27.

[50]Susan S. Lanser,“ Toward a Feminist Narratolo – gy,” Style 20(1986):pp. 341 – 363,reprinted in Feminism:An Anthology,edited by Robyn R. Warhol and Diane Price Herndl,pp. 610 – 629(New Brunswick:Rutgers University Press,1991).

[51] 高婷．叙事学视域中的新闻学研究[J]．新闻爱好者,2009(4):10.

[52] 曾庆香．新闻叙事学[M]．北京:中国广播电视出版社,2005(1):2.

[53] 曾庆香．新闻叙事学[M]．北京:中国广播电视出版社,2005(1):31

[54] 曾庆香．新闻叙事学[M]．北京:中国广播电视出版社,2005(1):40.

[55] 詹姆斯・费轮．陈永国译．作为修辞的叙事——技巧、读者、伦理、伊始形态[M]．北京:北京大学出版社,2002:14.

[56] 源自于法国语言学家特思尼耶尔引进的“配价”理论,即动词支配者其他成分,且其本身不受支配,名词和副词词组为动词进行配价,名词是动词的行动元,副词是动词的状态元。

[57] 林芳玫．女性与媒体在现[M],巨流出版公司,1995.:83.

[58][59][60] 曾庆香．新闻叙事学[M]. 北京:中国广播电视出版社,2005.1:119 - 129.

[61] 曾庆香．新闻叙事学[M]. 北京:中国广播电视出版社,2005.1:193

[62] 孙为．交互媒体叙事研究[D]. 南京:南京艺术学院,2011:22.

[63] 普林斯对叙事话语的解释分为材料和形式两部分,材料即为话语的表现媒介,形式即为表述的秩序、观点、速度等。)——[美]杰拉德·普林斯．乔国强,李孝弟译．叙述学词典(修订版)[M]. 上海:上海译文出版社,2011:48.

[64] 曾庆香．新闻叙事学[M]. 北京:中国广播电视出版社,2005(1):2.

[65] 丁和根．梵·迪克新闻话语结构理论述评[J]. 江苏社会科学,2003(6):119.

[66] 新浪,sina 一词源于拉丁文的中国 sino,在拉丁语系中,Sino 是"中国"之意,与英语 China(中国)合拼,取名 sina,意为"中国"。sina 的中文名称新浪是当时的总裁王志东起的,这个域名很好地表达了新浪网希望自己成为中华区最大门户的决心。

[67] 阂大洪．数字传媒概要[M]. 上海:复旦大学出版社,2003.6:101.

[68] 新浪网络模式初探 http://www.xzbu.com/7/view - 2994484.htm

[69] 陈彤,曾祥雪,"法国'98 足球风暴"新浪网报道总结[N/OL]. 360 个人图书馆,2006 - 12 - 06[2016 - 01 - 06]http://m.bxwx.org/b/31/31150/5084789.html

[70] 申花大球迷、白净、七上八下、勇往直前、黄鱼、牡丹、老尼、李源、陈彤,共 8 人。转自:陈彤,曾祥雪,"法国'98 足球风暴"新浪网报道总结[N/OL]. 360 个人图书馆,2006 - 12 - 06[2016 - 01 - 06]http://m.bxwx.org/b/31/31150/5084789.html

[71] 何三畏．陈彤:为什么是新浪[N/OL]. 友谊外供．2006 年第 2 期,[2016 - 01 - 10]. http://www.shipsupply.org.cn/hk/HK - 0602/0602 - 014.HTM

[72] 陈彤,新浪网体育报道采访权[N/OL]. 百度文库 2015 - 11 - 10 [2016 - 01 - 06]. http://wenku.baidu.com/link? url = 4KG74zFuswXCT - _kcXv721LJ3DmGulhfgKUX QbOzQZAgzkwtJAgXeNSRi - t_u6thSx_3f9vD_kRifPUg2IrOkXAFiHtDCVQ3Xob8h7N5MgC

[73] 周婷．搜狐正式启动奥运报道[N/OL]. 中国证券报,2008 - 07 - 15[2016 - 01 - 10]. http://it.sohu.com/20080715/n258148745.shtml

[74] 韩建光．腾讯闯入奥运报道禁区[N/OL]. ChinaByte,2007 - 07 - 06[2016 - 01 - 10]. http://it.sohu.com/20070706/n250931134.shtml

[75] 刘奇．搜狐获北京奥运会互联网视频转播权[N/OL]. 京华时报,2008 - 06 - 16[2016 - 01 - 12]http://it.sohu.com/20080616/n257514504.shtml

[76] 王静,北京奥运报道中门户网站的竞争策略分析[J]. 新闻界,2009(1):45 - 47.

[77] 邹浩．亚运助推体育“微时代”降临[J]．新闻前哨，2011(3)：49.

[78] 有关材料显示：CNTV 开始向国内门户网站推销伦敦奥运转播资源包，其中包含三类：A类包将囊括直播、点播和央视节目，报价为 5500 万元；B 类只含直播和点播权，报价 3500 万元；仅包含点播权的 C 类包，报价 2800 万元。四大商业门户网站均已购买了不含直播权的 C 类资源包。陈承．伦敦奥运转播权大战终局，门户网弃购直播权[N/OL]．21 世纪经济报道，2012 - 07 - 06[2016 - 01 - 12]．http://tech. hicode. cn/a/1341682320. html

[79] 马伟民．网站跟随世界杯“进化”移动端成决战核心 [N/OL]．每日经济新闻，2014 - 07 - 04[2016 - 01 - 13]．http://tech. sina. com. cn/i/2014 - 07 - 04/00309475127. shtml

[80] 2015 年 9 月体奥动力以 5 年 80 亿的价格获得中超联赛版权．

[81] 徐延．我国网络体育新闻传播历史研究[D]．北京体育大学，2013：44.

[82] 2012 奥运仍在 传播在变[J]．广告大观综合版，2012(09)：101.

[83] 张绪旺．微博争斗奥运会：数据 PK 仍是主调[N/OL]．北京商报，2012 - 08 - 15[2016 - 01 - 13]．http://tech. 163. com/12/0815/00/88TLI25U00094MOK. html

[84] 陈静．门户网站交奥运“答卷” 微博互动吸引眼球[N/OL]．经济日报，2012 - 08 - 20[2016 - 01 - 15]．http://news. xinhuanet. com/newmedia/2012 - 08/20/c_123603612_2. htm

[85] 赵光霞，宋心蕊．新浪网重大改版重视社交，迎接“大数据”时代到来[N/OL]．人民网 - 国际金融报，2013 - 04 - 02[2016 - 01 - 15] http://media. people. com. cn/n/2013/0402/c40606 - 20993956. html

[86] 转引自陈霖，陈一．事实的魔方：新叙事学视野下的新闻文本[M]．北京：中国书籍出版社，2011：26.

[87] 赵毅衡．叙述者的广义形态：框架 - 人格二象[J]．文艺研究，2012(5)：15 - 23.

[88] 华进．云之话语，钟之逻辑：叙事学视域下的网络新闻研究[D]：华中科技大学，2013：43.

[89] 2015 年微博体育白皮书．http://news. duote. com/38/112484. html

[90] 写读者，又称“合一作者”co - writer。被动的读者由于叙事者传受关系的转变二成为作者的一部分，接收叙事的人与叙事者身份合一。——华进．云之话语，钟之逻辑：叙事学视域下的网络新闻研究[D]．华中科技大学，2013：44.

[91] UGC：User Generated Content，用户原创内容，伴随 Web2. 0 时代兴起[N/OL]．百度百科[2016 - 01 - 15] http://baike. baidu. com/link? url = f0YygCZcG2W1nKqK4QM4 uJSVrxoPMelwNNz-MUsj5OlW5oFp61s9cH8Hepjo899kKuccVoq6_wMpGjEJ_PzDvGPHfbgwTB_fPHYacuS0MueW

[92] 华进．云之话语，钟之逻辑：叙事学视域下的网络新闻研究[D]．华中科技大学，

2013:49.

[93] 华进．云之话语,钟之逻辑:叙事学视域下的网络新闻研究[D]华中科技大学,2013:43.

[94] 功能是“人物的行为,是由其在情节发展过程中的意义来确定的。”——普洛普转引自[法]罗兰·巴特．叙事作品结构分析导论[A]．张寅德译．张寅德．叙述学研究[C]．北京:中国社会科学出版社,1989:10.

[95] [法]罗兰·巴特．张寅德译．叙事作品结构分析导论[M]．北京:中国社会科学出版社,1989:14.

[96] 云之话语,钟之逻辑:叙事学视角下的网络新闻研究[D]．华中科技大学,2013:75.

[97] 本报评论员:找准问题才能解决问题,人民日报[C]．2002 年 1 月 11 日．

[98] 索绪尔《普通语言学教程》将语言符号分成两个部分:“音响形象”(能指)和概念(所指),即符号表示和符号指涉的意义,能指和所指的结合形成社会中共同约定的语言意义。在不同的场景时空中,能指的所指以及所指的所指内涵有所不同,因此所指与能指并不固定在某一符号或意义上,而是在不同场景、时空、文化中有所转移．http://baike. baidu. com/link? url = d_Q03_lX - vd_ZGAaEe6TiQybjh_0xR_s_wgpnr74VGQO3JHgzdyulu9QfGZDXllORRiWqk9TY_p6VQ7IeiO3vq

[99] 不要迷恋郭他只是个传说八月闹剧一切解释命注定 http://sports. sina. com. cn/cba/2009 - 08 - 31/20074564687. shtml.

[100] 杨义．杨义文存(第一卷)·中国叙事学[M]．北京:人民出版社,1997:191.

[101] 华进．云之话语,钟之逻辑:叙事学视域下网络新闻研究[D]．华中科技大学:107.

[102] 胡亚敏．叙事学[M]．武汉:华中师范大学出版社,994:64.

[103] [105] 柏亚舟．阿森纳官方宣布签约伊布队友前法甲悍将租借加盟[N/OL]．新浪体育,2014 - 02 - 01[2016 - 01 - 20]. http://sports. sina. com. cn/g/pl/2014 - 02 - 01/03577003655. shtml.

[104] 曾庆香．新媒体语境下的新闻叙事模式[J]．新闻与传播研究 2014(11):57.

[106] 华进．云之话语,钟之逻辑:叙事学视域下网络新闻研究[D]．华中科技大学,2013:111.

[107] 华进．云之话语,钟之逻辑:叙事学视域下网络新闻研究[D]．华中科技大学,2013:115.

[108] 周雷．深度写作:新闻叙事修辞学例话[M]．福州:福建人民出版社,2009:73.

[109] 徐延．我国网络体育新闻传播历史研究[D]．北京:北京体育大学,2013:44.

[110] 玛丽 - 劳勒·莱恩[美]．电脑时代的叙事学:计算机、隐喻和叙事[M]．出自戴卫·赫尔曼编,马海良译:新叙事学[M]．北京:北京大学出版社,2002:63.

［111］徐延．我国网络体育新闻传播历史研究［D］．北京：北京体育大学，2013：45.

［112］引自第37次中国互联网络发展状况统计报告［R/OL］．2016－01［2016－02－01］http://www.cnnic.cn/hlwfzyj/hlwxzbg/201601/P020160122469130059846.pdf

［113］Althusser，Louis，Ideology andIdeological state apparatuses. In Lenin and philosophy and other essays. London：New Left Books，1971：162.

［114］华进．新闻叙事语法论［D］．湘潭：湘潭大学，2007：13.

［115］华进．云之话语，钟之逻辑：叙事学视域下的网络新闻研究［D］：63.

［116］周雷．深度写作：新闻叙事修辞学例话［M］．福州：福建人民出版社，2009：73.

［117］黄鸣奋．当代西方数码叙事学的发展［J］．文艺理论 2011（5）：26.

［118］黄鸣奋．当代西方数码叙事学的发展［J］．文艺理论 2011（5）：22.

［119］华进．数码语境下新闻叙事的转型［J］．当代传播 2013（2）：27－29.

后　记

夏渐浓，离别季，洋洋洒洒数十万言不尽求学路上的感怀与成长。仅此拙文历经所学，所感，所望，为北体千日作别。

而立之年又经磨砺，感谢恩师于晓光教授的信任与支持，投入门下，学生何其幸运。论文选题、写作过程都融入了老师的耳提面命，谆谆教诲。作文如做人，倦怠之时有老师警醒，落寞之际有老师隽永鼓励。老师的宽容豁达，严谨睿智无时无刻不在感动着我，教育着我。有良师立德为范，莫言前路艰难，唯有希望与温暖相伴前行。

感谢北京体育大学体育传媒系的培养，尤其要感谢张玉田老师一路支持与帮助，感谢毕雪梅老师学术之路上的指引与教诲，感谢陈志生在论文写作过程中的耐心指导，感谢薛文婷老师言无不尽的无私教导，感谢贾静、任海、黄亚玲、熊晓正、刘昕等老师的培养教育。

感谢郝勤教授、肖焕宇教授、易剑东教授在我的成长中给予的关注与支持，一次次的课堂下、电话里、灯影中的指点与帮助我都铭记于心。

感谢与我并肩战斗的师姐沈阳体育学院新闻教研室李芳，在论文选题、搜集资料、采访调研、研究写作过程中的关心与支持；感谢我的工作单位沈阳体育学院对我的鼎力支持与帮助；感谢新闻学专业每一位同事对我的切实关心与支持，使我能兼顾工作与学业，为我排除了诸多现实困难。

感谢可爱的学生们，魏一凡、胡博然、刘美英、蔡瑞、蔡俊杰、陈营营在求学期间帮助我处理生活、学习中的各种琐事，在论文写作的紧要关头夜以继日地帮助我完成数据调研，你们给了我太多感动。

感谢我的至亲好友们，你们帮我扛起了太多，让我感触了太多，让我成长了

太多，有你们我将无所畏惧，温暖向前。

感谢太多，因为感动太多，你们的支持填满了求学之路的点点经历，这将永存于我的生命。此番论文终审，为三年的求学之路画上句点，同时也将我引入了更广阔的学术研究领域，几经锤炼，终身受益，感恩北体。

研究写作过程中，本人选取了四大商业门户网站四届奥运专题进行分析，在浩瀚的网络体育新闻分析样本中具有典型价值，但在总体分析样本上严格来说还缺乏全面科学的分析工具。网络核心微内容分析中选取了四届奥运专题中的子专题分析，在样本分析与观察过程中发现，网络在专题制作上存在着较大的策划原创和深度方面差异。本文虽采用了较能够体现媒体立场与特征的独立策划专题作为分析样本，但在图文、视频、图表、互动应用等各类型专题的甄别中还存在着一定的主观色彩，且在分析观察过程中发现：众多子专题确实体现了网络体育新闻在选题策划、立场观点、制作手法、关注热点等方面存在着个体与历时性的发展变化，而本研究仅进行了历时性的研究，较为宽泛，疏漏较大。另外在各类栏目的分类分析中研究也粗枝大叶，实难为之。在叙事语言中对词性、褒贬、时序等细致分析还不足，观之心急，急盼利用科学工具进行全面严谨地对网络体育新闻进行叙事框架的整理与观察。

在网络体育新闻的分析过程中，由于网络信息的灵活性，其内涵与形式都存在着相当大的不稳定性，因此在要求严谨的实证分析中存在着甄别判断的巨大困难，这也是叙事学应用于网络的困难所在。叙事逻辑方面，本研究在分析框架方面吸取了新闻叙事的分析框架，但在主题观察、逻辑线索提炼方面以感性观察作为研究结论，存在一定的主观性。

网络新闻叙事研究任重而道远，在纷繁复杂，传播快速的传播系统内，以理性客观的实证过程分析理解网络新闻对于了解和运用新媒体来说意义重大，希望以陋文作为开启广阔传播现实的研究起始，打开契机，寻求方法，不断挖掘可供研究的有现实意义的资料，并探索切实可行的网络新闻研究方法与思路。

作者于沈阳